Man sieht nur mit dem Herzen gut

Danksagung

Die Autoren bedanken sich bei allen, die ihnen den Zugang zu Archiven und Privatsammlungen ermöglicht haben und die dem Abdruck von Manuskripten zugestimmt haben. Insbesondere gilt unser Dank:

Den Damen d'Agay, de Belabre, de Germiny.
Den Herren François d'Agay, Thierry Bodin, Gérard Egnell, Alain Nicolas, Philippe Zoummeroff.

Dem Französischen Nationalarchiv, der französischen Nationalbibliothek, der Fondation Martin Bodmer in Genf-Cologny (Schweiz), dem Lycée Notre-Dame de Sainte-Croix in Le Mans und der Pierpont Morgan Library in New York.

Zudem danken wir den Mitarbeitern von Éditions de La Martinière, die zur Entstehung dieses Buches beigetragen haben: Marie-Laure Garello, Karine Le Bricquir, Willy Persello und Virginie Fauré, Claire Fourmentin und Francys Gramet, die die Erstellung des Layouts bei Rampazzo & Associés koordiniert haben.

ANTOINE DE SAINT-EXUPÉRY EINE ILLUSTRIERTE BIOGRAFIE

Man sieht nur mit dem Herzen gut

NATHALIE DES VALLIÈRES
ROSELYNE DE AYALA

Aus dem Französischen von
Bernadette Ott

KNESEBECK

Antoine de Saint-Exupéry war kein Schriftsteller, der ein ruhiges Leben führte und Tag für Tag in einem Zimmer saß, wo er sich allein dem Schreiben widmete. Seine Texte entstanden oft unter ungewöhnlichen, wenn nicht gar abenteuerlichen Umständen. Wer die Manuskripte und Illustrationen von Saint-Exupéry betrachtet – in diesem Buch fast alle zum ersten Mal abgebildet und veröffentlicht – kann nur staunen, von welcher nahezu schwebenden Eleganz und Zartheit die Handschrift dieses so häufig hoch über den Wolken fliegenden Schriftstellers war … Vom ersten Brief des zehnjährigen Kindes, das seiner Mutter von den Erlebnissen in der Schule erzählt, bis zu seiner letzten Nachricht an Pierre Dalloz im Juli 1944 – am Vorabend jenes Fluges geschrieben, von dem Saint-Exupéry nicht mehr zurückkehrte – vereint der vorliegende Band eine Fülle von Manuskripten und Zeichnungen aus der Hand des Schriftstellers. Briefe, Romane, Reportagen, Patentanmeldungen, frühe Gedichte, politische Aufsätze sowie persönliche Aufzeichnungen aus den Notizbüchern, die er stets bei sich trug, sind in Auszügen wiedergegeben.

In ganz besonderer Weise spiegelt die Handschrift Saint-Exupérys seine jeweilige Lebenssituation wider. Sie ist sowohl Ausdruck seiner seelischen Verfassung als auch der Umstände, unter denen er in verschiedenen Zeiten seines Lebens seine Gedanken zu Papier brachte. Die unregelmäßige Schrift des Schülers, der trotz aller Anstrengung hin und wieder ein Wort korrigieren musste, die Zeilen seiner Briefe mit unterschiedlich großen Abständen, die verraten, wie er sich bemühte, seine Gedanken zu ordnen, die während eines Flugs hingekritzelten Wörter, die mehrfachen Korrekturen ganzer Sätze in seinen Manuskripten, die Ergänzungen und Kürzungen in seinen Texten, die manchmal unleserlichen, schnell auf dünnem Papier niedergeschriebenen Entwürfe zu *Die Stadt in der Wüste* – alle diese Schriftstücke beweisen Antoine de Saint-Exupérys unermüdliche Suche nach dem treffenden Wort als Ausdruck seiner Gefühle und Gedanken.

Nicht weniger interessant als seine Handschrift ist das Papier, das er für seine Aufzeichnungen verwendete. So findet sich in Saint-Exupérys Nachlass häufig Briefpapier mit den Aufdrucken der Hotels, in denen er sich im Verlauf seines Nomadenlebens aufhielt. Er verwendete diese Bögen nicht nur für seine zahlreichen Briefe, sondern sogar für seine Manuskripte, wenn ihm sein eigenes Papier ausgegangen war. Die gesamte handschriftliche Fassung seines ersten Romans *Südkurier*, den er in der mauretanischen Wüste schrieb, setzt sich aus solchen Blättern zusammen, die er zudem häufig mit Zeichnungen versah – was zunächst überrascht. Aber auch Papiertischdecken von Restaurants sind erhalten, auf die der begabte Zeichner Saint-Exupéry mit wenigen Strichen kleine Figuren skizzierte oder auf denen er seinen Freunden mathematische Aufgaben vorrechnete. Besonders eindrucksvoll ist das Dünndruckpapier, das er für seine Romanmanuskripte bevorzugte, als wollte er durch die Leichtigkeit des Materials ein Gegengewicht zur Intensität seiner Texte schaffen.

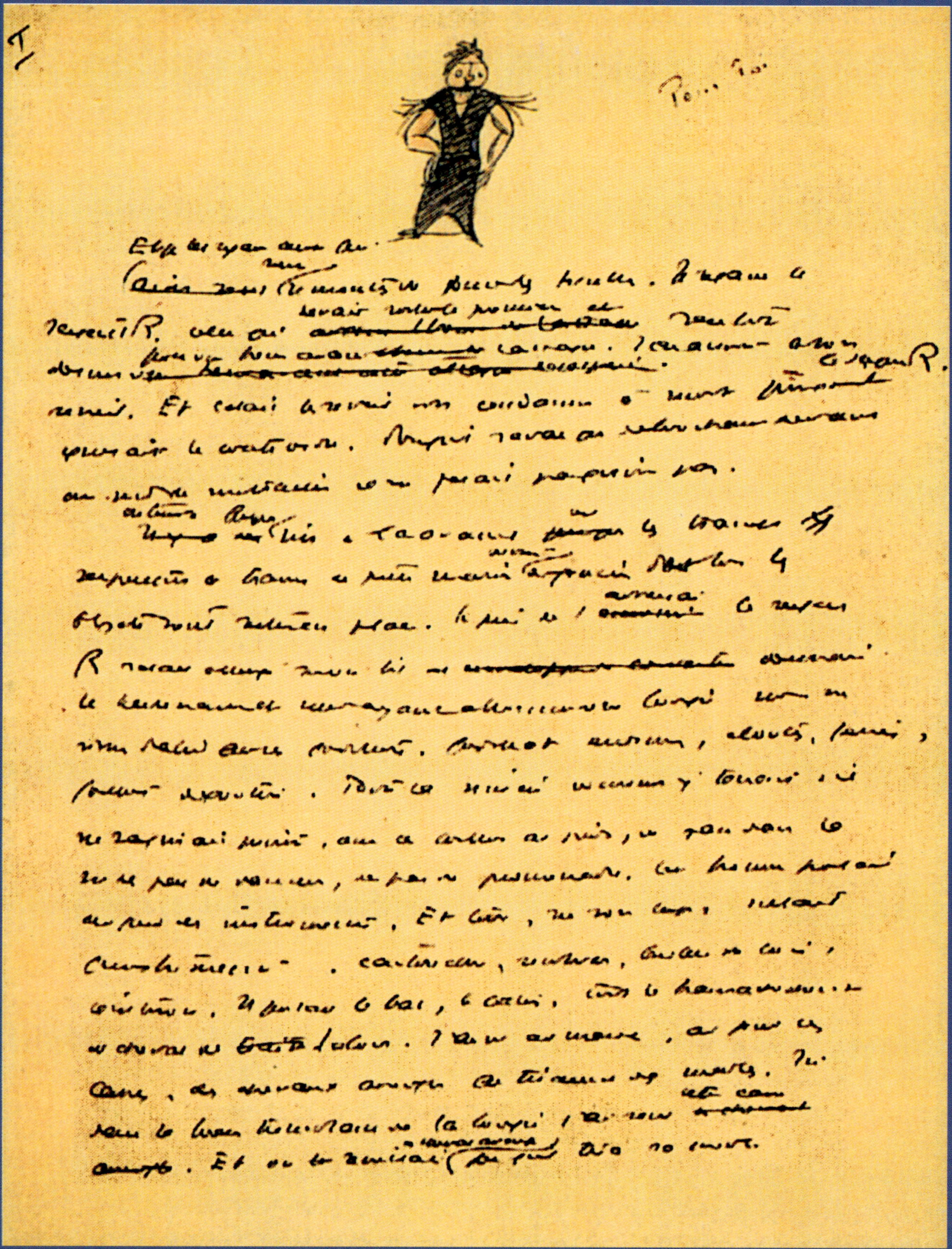

Oben: Textentwurf zu *Wind, Sand und Sterne* mit einer Zeichnung Saint-Exupérys, um 1938.
Rechts: Saint-Exupéry. Foto mit Widmung an Bernard Lamotte.

Saint-Exupéry, der Schriftsteller

»Ich lebe in meiner Kindheit
wie in einem Land.«

Es gibt kaum ein anderes literarisches Werk, das mit dem von Antoine de Saint-Exupéry vergleichbar ist. Als Mann der Tat an den Geschehnissen seiner Zeit beteiligt zu sein und als Schriftsteller davon literarisches Zeugnis abzulegen, gehörte für ihn zusammen. Er zählt zu den wenigen Autoren, die mit Recht von sich sagen können, dass ihr »Schreiben aus Erfahrung entsteht«. Er war zugleich Pilot, Schriftsteller, Philosoph, Journalist, Zauberkünstler und Erfinder. Die Kraft und die Unverwechselbarkeit seines Schreibens rühren von der Nähe seiner Texte zu seinem eigenen Leben – einem Leben, das sich aus kurzen entscheidenden Episoden zusammensetzt, die große literarische Wirkung entfalten sollten.

Lässt man die Briefwechsel und die Reportagen für Zeitungen beiseite, so hat Antoine de Saint-Exupéry im Verlauf der 14 Jahre, die er als Schriftsteller tätig war, nur wenige Werke geschaffen. Doch war es ihm an den entscheidenden Wendepunkten seines Lebens stets ein großes Bedürfnis in literarischer Form mitzuteilen, was er erlebt hatte.

Saint-Exupéry führte das Leben eines Nomaden und die existenzielle Unsicherheit mancher Situationen, in denen er sich befand, spiegelt sich nicht nur in seinen Schriften, sondern auch in seiner Handschrift wider. Deshalb ist es von besonderem Interesse, einen direkten Blick auf seine Manuskripte werfen zu können. Denn sie verraten bereits viel über die Bedingungen seines literarischen Schaffens und über seine Begabung als Schriftsteller. Ob er sich in der Wüsten-Einsamkeit von Cap Juby über ein Brett beugt, das er sich auf die Knie gelegt hat, um im Schein einer Petroleumlampe mit der Niederschrift seines ersten Romans zu beginnen, ob er sich zur Zeit seiner Reportagen aus dem Spanischen Bürgerkrieg in Madrid oder Barcelona in einen feindlichen Keller flüchtet, ob er in Paris oder in New York bequem an seinem Schreibtisch sitzt oder in der amerikanischen Sommerhitze auf dem Rasen von Bevin House ausgestreckt liegt, während er an *Der kleine Prinz* arbeitet – immer sind an seiner Handschrift die Spuren der jeweiligen Umgebung zu erkennen. Seine Schrift ist von unterschiedlicher Klarheit und Lesbarkeit, je nachdem, wo er sich gerade aufhielt oder wie er sich gerade fühlte. Man glaubt ihn fast vor sich zu sehen, wie er hastig seine Ideen und Anmerkungen in eines der kleinen Notizbücher schreibt, die er seit 1935 und bis zu seiner Ankunft in den Vereinigten Staaten Ende 1940 stets bei sich trug. Denn Saint-Exupéry gehörte nicht zu den Schriftstellern, die sich morgens zu einer ganz bestimmten Uhrzeit an ihren Schreibtisch setzen und kurz vor dem Abend-

Unten: Cover der Taschenbuch-Erstausgaben von Werken Saint-Exupérys im Pariser Verlag Hachette.

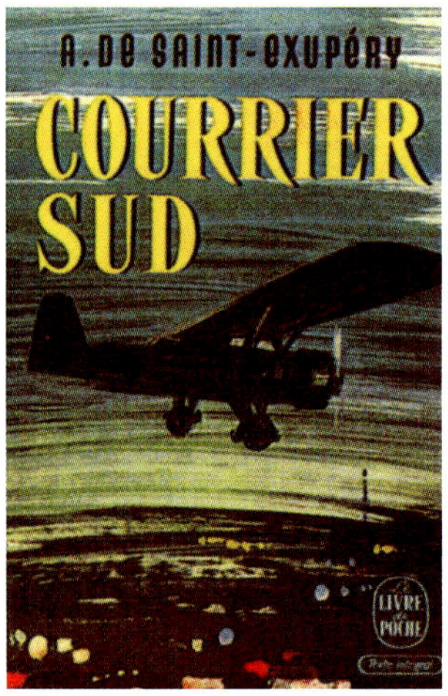

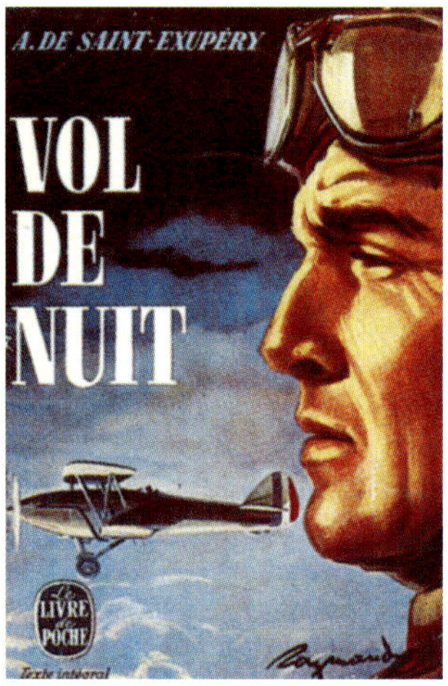

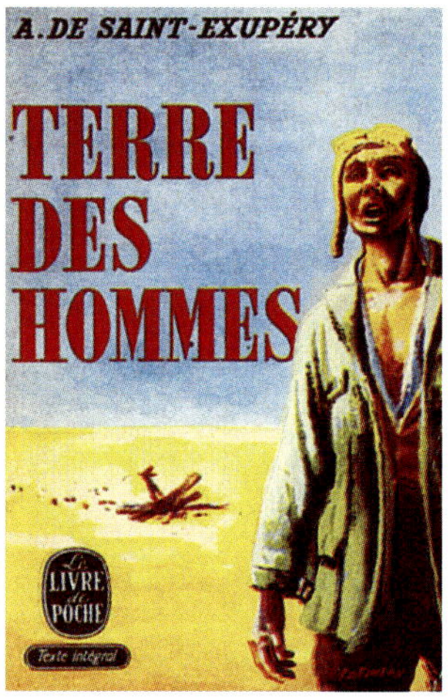

essen wieder aufstehen, zufrieden mit ihrem Tageswerk an beschriebenen Seiten. Seine Handschrift, die trotz der breiten Feder seines Füllfederhalters sehr eng und klein ist, streift manchmal die Grenze zur Unleserlichkeit, was die Herausgeber von *Die Stadt in der Wüste* vor so manches Problem stellte. Zwischen zwei Flügen machte er hastig seine Notizen, schrieb er unablässig. Die Worte strömten bei ihm geradezu auf das Papier, manchmal in unvollständiger Reihenfolge, sich überdeckend, dicht gedrängt oder unendlich gedehnt, sich wieder zusammenballend und hastig weitereilend. Sie führen ihr eigenes Leben, der hektischen Hand ihres Urhebers folgend, der sie häufig nachlässig behandelte, denn es handelte sich für ihn um Notizen zum eigenen Gebrauch. Er allein war ihr Leser, bevor er die Sätze auf das Dünndruckpapier übertrug, das er für seine druckfertigen Manuskripte stets verwendete.

Neben diesen Stößen von Schreibpapier, bedeckt mit Buchstaben, die für Nicht-Eingeweihte meist nicht zu entziffern waren, benutzte der Schriftsteller aber auch andere Unterlagen: Auf den Papiertischdecken eines Restaurants befinden sich die ersten zeichnerischen Entwürfe für *Der kleine Prinz*. Unzählige Kritzeleien sind Zeugnis der mathematischen Fantastereien, die Saint-Exupéry gerne nach einem Abendessen seinen Freunden erläuterte. Auch Bögen mit dem Briefkopf der Hotels, in denen er sich in Frankreich wie in anderen Ländern aufhielt, nutzte er häufig für seine Briefe, die er manchmal mit scherzhaften kleinen Karikaturen versah. Sogar die Manuskripte seiner Romane schrieb er zuweilen auf solche Briefbögen, wie bei *Nachtflug*. Ganz zu schweigen von den Zetteln, die er während seiner Flüge über die Wüste hastig mit seiner Handschrift bedeckte. Ein Universum von in aller Eile hingeworfenen, häufig durchgestrichenen Worten fügt sich zusammen zu den dicht mit Schriftzeichen gefüllten und immer wieder korrigierten Manuskriptblättern von Saint-Exupéry.

Wenn der Schriftsteller dann in die Unordnung seiner Wohnung oder seines Hotelzimmers zurückgekehrt war, pflegte er seine Texte ein weiteres Mal zu überarbeiten. War er schließlich mit dem Ergebnis zufrieden, dann griff er – egal zu welcher Tages- oder Nachtzeit – zum Telefon. Er schreckte nicht davor zurück, einen potenziellen Zuhörer aus dem Schlaf zu reißen und ihn am anderen Ende der Leitung wach zu halten, um ihm seinen Text vorzulesen und noch einmal prüfend dem Klang und der Melodie seiner Worte zu lauschen.

Oben: Ausgabe von *Der kleine Prinz* **in der Reihe Folio des Pariser Verlags Gallimard.**

Rechts: Illustrationsskizze für *Der kleine Prinz.*

[Ich] erinnerte mich, dass ich vor allem Geografie, Geschichte, Rechnen und Grammatik gelernt hatte.
»Ich kann nicht zeichnen!«
»Das macht nichts. Zeichne mir ein Schaf.«
Da ich nie ein Schaf gezeichnet hatte, machte ich für ihn die einzige Zeichnung, die ich konnte. Ich war höchst verblüfft, als ich das Männchen sagen hörte:
»Nein, ich will keinen Elefanten in einer Riesenschlange. Riesenschlangen interessieren mich nicht. Sie [unleserlich] mich. Elefanten sind besser, aber sie brauchen zu viel Platz. Was ich will, ist ein Schaf. Das brauche ich. Bei mir zu Hause ist wenig Platz.«
Also habe ich gezeichnet.
Das Männchen schaute ernst zu und [sagte] dann:
»Nein! Das ist schon sehr krank. Mach ein anderes.«
Ich fing von vorne an.
»Das ist kein Schaf, das ist ein Widder. Es hat Hörner.«
Ich fing von vorne an.
»Das ist schon zu alt. Ich will eines, das lange lebt.«

Die drei Zeichnungen des Schafs, die als Illustrationen Saint-Exupérys in der Buchausgabe von *Der kleine Prinz* erschienen sind.

Rechte Seite: Auszug aus *Der kleine Prinz*. Frühe Fassung eines Manuskripts mit Illustrationen von Saint-Exupéry.

»Zeichne mir ein Schaf!«

Die Idee zu *Der kleine Prinz* entstand in der Wüste, vielleicht in Cap Juby, wie manch einer vermutete, oder nach einem Flugzeugunfall, der Saint-Exupéry nachhaltig prägte, oder auch aufgrund einer schicksalhaften Begegnung in jener Zeit, die ihm das Leben rettete: »Was aber dich betrifft, Beduine aus Libyen, der du unser Retter bist, so wirst du für immer aus meinem Gedächtnis ausgelöscht sein. Ich werde mich niemals an dein Gesicht erinnern. Du bist der Mensch, und du erscheinst mir im Gesicht aller Menschen. Du selbst hast uns nie angeschaut und doch hast du uns erkannt. Du bist unser geliebter Bruder. Und ich werde dich in allen Menschen erkennen.« *(Wind, Sand und Sterne)*

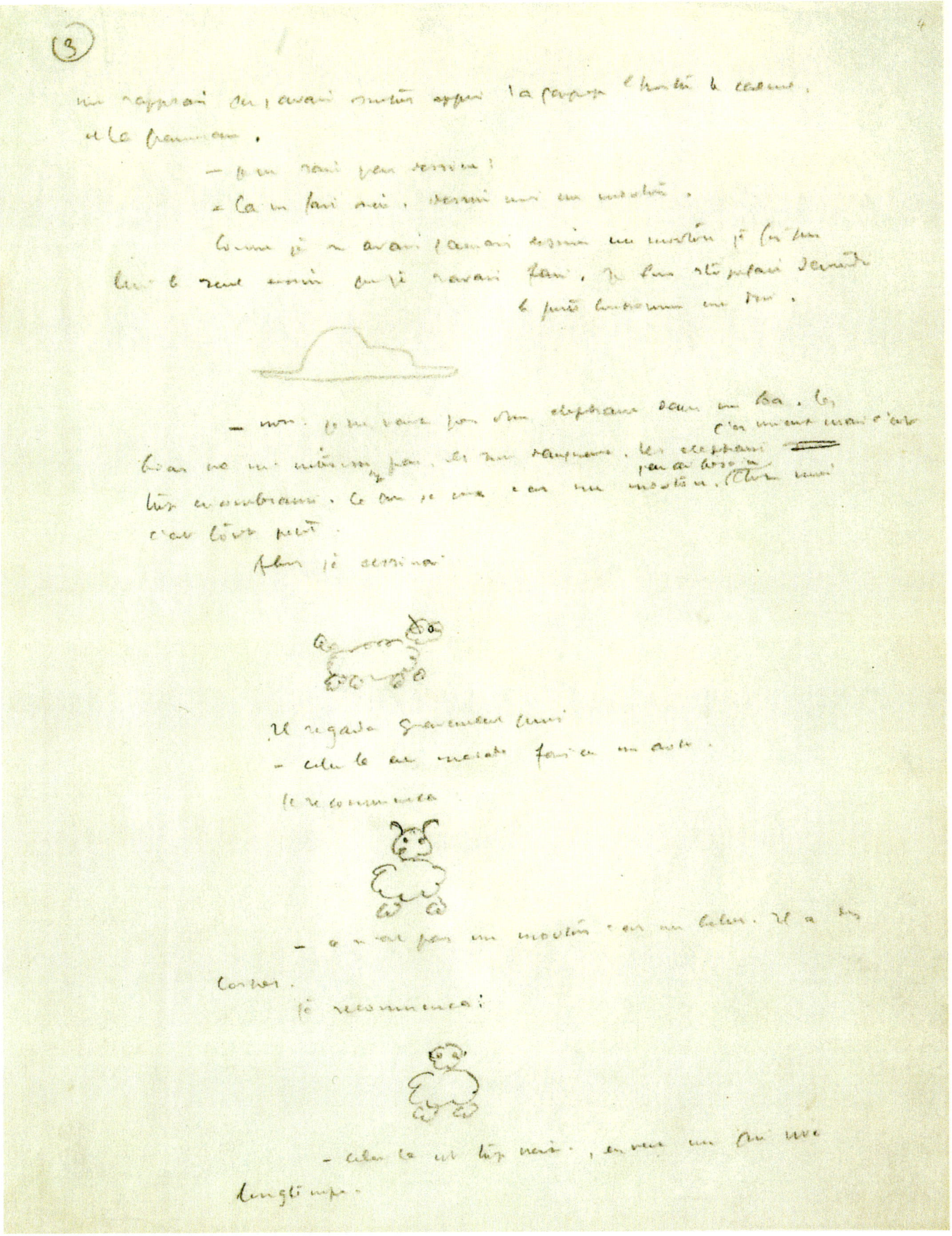

③

me rappelai que j'avais surtout appris la géographie l'histoire le calcul,
et la grammaire.

— Je ne sais pas dessiner!

— Ça ne fait rien, dessine-moi un mouton.

Comme je n'avais jamais dessiné un mouton je lui fis
l'un des seuls dessins que j'avais faits. Je fus stupéfait d'entendre
le petit bonhomme me dire.

— Non. Je ne veux pas d'un éléphant dans un boa. Les boas ne m'intéressent pas, ils sont dangereux. Les éléphants c'est un animal trop encombrant. Ce dont j'ai besoin c'est un mouton. Chez moi
c'est tout petit.

Alors je dessinai:

Il regarda gravement puis:

— Celui-là est malade. Fais-en un autre.

Je recommençai

— Ce n'est pas un mouton, c'est un bélier. Il a des
cornes.

Je recommençai:

— Celui-là est trop vieux, je veux un qui vive
longtemps.

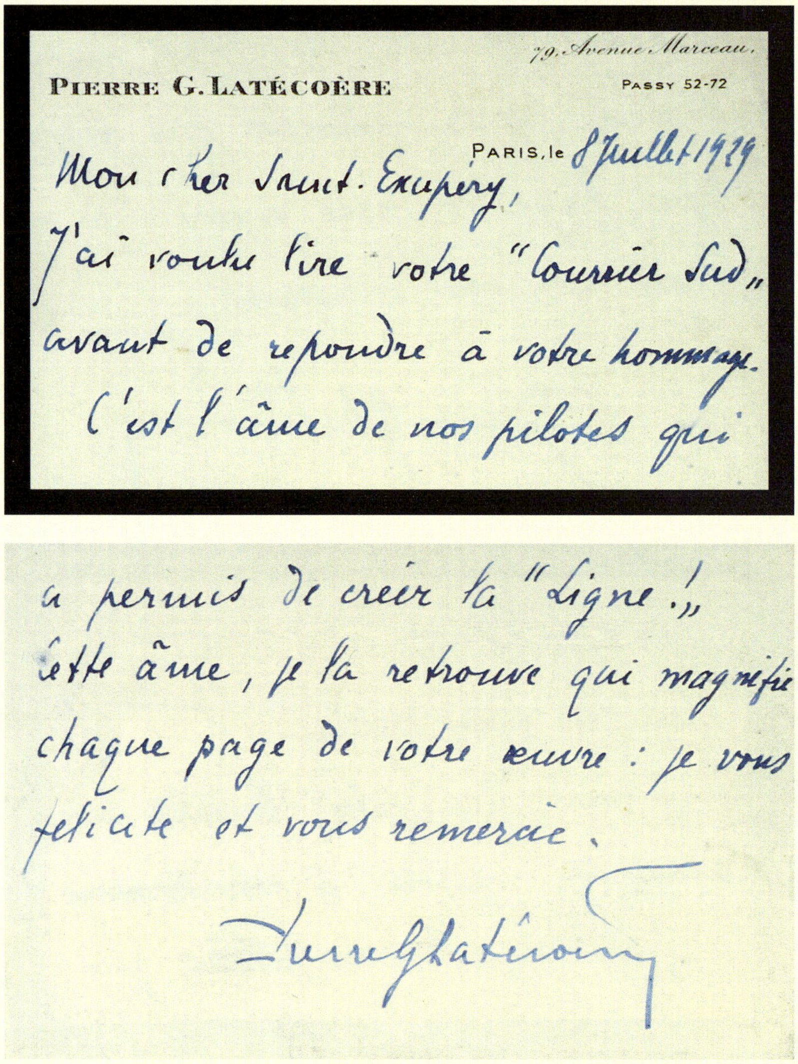
79, Avenue Marceau.

PIERRE G. LATÉCOÈRE

PASSY 52-72

PARIS, le 8 Juillet 1929

Mon cher Saint-Exupéry,

J'ai voulu lire votre "Courrier Sud" avant de répondre à votre hommage.

C'est l'âme de nos pilotes qui a permis de créer la "Ligne!" cette âme, je la retrouve qui magnifie chaque page de votre œuvre : je vous félicite et vous remercie.

Pierre G Latécoère

Felsen in Spanien, Sanddünen in Afrika, der Humus der Erde ist selten wie eine kostbare Materie! …
Die letzten Städte werden vorüberziehen, die letzten Weizenfelder [zwei Wörter unleserlich], rein wie Wasser. Bernis darf heute Abend der [Entkleidung] [Entblößung] der Erde zusehen … Malaga taucht auf [das letzte Lächeln Europas]. Algesiras leuchtet Europa einen letzten Gruß.
Bernis ist [traurig] müde. Vor zwei Monaten war er nach Paris gefahren, um Geneviève zu erobern. Gestern ist er wieder zur Fluggesellschaft zurückgekehrt, als er sein Leben nach der Niederlage neu geordnet hatte. Die Nacht naht. Sobald er sich mit einer Linkskurve von Europa abwendet, [wird es Nacht sein] wird der Leuchtturm [von Algesiras] von Tanger aufblinken.

Links: Karte von Pierre Latécoère, auf der er Saint-Exupéry zu seinem Roman *Südkurier* beglückwünscht.

Rechte Seite: Auszug aus *Südkurier*. Frühe Fassung eines illustrierten Manuskripts.

Flug über Spanien

Jacques Bernis ist die Hauptfigur von Saint-Exupérys Roman *Südkurier*. Als Linienpilot auf der Postflugstrecke Toulouse-Dakar ist er zum Nomaden geworden und hat die Einsamkeit kennen gelernt. Es erfüllt ihn mit Bedauern, ein Leben ohne Verwurzelung in Haus, Familie und festgefügte Ordnungen zu führen. Geneviève, der Freundin seiner Kindheit, scheint dies geglückt zu sein. Doch erweist sich auch ihre Welt als brüchig: Als ihr Kind stirbt, verlässt sie ihren Ehemann und will mit Bernis ein neues Leben anfangen, scheitert aber an den Schwierigkeiten einer ungesicherten Existenz, die wenig mit dem erträumten großen Abenteuer gemein hat. Von der Liebe, der Religion und den oberflächlichen Begegnungen mit Frauen enttäuscht, stürzt sich Bernis mit Elan wieder in seinen Beruf, bis sein Flugzeug in der Wüste abstürzt: »Pilot getötet, Flugzeug zerschellt, Post unversehrt. Stopp. Weiterflug nach Dakar«, telegrafiert der Fliegerkamerad, der ihn gefunden hat. Kurz darauf erfolgt die Meldung: »Dakar an Toulouse: Post in Dakar angekommen. Stopp.«

lisse ~~ses mots pour soi-même~~.

Des rochers [en] d'Espagne, les sables [en] d'Afrique
Shoums(?)
la terre est dure comme une pâte ... ...

Les derniers [illegible] passaient, les derniers
champs de blé, puis [de] l'orge [pour comme de l'eau]. Bernis assiste à son
[illegible] au détachement de la terre.-- Et voici déjà Malaga.
la ~~dernière sortie de l'Europe~~ - Algésiras [illegible] [illegible]

Bernis est ~~triste~~ las. Deux mois avant
il montait vers Paris ~~comme à la conquête du monde~~ [à la conquête du monde,]
à la conquête de femmes. Il revenait lui à la
Compagnie ayant rendu compte de sa [illegible]. La
nuit est proche. [illegible] [illegible] [illegible] à gauche le [illegible]
de l'Europe le phare ~~d'Algésiras~~ [Tanger] [illegible]. [illegible] Bernis
jusqu'au phare ~~d'Algésiras~~ [de Tanger] va se souvenir.

Unten: Dieser Auszug aus einer frühen Fassung des Manuskripts zu *Wind, Sand und Sterne* (rechts) bezieht sich auf Saint-Exupérys Flugzeugunfall Ende Dezember 1935 in der Libyschen Wüste. Auf dem Foto ist er vor dem Wrack des verunglückten Flugzeugs Cadron »Simoun« zu sehen.

Rechte Seite: Auszug aus *Wind, Sand und Sterne.* Unveröffentlichte Version mit zahlreichen Varianten zur endgültigen Fassung.

Der Hahn kräht

Wie bereits in einer Artikelserie, die vom 30. Januar bis zum 4. Februar 1936 in der Zeitschrift *L'Intransigeant* unter dem Titel *Le Vol brisé. Prison de sable (Der gescheiterte Flug. Gefängnis aus Sand)* erschienen war, berichtet Saint-Exupéry von seinem Flugzeugunfall in der Libyschen Wüste. Durch die dem Gewinner in Aussicht gestellte Prämie verlockt, hatte er beschlossen, in einem Langstreckenflug Paris – Saigon den damaligen Rekord von André Japy zu brechen, der mit einer Fluggeschwindigkeit von 102,52 km/h für diese Strecke 98 Stunden 52 Minuten benötigt hatte. Da Saint-Exupéry über ein leistungsstärkeres Flugzeug verfügte – den Typ Caudron »Simoun«, ausgestattet mit einem Renault Motor – hatte er gute Chancen, die Flugzeit von Japy zu unterbieten. Zusammen mit seinem Mechaniker André Prévot startete er am 29. Dezember 1935. Nach einer Flugzeit von 19 Stunden 38 Minuten prallte das Flugzeug in der Libyschen Wüste gegen eine Sanddüne.

Wir haben uns zum Gehen gezwungen und plötzlich höre ich den Hahn krähen. Guillaumet hatte mir seinerzeit auch erzählt: »Gegen Ende hörte ich in den Anden die Hähne. Ich hörte auch die Eisenbahn.«
Das fällt mir im Augenblick ein, als der Hahn kräht, und ich sage mir: »Erst täuschen einen die Augen. Das macht der Durst. Die Ohren haben länger gehalten.«
Aber Prévot fasst mich am Arm:
»Haben Sie das gehört?«
»Was denn?«
»Den Hahn!«
»Ja aber – ja aber ...«
Ja aber, das hieße Leben – du Dummkopf! Noch eine Täuschung sucht mich heim. Ich sehe drei Hunde herumjagen. Prévot sieht hin und kann nichts wahrnehmen. Aber nun strecken wir beide Arme den Beduinen entgegen, beide holen wir den letzten Atem aus unserer Brust, und beide lachen wir vor Glück. [...]
Wasser!
Wasser, du hast weder Geschmack noch Farbe noch Aroma. Man kann dich nicht beschreiben. Man schmeckt dich, ohne dich zu kennen. Es ist nicht so, dass man dich zum Leben braucht: Du selbst bist das Leben! Du durchdringst uns als Labsal, dessen Köstlichkeit keiner unserer Sinne auszudrücken fähig ist. Durch dich kehren alle unsere Sinne zurück, die wir schon verloren gaben. Dank deiner Segnung fließen in uns wieder alle bereits versiegten Quellen der Seele.
Du bist der köstlichste Besitz dieser Erde. Du bist auch der empfindsamste, der rein dem Leib der Erde entquillt. Vor einer Quelle magnesiumhaltigen Wassers kann man verdursten. An einem Salzsee kann man verschmachten. Und trotz zwei Liter Tauwasser kann man zugrunde gehen, wenn sie bestimmte Salze enthalten.
Du nimmst nicht jede Mischung an, duldest nicht jede Veränderung. Du bist eine leicht gekränkte Gottheit!

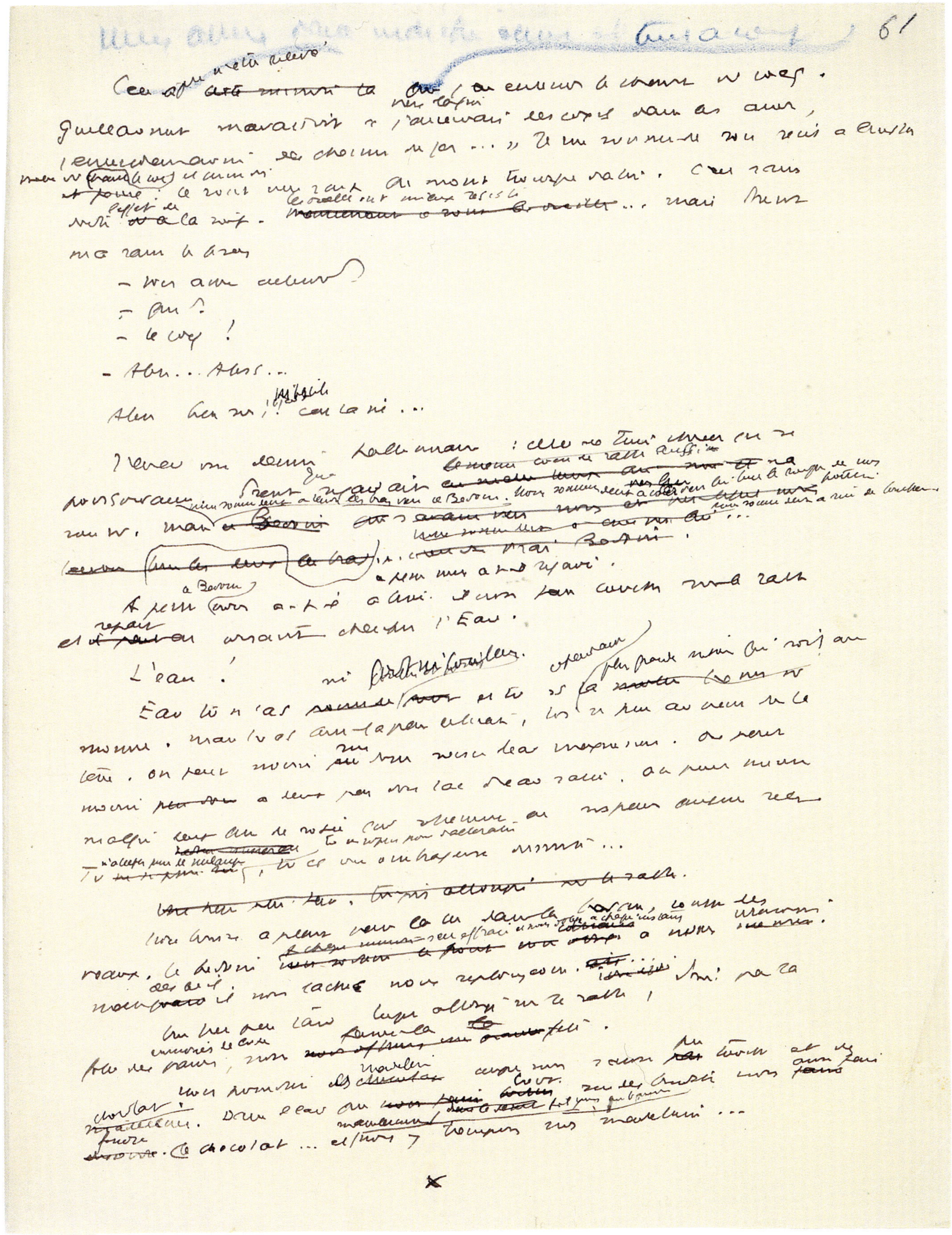

Saint-Exupéry beim Schreiben, fotografiert von John Phillips.

Rechte Seite: Anfang aus dem *Brief an einen Amerikaner.*

»An die Freunde aus Amerika«

Den *Brief an einen Amerikaner* verfasste Saint-Exupéry in der Nacht vom 29. auf den 30. Mai 1944. John Phillips, ein Kriegsreporter der Zeitschrift *Life* hatte ihn um einen Artikel gebeten und wurde Zeuge, wie er daran arbeitete: »Mit dem Schreiben zu beginnen [...] war für ihn ein Kampf, den er genauso widerwillig auf sich nahm, wie er sich vor einem Flug in seinen Pilotenanzug zwängte; immer ließ er dabei tiefste Seufzer hören. Schließlich zwängte er seinen riesigen Körper in einen schmalen Korbstuhl, [...] stellte wie ein braver, fleißiger Schüler die Füße nebeneinander, beugte sich über die Schreibunterlage, [...] und fing an, das Blatt Papier stetig mit kleinen schwarzen Schriftzeichen zu füllen, deren Zeilen nach rechts oben anstiegen – wie eine Asymptote der Hoffnung.« Saint-Exupérys Hochachtung den amerikanischen Soldaten, die auf den Schlachtfeldern Europas in den Krieg zogen, geleitet vom Ideal der Freiheit.

Ich habe die Vereinigten Staaten im April 1943 verlassen, um mich in Nordafrika meinen Kriegskameraden aus dem *Flug nach Arras* anzuschließen. Ich reiste an Bord eines Marinekonvois. Dieser Konvoi aus dreißig Kriegsschiffen transportierte 50 000 amerikanische Soldaten aus den Vereinigten Staaten nach Nordafrika. Wenn ich morgens eine Promenade an Deck machte, erblickte ich ringsum eine ganze Stadt, die sich auf dem Wasser bewegte. Die dreißig Kriegsschiffe lasteten mächtig auf dem Meer. Aber was ich empfand, war weniger das Gefühl von Macht. Dieser Konvoi strahlte für mich den Jubel eines Kreuzzugs aus.
Ihr Freunde aus Amerika, ich möchte euch Gerechtigkeit widerfahren lassen. Denn es könnte sein, dass es eines Tages zu mehr oder weniger ernsten Streitigkeiten kommt zwischen euch und uns. Jede Nation ist egoistisch. Jede Nation betrachtet ihren Egoismus als unantastbar. Es könnte sein, dass ihr im Gefühl eurer materiellen Macht heute oder morgen Vorteilsnahmen beansprucht, die uns als ungerechte Beeinträchtigungen erscheinen. Es könnte sein, dass es eines Tages zu mehr oder weniger ernsten Wortgefechten kommt zwischen euch und uns. Der Krieg wird immer von den Gläubigen gewonnen, die Friedensverträge aber werden manchmal von den Geschäftsleuten bestimmt. Doch selbst wenn ich eines Tages in meinem Herzen manche Vorwürfe gegen deren Entscheidungen formulieren werde, dann werden mich diese Vorwürfe niemals die Erhabenheit der Kriegsziele eures Volkes vergessen lassen. Von der Qualität der Substanz eures Wesens werde ich stets Zeugnis ablegen. Nicht um materieller Interessen willen haben die Mütter der Vereinigten Staaten ihre Söhne hergegeben. Nicht um materieller Interessen willen haben diese jungen Männer die Gefahr des Todes auf sich genommen. Ich weiß – was ich später zu Hause auch sagen werde –, mit welchem geistigen Kreuzzug im Blick jeder von euch sich dem Krieg hingegeben hat.
Hierfür kann ich zwei Erinnerungen – unter vielen anderen – als Beweis anführen.

1/

611

J'ai quitté les Etats unis en Avril 1943 pour rejoindre en Afrique du Nord mes compagnons de guerre de Flight to Arras. J'ai voyagé à bord d'un convoi americain. Ce convoi de trente navires transbordait des Etats unis en Afrique du Nord cinquante mille soldats ~~americains~~ de chez vous. Quand, au reveil, je me ~~retrouvais~~ promenais sur le pont je retrouvais autour de moi cette ville en marche. Les trente navires pesaient puissamment sur la mer. Mais j'eprouvais autre chose qu'une simple sensation de puissance. Ce convoi evoquait pour moi l'allegresse d'une croisade. Amis d'Amérique, je voudrais vous rendre pleinement justice. Un jour peut etre des litiges plus ou moins graves s'eleveront entre vous et nous. Toute nation est egoïste. Toute nation considère son egoïsme comme sacré. Il se peut que le sentiment de votre puissance materielle vous fasse prendre aujourd'hui ou demain des avantages qui nous paraitront nous leser injustement. Il se peut que s'elevent un jour entre vous et nous, des discussions plus ou moins graves. Si la guerre est toujours gagnée par les croyants, les traités de paix quelquefois sont ~~rédigés~~ dictés par les hommes d'affaires. Eh bien si même un jour je forme dans mon coeur quelques reproches contre les decisions de ceux là, ces reproches ne me feront jamais oublier la noblesse des buts de guerre de votre peuple. Sur la qualité de votre substance profonde je rendrai toujours le même temoignage. Ce n'est pas pour la poursuite d'interets materiels que les mères des Etats unis ont donné leurs fils. Ce n'est pas pour la poursuite d'interets materiels que ces garçons ont accepté le risque de mort. Je sais et je dirai plus tard chez moi en vue de quelle croisade spirituelle chacun de vous s'est donné à la guerre. J'ai, parmi ~~qui me montrent votre noblesse.~~ d'autres, DEUX souvenirs à verser comme preuves.

Ich, ich glaube an den Erzengel Gabriel. Verflucht noch mal, da sehe ich ihn. Aber wie könnte ich denn nicht erkennen, dass ich bei der Hand genommen worden bin? Das erste Mal seit langer Zeit schließe ich die Augen über dem Frieden meines Herzens. Ich brauche meinen Weg nicht mehr zu suchen.
Man kann mich nicht daran hindern, die Augen zu schließen, wenn ich glücklich bin. Ein wenig wie die Türen oder die Fenster der [unleserliches Wort]. Wenn sie voll sind, werden sie geschlossen. Ich habe dich in mir wie einen wunderbaren Schutz. Natürlich werde ich dir wehtun. Natürlich wirst du mir wehtun. Natürlich werden wir uns Leid zufügen, doch das ist die Bedingung unserer Existenz. Wer das Frühjahr will, geht auch das Wagnis des Winters ein. Wer die Gegenwart will, geht auch das Wagnis der Abwesenheit ein.

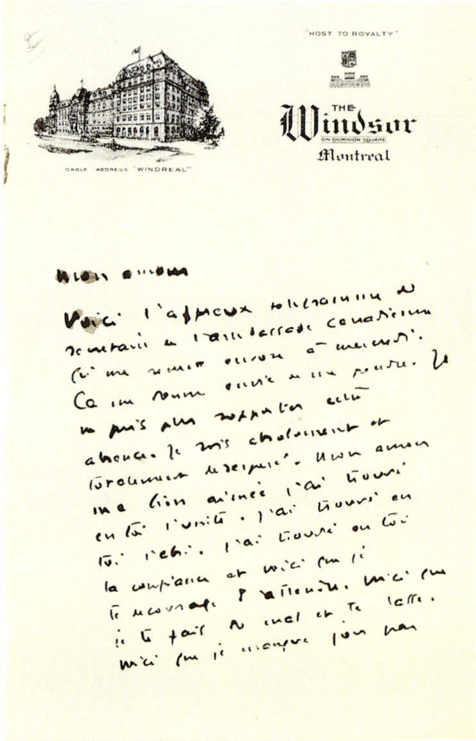
"HOST TO ROYALTY"
THE Windsor
ON DOMINION SQUARE
Montreal
CABLE ADDRESS "WINDREAL"

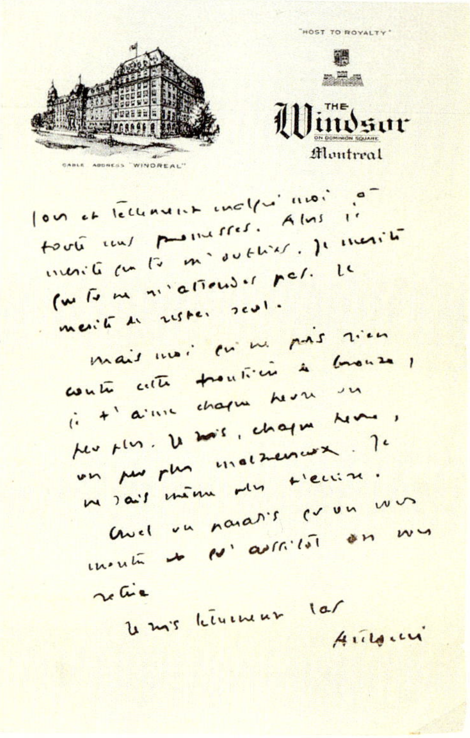
"HOST TO ROYALTY"
THE Windsor
ON DOMINION SQUARE
Montreal
CABLE ADDRESS "WINDREAL"

Links: Brief an Natalie Paley, 1942.

Rechte Seite: Auszug aus einem unveröffentlichten Brief an Natalie Paley, 1942.

»Das Wagnis der Abwesenheit«

Während seines Aufenthalts in New York und Kanada schickte Saint-Exupéry mehrere Briefe an Natalie Paley, von denen sieben erhalten sind. Er drückt darin seine außerordentliche Zuneigung zu der russischen Fürstin aus. Die Nichte des Zaren Alexanders III. war vor dem Krieg in Frankreich eine gefragte Filmschauspielerin gewesen, hatte den Pariser Modeschöpfer Lucien Lelong geheiratet und lebte seit 1937 in New York. In seinen Briefen schlägt Saint-Exupéry einen vertraulichen Tonfall an, voller Zärtlichkeit und poetischer Bilder: »Meine Geliebte … wie lange ist es her, dass ich dieses Wort nicht mehr benutzt habe. Ich erfreue mich an seinem sanften, süßen Klang. Gestern Abend, weißt du, da fühlte ich mich wie ein Arbeiter aus einem Viertel voller Ruß, Blech und Dreck, der sich plötzlich auf einer Wiese an einem Bach mit weißen Kieselsteinen wiederfindet. Er schließt schnell die Augen, um diese Landschaft […], in seinem Innersten zu bewahren. Mein frischer, klarer Bach mit weißen Kieselsteinen, mein strömendes Wasser, meine Geliebte …«

4

Moi je crois en l'échange parfait. Souvenez vite.. je me répète.

Mais je ne puis pas ne pas connaître que je viens d'être pris par la main. Pour la première fois depuis bien longtemps je ferme les yeux sur la route de mon coeur. Je n'ai plus à chercher mon chemin.

On ne peut pas m'empêcher de fermer les yeux si je suis heureux. Un peu comme les portes ou les fenêtres des maisons. On les ferme une fois qu'elles sont pleines. Tu es en moi comme une provision merveilleuse.

Bien sûr je te ferai mal. Bien sûr tu me feras mal. Bien sûr nous aurons mal. Mais ça c'est la condition de l'existence. Se faire printemps c'est prendre le risque de l'hiver. Se faire présent c'est prendre le risque de l'absence. (C'est pourquoi leur saloperie de téléphones, de lettres

Rechte Seite: Unveröffentlichter Brief an Nadia Boulanger, an die Saint-Exupéry das Manuskript von *Flug nach Arras* schickte.

Unten: Zeichnung, die eine weitere Widmung an Nadia Boulanger schmückt, der Saint-Exupéry auch ein Typoskript von *Der kleine Prinz* zuschickte.

Liebe Nadia,

anbei mein kleiner Bär. Entschuldigen Sie bitte die Verspätung, die unvermeidlichen Komplikationen in allerletzter Minute ließen mich erst heute über einen Text verfügen. Er steckt voller Fehler, aber ich hätte noch 48 Stunden gebraucht, um sie zu korrigieren, denn jetzt sehe ich nichts mehr. Schieben Sie die Schuld auf das Schreibfräulein, wenn Sie zu viele Ungereimtheiten entdecken.
Sie wissen, welche unendliche Wertschätzung und tiefe Zuneigung ich für Sie hege. Ich schätze mich sehr glücklich, Ihnen eines der vier Manuskripte übersenden zu dürfen.
Vielen Dank im Voraus für Ihren Brief.
[Es ist mir sehr wichtig zu erfahren, dass ich nicht völlig versagt habe – denn ich habe viele Gründe, ziemlich demoralisiert zu sein – und sehr entmutigt!
Nochmals vielen Dank.

A. de Saint-Exupéry]

Übersendung des »kleinen Bären«

Wie so mancher Schriftsteller folgte auch Antoine de Saint-Exupéry der literarischen Tradition, das Manuskript eines Werkes ganz oder teilweise jemandem zu widmen bzw. zu übereignen. Es war ihm ein lieb gewordenes Ritual, die druckfertigen Fassungen seiner Werke mit einigen freundschaftlichen Worten versehen an jene Menschen zu schicken, die er besonders schätzte oder denen er eine besondere Ehre erweisen wollte.
Diese Doppelseite zeigt die Übersendungen an die berühmte Musikerin Nadia Boulanger, die Saint-Exupéry 1938 über Nelly de Vogüé kennen gelernt hatte. Das maschinengeschriebene Exemplar des Romans *Flug nach Arras*, das Saint-Exupéry dem Brief an Nadia Boulanger beifügte, weist im Vergleich mit der endgültigen Druckfassung einige Varianten auf. Dies ist auch bei dem teilweise mit Bleistiftillustrationen sowie handschriftlichen Korrekturen versehenen Typoskript von *Der kleine Prinz* der Fall. Beide Manuskripte befinden sich heute in der Französischen Nationalbibliothek in Paris, der sie von Nadia Boulanger vermacht wurden.

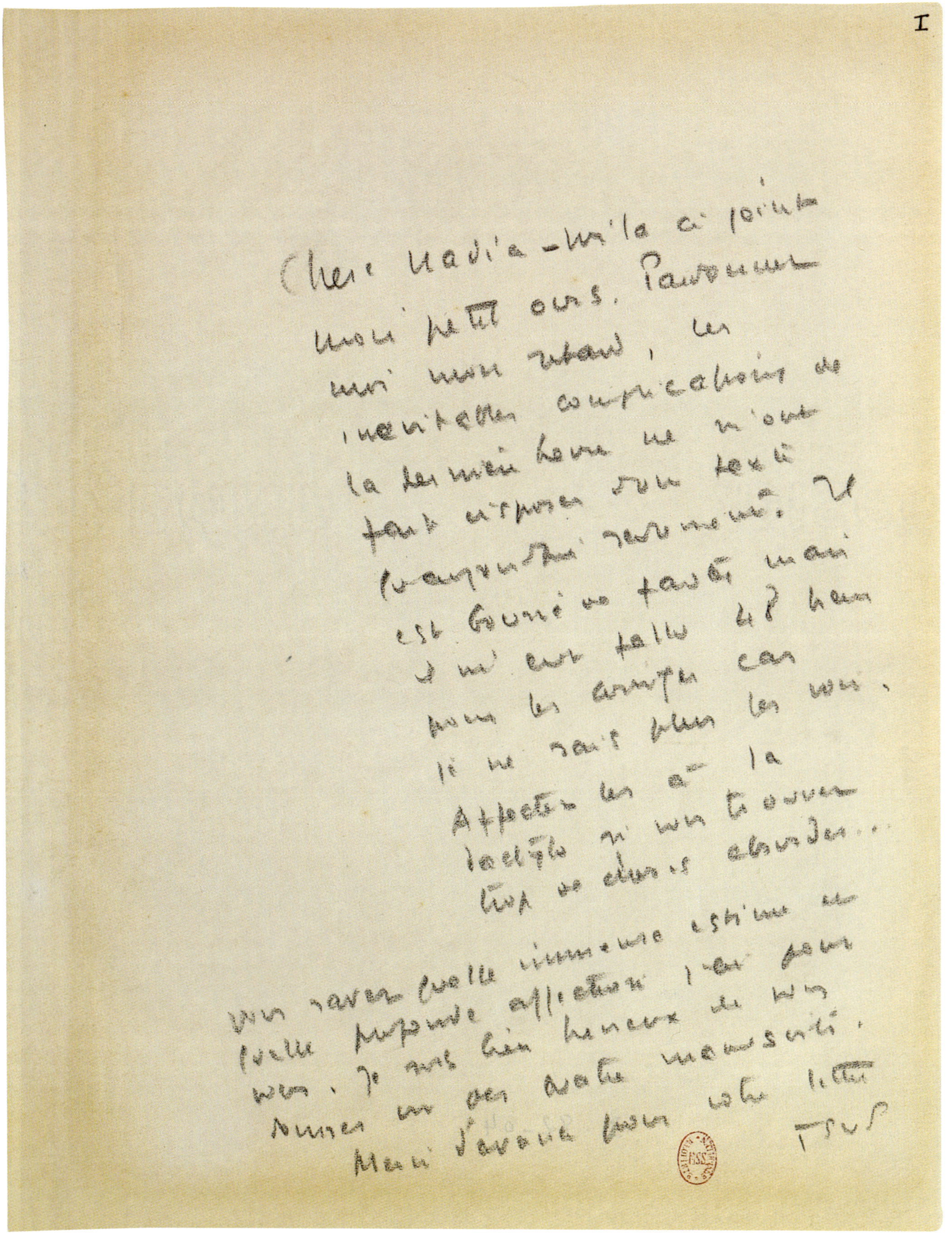

I

Chère Nadia – voilà ci-joint
mon petit ours. Pardonnez-
moi mon retard, les
inévitables complications de
la dernière heure ne m'ont
fait exposer son texte
qu'aujourd'hui seulement. Il
est bourré de fautes mais
il m'eût fallu 48 heures
pour les corriger car
je ne sais plus les voir.
Acceptez les [illegible] la
lecture qui vous trouverez
lisez [illegible] choses absurdes...

Vous savez quelle immense estime et
quelle profonde affection j'ai pour
vous. Je suis bien heureux de vous
[illegible] en [illegible] manuscrit.
Merci d'avance pour votre lettre

Rechts: Antoine und Consuelo de Saint-Exupéry am Pariser Bahnhof Saint-Lazare vor der Abreise in die Vereinigten Staaten, 1938.

Rechte Seite: Auszug aus einem unveröffentlichten Typoskript vom 18. Dezember 1942 mit handschriftlichen Korrekturen.

»Lieber Doktor«

Consuelo de Saint-Exupéry war ihrem Ehemann, der sich seit Ende Dezember 1940 in New York aufhielt, erst ein Jahr später gefolgt. Nur wenige Wochen danach erschien im Februar 1942 die englische Übersetzung von Saint-Exupérys Roman *Flug nach Arras*, mit Illustrationen von Bernard Lamotte. Das Ehepaar wohnte im Verlauf des Jahres 1942 zunächst in einem New Yorker Apartment. Während des Sommers hatten die Saint-Exupérys verschiedene Villen in Connecticut sowie auf Long Island gemietet, und ab November lautete ihre Adresse 55, Beekman Place in New York – das Haus hatte früher einmal Greta Garbo gehört.
Trotz des ironischen Tonfalls lässt der Brief erahnen, wie sehr der raue Winter in New York Consuelo zugesetzt haben musste, die an die Sonne Südamerikas gewöhnt war und deren zarte Gesundheit schon vor dem Krieg längere Aufenthalte in der Schweiz sowie an der Côte d'Azur nötig gemacht hatte.

Betreff: Dreißig $ monatlich

Lieber Doktor,

ich schlage Ihnen für die Begleichung meiner Rechnung eine monatliche Zahlung von dreißig $ vor. Es ist mir unmöglich, mehr zu bezahlen, und zwar aus dem einfachen Grund, weil ich, da ich keinen einzigen Centime mehr auf der Bank habe, im Augenblick ausschließlich von dem Vorschuss meines Verlegers lebe. Meine finanzielle Situation ist leicht überprüfbar und mein Angebot liegt über dem gesetzlichen Minimum.
Als meine Frau aus Frankreich gekommen ist, habe ich sie zu Ihnen geschickt, weil unser Verhältnis sich eher freundschaftlich als rein beruflich gestaltete. Meine Frau war nicht krank, aber wie jede Frau wünscht sie sich, dass man sich ständig ihrer Gesundheit widmet. Da ich nicht über die Mittel verfüge, um ihr kostspielige Zerstreuungen dieser Art bieten zu können, glaubte ich, meine Hoffnung auf einen Arzt-Freund setzen zu können, der sie ein- oder zweimal in seiner Sprechstunde empfangen, ihr ein paar kluge Ratschläge geben, einen harmlosen Sirup verschreiben und eine bescheidene Rechnung ausstellen würde. Ich hätte meine Frau gekränkt, wenn ich die Diagnose hätte beeinflussen wollen, und ich hätte auch Sie beleidigt, wenn ich mir angemaßt hätte, durch im Vorhinein geäußerte Wünsche Ihre ärztlichen Schlussfolgerungen zu lenken.
Ich habe Sie in aller Freiheit urteilen lassen. Aber eines Tages fand es sich, dass ich Ihnen anvertraute, aufgrund meines gesperrten Kapitals nur über das allernotwendigste Minimum zu verfügen. An diesem Tag vertrauten Sie mir in gleicher Offenheit an, dass meine Frau nicht im Geringsten krank sei und die medizinische Behandlung, die Sie ihr angedeihen ließen, durch Spaziergänge an der frischen Luft preisgünstig zu ersetzen sei. Es stimmte mich etwas traurig, dass die Trefflichkeit dieser Bemerkung mit einer Rechnung von über 200 $ belastet war. Doch musste ich umgekehrt den therapeutischen Wert jener Dekrete bewundern [durch welche die amerikanische Regierung auf so wunderbare Weise meine Frau geheilt hatte].

30 $ mensuels

le 18 Décembre 1942

Cher Docteur :-

Je vous propose le règlement du solde de ma note par versements de $30 $ mensuels. Il m'est impossible de faire plus pour la simple raison que, n'ayant pas un centime de réserve en banque, je vis actuellement sur des avances consenties par mon éditeur. Ma situation financière est aisée à vérifier, et mon offre est supérieure au minimun légal.

Lorsque ma femme est arrivée de France je l'ai adressée à vous parce que ~~nos~~ mes relations avec vous se situaient comme plus amicales que professionnelles. Ma femme n'était pas malade, mais souhaitait come toute femme, que l'on s'intéressât en permanence à sa santé. N'ayant pas les moyens de lui procurer des distractions aussi coûteuses, je me suis cru en droit d'espérer, d'un médecin-ami, qu'il lui accorderait ~~je comptais sur votre sympathie pour moi pour lui accorder~~ un ou deux rendez-vous ~~séances~~, de sages conseils, un sirop inoffensif et une facture modeste. J'eusse lésé ma femme en influençant votre diagnostic, et je vous eusse fait injure en pesant sur vos conclusions par des souhaits préliminaires. Je vous ai laissé juger en toute liberté.

Mais ~~Il~~ s'est trouvé qu'un jour je vous ai confié que, mes fonds étant bloqués, je ne disposais que du minimum indispensable. Ce jour-là vous m'avez confié en retour, avec une confiance égale, que, ma femme n'étant point malade, les soins médicaux, à elle accordés, seraient avantageusement remplacés par de bonnes promenades au grand air. J'ai été un peu attristé de ce que cette juste remarque fût grevée d'une facture de plus de $200. $, mais j'ai admiré par contre la valeur thérapeutique des décrets du gou-

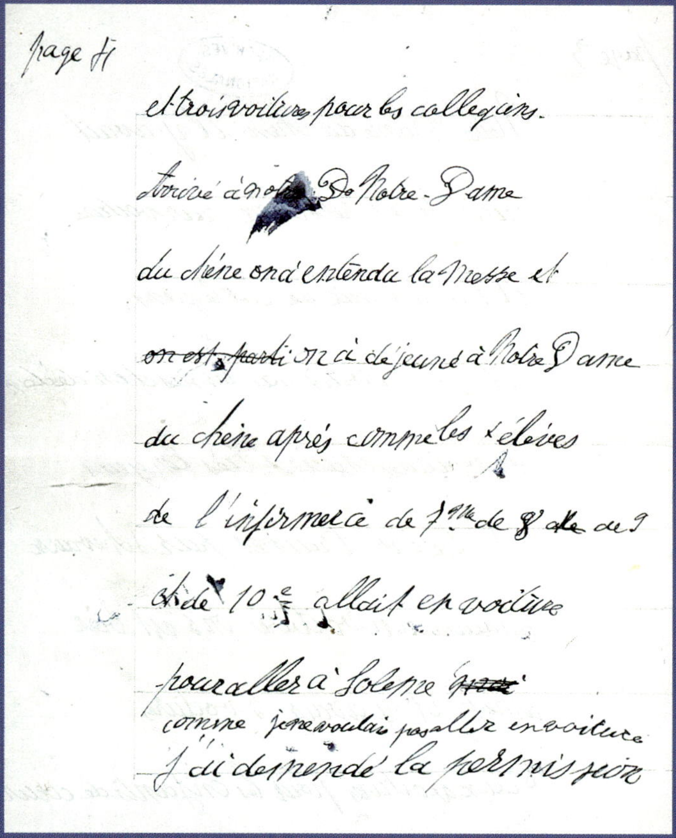

page 4

et trois voitures pour les collegiens.

Arrivé à Notre-Dame Notre-Dame

du chêne on a entendu la messe et

~~on est parti~~ on a déjeuné à Notre Dame

du chêne après comme les élèves

de l'infirmerie de 7me de 8e de 9

et de 10e allait en voiture

pour aller à Solesme

comme je ne voulais pas aller en voiture

j'ai demendé la permission

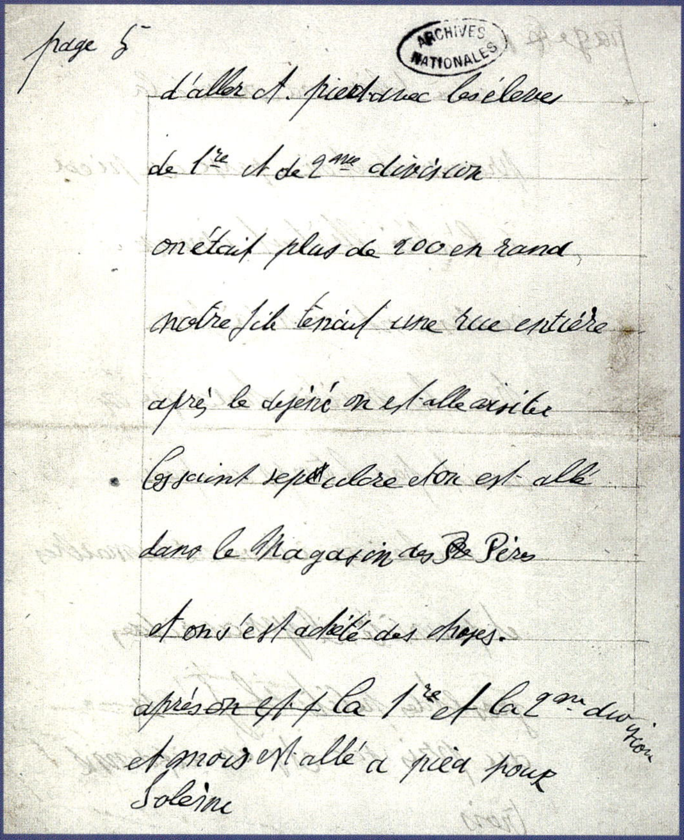

page 5

d'aller à pied avec les élèves

de 1re et de 2me division

on était plus de 200 en rang,

notre file tenait une rue entière

après le déjeuné on est allé visiter

les saint sepulcre et on est allé

dans le Magasin des Pères

et on s'est acheté des images.

~~après on est~~ la 1re et la 2me division

et moi est allé à pied pour

Solesme

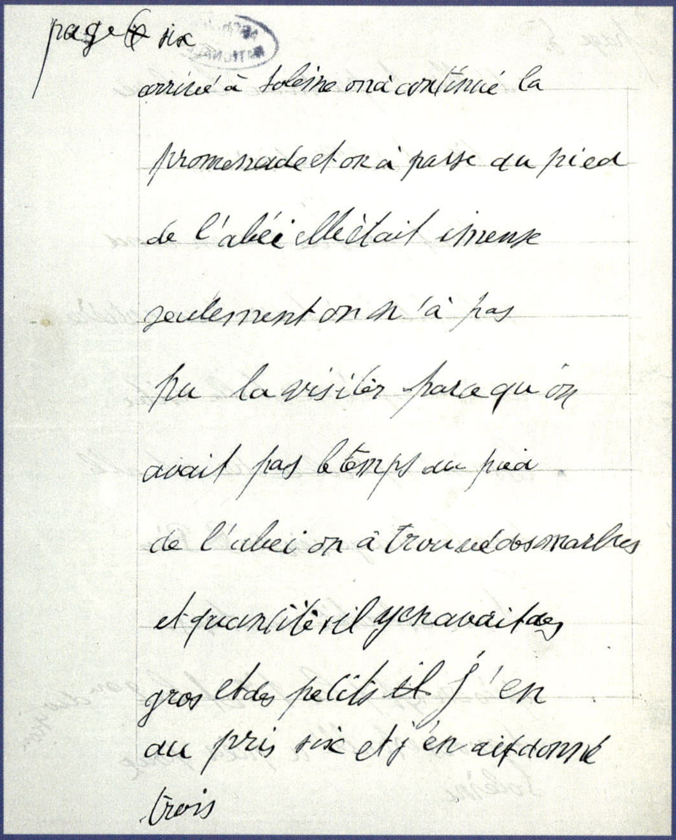

page 6 six

arrivé à Solesme on a continué la

promenade et on a passé au pied

de l'abée elle était imense

seulement on n'a pas

pu la visiter parce qu'on

avait pas le temps au pied

de l'abei on a trouvé des marbres

et quantité il y en avait des

gros et des petits et j'en

ai pris six et j'en ai donné

trois

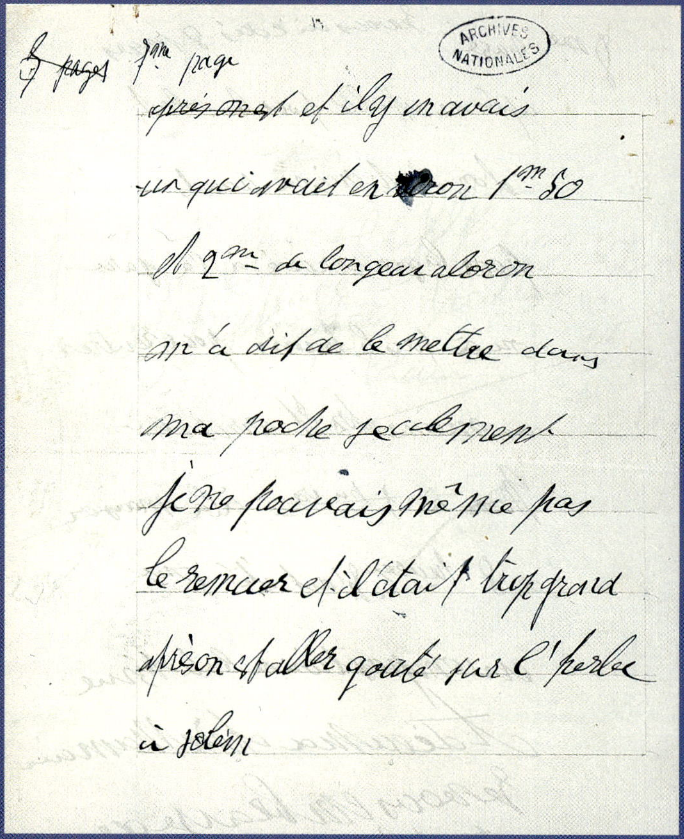

~~7 pages~~ 7me page

~~après on est~~ et il y en avait

un qui avait environ 1m 50

et 2m de longeur alors on

m'a dit de le mettre dans

ma poche seulement

je ne pouvais même pas

le remuer et il était trop grand

après on est allé gouté sur l'herbe

à Solem

Oben: Auszug aus einem Brief Saint-Exupérys an seine Mutter, Le Mans 1910.
Rechte Seite: Antoine um 1907.

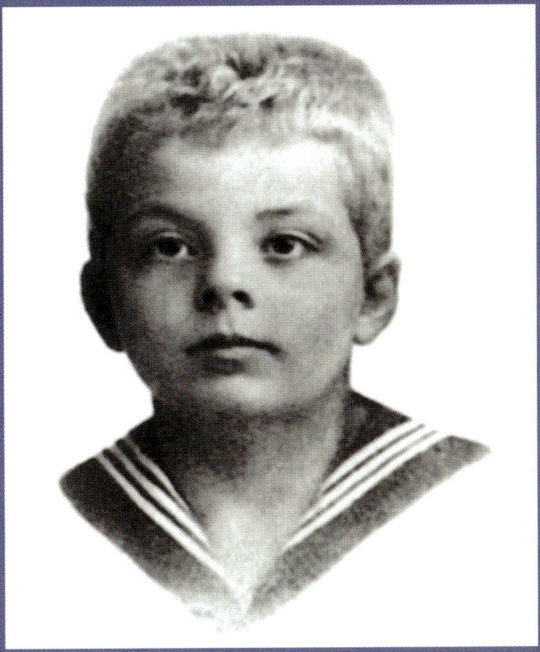

Die Jugend

»Ich schreibe, seit ich sechs Jahre alt bin.
Es war nicht das Flugzeug, das mich zum Buch gebracht hat.
Ich denke, wäre ich Bergmann geworden,
so hätte ich mir meinen Unterricht unter der Erde gesucht.
Und wäre ich ein Gelehrter geworden,
so hätte ich mein Thema vielleicht … in der
Bibliothek gefunden.«

Antoine de Saint-Exupéry wurde am 29. Juni 1900 in Lyon als drittes Kind und erster Sohn von Jean de Saint-Exupéry und Marie de Fonscolombe geboren. Vor ihm waren seine beiden älteren Schwestern, Marie-Madeleine und Simone, auf die Welt gekommen, nach ihm sollten noch sein Bruder François sowie seine Schwester Gabrielle folgen. Die fünf Geschwister, nur durch wenige Jahre voneinander getrennt und von ähnlicher Neigung, entwickelten ein sehr enges Verhältnis zueinander. Nach dem Tod ihres Mannes, der 1904 an einem Herzinfarkt starb, geriet Marie de Saint-Exupéry in eine finanziell sehr schwierige Situation. Sie zog in Lyon mit ihren Kindern in die Wohnung ihrer Tante, der Comtesse de Tricaud. Der kleine Antoine war fast ausschließlich von Frauen umgeben: von seiner Mutter und seiner Tante, beide Witwen, von den Gouvernanten Paula und Moisi, von der Klavierlehrerin, von den Dienstmädchen … Die einzigen Männer in dieser Welt waren der Pfarrer, der jede Woche einmal zum Mittagessen kam, und Cyprien, der Kammerdiener, von den Kindern »Zizi, die Kröte« genannt. Der Rhythmus der Jahreszeiten bestimmte das Leben der Kinder. Den Winter verbrachten sie in Lyon, in der großen Wohnung der Tante an der Place Bellecour. Doch sobald die Tage schöner wurden, zog es die gesamte Familie auf das Schloss von Saint-Maurice-de-Rémens in der Gegend von Ain. Die Aufenthalte dort prägten sich Antoine tief ein. Der Schriftsteller Saint-Exupéry erwähnte das Schloss später häufig.

Die Kindheit, die für ihn eine so außerordentlich wichtige Zeit seines Lebens darstellte, war erfüllt von den Geschichten aus der Bibel und den Märchen, welche die Mutter ihren fünf Kindern regelmäßig vorlas oder erzählte. Und so erscheint es als die natürlichste Sache der Welt, dass Antoine zusammen mit seinem Bruder und seinen Schwestern anfing, die wichtigsten Geschehnisse der Bibel oder der klassischen Mythologie zu kleinen Theaterszenen umzugestalten, um sie dann vor den »Großen« aufzuführen. Auch als die Geschwister älter wurden, verbrachten sie die Schulferien regelmäßig in den Schlössern von Saint-Maurice oder La Mole, dem Familiensitz der Großeltern mütterlicherseits. Wenn es das schlechte Wetter nicht erlaubte, im Park zu spielen, dann wetteiferten die Kinder mit den Erwachsenen bei Reimspielen, bei Scharaden und ähnlichen

Die fünf Geschwister Saint-Exupéry: Marie-Madeleine, Gabrielle, François, Antoine und Simone (von links nach rechts).

Marie de Saint-Exupéry mit François (im Leiterwagen) und Antoine.

Unterhaltungen in geselliger Runde. Dies alles förderte die Fantasie und die Neigung, sich lustvoll auf Reisen in unerforschte Welten zu begeben. Drei der fünf Exupéry-Geschwister entfalteten später schriftstellerische Talente: Antoine, Marie-Madeleine, von der posthum ein Band mit Naturgeschichten unter dem Titel *Les Amis de Biche* erschien, und Simone, die in Indochina, wo sie als Archivarin arbeitete, eine Reihe von Erzählungen verfasste. Für die Veröffentlichung *Météores* wählte sie das Pseudonym Simone de Rémens, um nicht den literarischen Erfolg ihres Bruders zu trüben.

In den ersten Dichtungen seiner Jugendzeit versuchte sich Saint-Exupéry an allen möglichen Formen: gereimte Verse, Prosastücke, sogar der Anfang eines Opernlibrettos namens *Le Parapluie* zählen dazu. Voller Begeisterung für sein groteskes Sujet bat er seine ehemalige Klavierlehrerin aus Saint-Maurice, eine gewisse Anne-Marie Poncet, die Musik dazu zu komponieren. Als diese ihm eine Absage erteilte, fand die lyrische Berufung des Jünglings schnell ein Ende.

Dem Briefwechsel Saint-Exupérys kommt innerhalb seiner Schriften große Bedeutung zu. Ihm ist eine Fülle von Informationen über seine Kindheit und seine Schulzeit zu entnehmen. Zwar gingen zahlreiche Briefe verloren, doch die erhalten gebliebenen bezeugen, wie sehr es ihm am Herzen lag, mit den ihm nahe stehenden Menschen im Austausch zu bleiben.

Marie de Saint-Exupéry vermachte 1949 dem Französischen Nationalarchiv als Schenkung ein Konvolut von 185 Briefen aus der Hand ihres Sohnes, die er ihr zwischen 1910 und

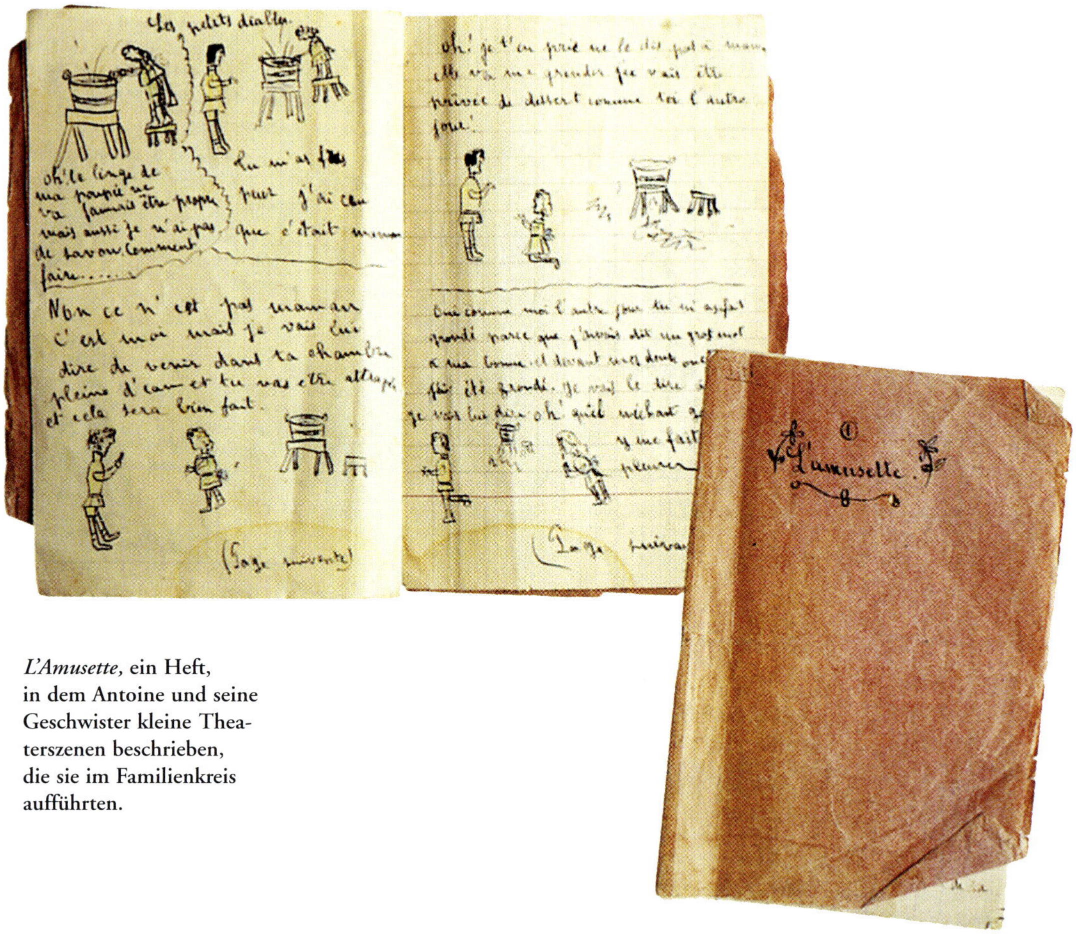

***L'Amusette,* ein Heft, in dem Antoine und seine Geschwister kleine Theaterszenen beschrieben, die sie im Familienkreis aufführten.**

1944 geschrieben hatte. Immer noch ist ein Teil von ihnen unveröffentlicht. Einige werden in diesem Band erstmals abgedruckt.

Während die Brüder Antoine und François auf Wunsch ihres Großvaters ab 1909 in Le Mans wohnten, um dort – wie ihr verstorbener Vater – als Externe die Jesuitenschule von Sainte-Croix zu besuchen, wurde das Schreiben für Antoine zu einer Möglichkeit, dem strengen Schulalltag zu entfliehen. Der regelmäßige Briefwechsel mit seiner Mutter, die für ihn eine »Quelle des Friedens« war, half ihm, die langen Wochen zu überstehen, die diese nicht in Le Mans bei ihren Söhnen verbrachte. Antoine erzählt in seinen Briefen ausführlich von den kleinen Ereignissen seines Lebens. Über seine Schulnoten lässt er weitaus weniger verlauten. Was einen guten Grund hatte, denn er war ein zerstreuter, unzuverlässiger Schüler, der sich nur dann Mühe machte, wenn ihn ein Thema wirklich interessierte. In solchen Fällen aber gab er sein Bestes. Einige Beispiele seiner frühen literarischen Glanzleistungen blieben erhalten: So der Schulaufsatz *L'Odyssée d'un chapeau*, dessen Manuskript sich heute noch im Archiv des Jesuitenkollegs von Le Mans befindet. *La Ballade du petit bureau* verfasste Saint-Exupéry, als er sich im Lycée Bossuet in Paris auf die Aufnahmeprüfung zur École Navale vorbereitete. Beide Texte lassen erkennen, wie viel Humor er hatte.

Als 1914 der Krieg ausbrach, wollte Marie de Saint-Exupéry ihre Söhne in ihrer Nähe wissen und meldete sie im Internat der Jesuiten von Mongré in Villefranche-sur-Saône an. Doch bald stellte sich heraus, dass Antoine und François sich in der strengen Umgebung nicht wohl fühlten. Sie kehrten nach Le Mans zurück, um dort das Schuljahr zu beenden. Im November 1915 wurden sie Internatsschüler der Villa Saint-Jean in Fribourg, deren Erziehungsmethoden als sehr modern galten. Antoine war begeistert von den Freiheiten, die den Schülern gewährt wurden. Er wurde ein leidenschaftlicher Leser und entdeckte Dostojewski, vor allem aber Baudelaire, Lecomte de Lisle, Hérédia und Mallarmé, fortan Vorbilder für seine eigenen dichterischen Versuche.

Im Juni 1917 legte Antoine erfolgreich seine Abiturprüfung in Philosophie ab. Kurz darauf geschah etwas sehr Trauriges: Sein jüngerer Bruder François starb im Alter von 15 Jahren an schwerem rheumatischem Fieber. Dieser Verlust eines nahen Menschen, dem noch viele weitere folgen sollten, sollte ihn tief prägen.

In Paris genoss der junge Antoine das Studentenleben: Obwohl Mathematik nicht gerade zu seinen Stärken zählte, wollte er sich für die Aufnahme in die École Navale bewerben und besuchte im Pariser Lycée Saint-Louis einen Vorbereitungskurs. Doch widmete er seine Zeit nicht ausschließlich dem Studium. Seine zahlreichen Cousins wetteiferten darum, ihn ins Theater, zu Empfängen und zu Spaziergängen über die Boulevards mitzunehmen. Seine Briefe aus jener Zeit verraten die Begeisterung eines jungen Mannes aus der Provinz, der die Freuden der Großstadt entdeckt. Der Krieg schien ihn wenig zu beschäftigen. In seiner Korrespondenz finden sich kaum Kommentare zu den Auswirkungen des Ersten Weltkriegs auf das Leben in Paris. Nur in zwei Briefen spricht er davon: An einer Stelle beschreibt er, wie überrascht er war, die ganze Stadt nachts wegen der deutschen Flugzeuge in gedämpftes blaues Laternenlicht getaucht zu sehen, und ein anderes Mal erzählt er, wie er mit einem Freund während des nächtlichen Fliegeralarms auf das Dach des Lycée Saint-Louis gestiegen war, um das Feuerspektakel zu bewundern.

Trotz seiner Bemühungen gelang es Saint-Exupéry nicht, in die École Navale aufgenommen zu werden. So schrieb er sich im Herbst 1919 als freier Hörer an der École des Beaux-Arts für Architektur ein. Seine Professoren bekamen ihn nicht sehr häufig zu Gesicht. Er verbrachte seine Zeit lieber in einem Café an der Ecke Quai Malaquais/Rue Bonaparte, damit beschäftigt, seine Skizzenhefte mit Gedichten zu füllen. Mit 21 Jahren wurde er zum Militärdienst einberufen. Da sein Herzenswunsch, in der Marine zu dienen, unerfüllt blieb, beschloss er, sich für den Einsatz bei einer Luftwaffeneinheit zu bewerben. Er träumte davon, Pilot zu werden.

Die Familie Saint-Exupéry während der Ferien.

Links: Antoine mit seinen Schulkameraden in Sainte-Croix, 1910/11. Er sitzt in der letzten Reihe (2. v. re.).

Rechts: Brief an die Mutter aus Le Mans, 1910.

Die Wallfahrt nach Notre-Dame-du-Chêne

Die Wallfahrtskirche Notre-Dame-du-Chêne ist seit Jahrhunderten eine bekannte Marienwallfahrtsstätte im Département Sarthe. Für die Jesuiten der Lehranstalt Notre-Dame-de-Sainte-Croix in Le Mans war die Kirche ein geeigneter Höhepunkt des alljährlichen Schulausflugs, der mit einem Besuch der Benediktinerabtei von Solesmes in Sablé-sur-Sarthe endete, die für den gregorianischen Gesang berühmt war.

Wer den Brief liest, den der junge Saint-Exupéry an seine Mutter geschrieben hat, erhält ein lebendiges Bild von diesem Ausflugstag: von den Schülern in ihren schweren, staubigen Holzpantinen, mit ihren keck aufgesetzten Mützen und ihren lässig über die Schultern geworfenen Umhängen, von der Fahrt in den reservierten Eisenbahnwaggons, von den Chorknaben, die dicht gedrängt auf den Holzbrettern der Karren saßen, vor die alte Gäule gespannt waren. Und von dem jungen Antoine, den die Internatsschüler in Sainte-Croix als Externen misstrauisch beäugten und der alles daran setzte »wie die Großen« einen Teil des Wegs zu Fuß zurückzulegen.

Meine liebe Mama,

ich möchte Sie gern wiedersehen.
Tante Anaïs ist hier und bleibt einen Monat. Heute war ich mit Pierrot bei einem Schüler von Sainte-Croix. Wir haben gevespert und haben uns sehr amüsiert. Heute früh hab ich in der Schule kommuniziert. Ich will Ihnen erzählen, was wir auf der Wallfahrt gemacht haben: Viertel vor acht mussten wir im Gymnasium sein. Wir haben uns aufgestellt, um zum Bahnhof zu gehen. Im Bahnhof sind wir in den Zug nach Sablé gestiegen. In Sablé sind wir in Wagen gestiegen. Bis Notre-Dame-du-Chêne saßen 52 Personen in jedem Wagen. Es waren nur Gymnasiasten, sie saßen obendrauf und darin; die Wagen waren sehr lang und wurden jeder von zwei Pferden gezogen. Unterwegs hatten wir viel Spaß. Es waren fünf Wagen, zwei Wagen für die Chorknaben und drei für die Gymnasiasten. Als wir in Notre-Dame-du-Chêne ankamen, hörten wir die Messe, und hinterher aßen wir in Notre-Dame-du-Chêne zu Mittag. [Da ich nicht im Wagen fahren wollte, bat ich um die Erlaubnis, mit den Schülern der zweiten und dritten Klasse zu Fuß gehen zu dürfen. Wir waren mehr als 200 in Reih und Glied, unser Zug nahm eine ganze Straße ein. Nach dem Mittagessen gingen wir zum Heiligen Grab und zum Laden der Patres und kauften uns was.
Als wir in Solesnes ankamen, marschierten wir weiter und kamen zu Fuß bis vor die Abtei; sie war riesig, nur konnten wir sie nicht ansehen, da die Zeit nicht reichte. Vor der Abtei fanden wir viel Marmor. Es gab große und kleine Stücke. Ich nahm davon sechs und verschenkte drei, und es gab ein Stück, das war etwa 1,50 m hoch und 2 m breit, da sagte ich mir, ich sollte es doch in die Tasche stecken. Nur konnte ich es nicht mal bewegen, und es war zu groß. Hinterher haben wir auf der Wiese in Solesnes gevespert.
Ich habe Ihnen acht Seiten geschrieben.
Nachher sind wir zur Andacht gegangen und haben uns aufgestellt, um zum Bahnhof zu gehen. Als wir am Bahnhof waren, nahmen wir den Zug, um nach Le Mans heimzufahren, und um acht Uhr waren wir zu Hause.
Ich war Fünfter im Katechismus.
Leben Sie wohl, meine liebe Mama.
Ich umarme Sie von ganzem Herzen.]

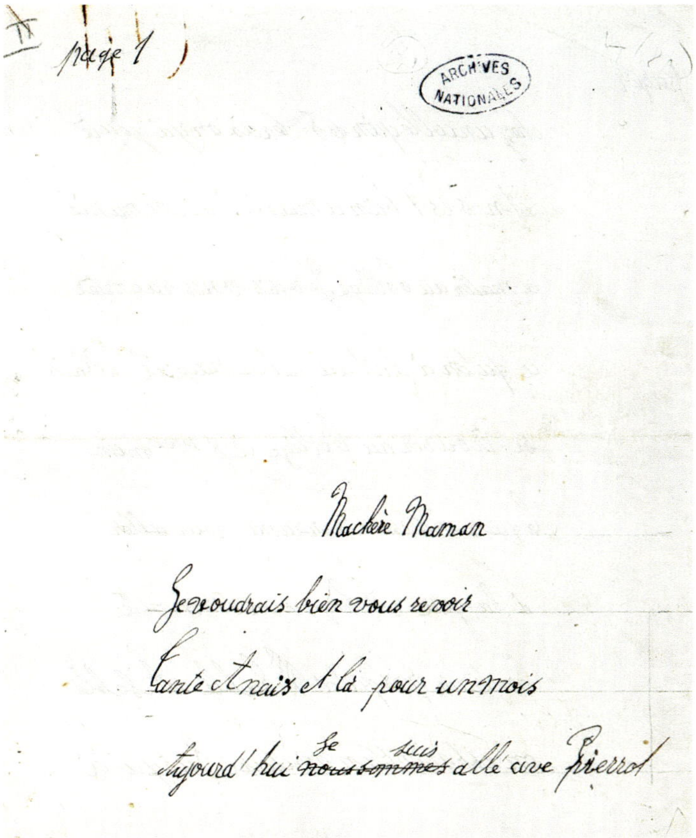
page 1

ARCHIVES NATIONALES

Ma chère Maman

Je voudrais bien vous revoir
tante Anaïs et là pour un mois
Aujourd'hui ~~nous sommes~~ je suis allé avec Pierrot

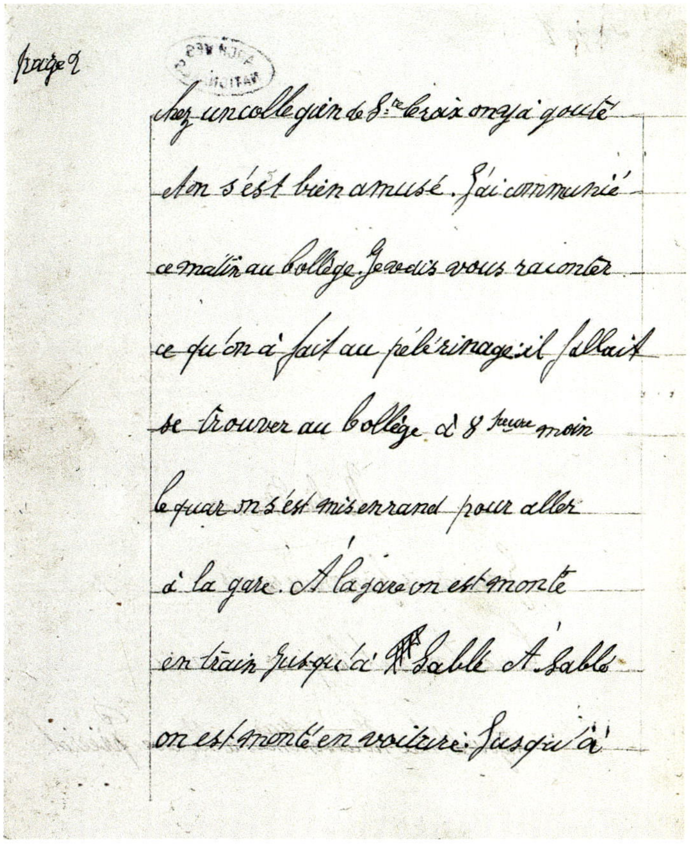
page 2

chez un collégien de Ste Croix on y a goûté
on s'est bien amusé. J'ai communié
ce matin au collège. Je vais vous raconter
ce qu'on a fait au pèlerinage il fallait
se trouver au collège à 8 heure moin
le quar on s'est mis en rand pour aller
à la gare. A la gare on est monté
en train jusqu'à Ste Sablé. A Sablé
on est monté en voiture jusqu'à

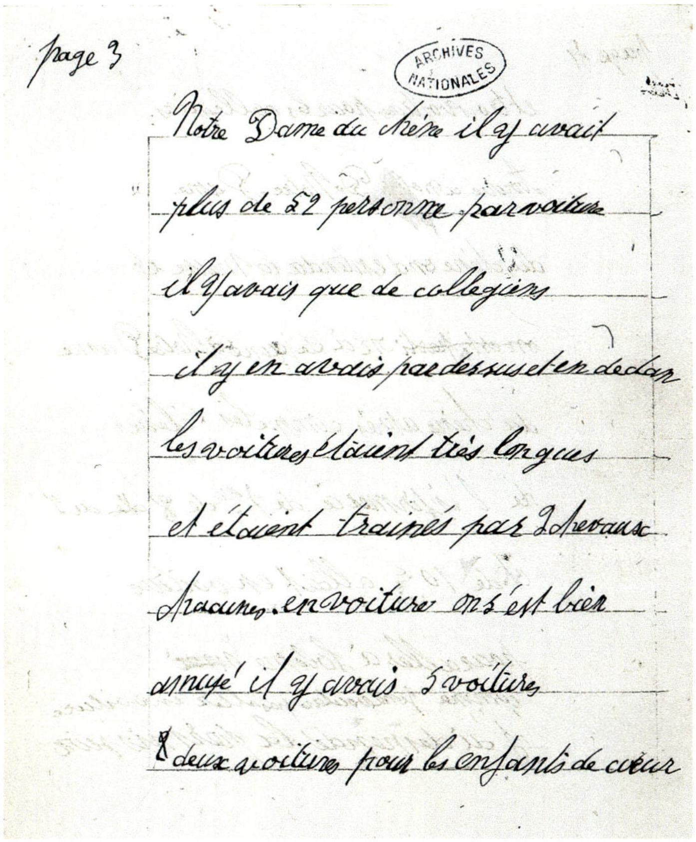
page 3

ARCHIVES NATIONALES

Notre Dame du chêne il y avait
plus de 52 personne par voiture
il y avais que de collégiens
il y en avais par dessus et en dedan
les voitures étaint très longues
et étaient trainés par 2 chevaux
Arrivés en voiture on s'est bien
amusé il y avais 5 voitures
2 deux voitures pour les enfants de cœur

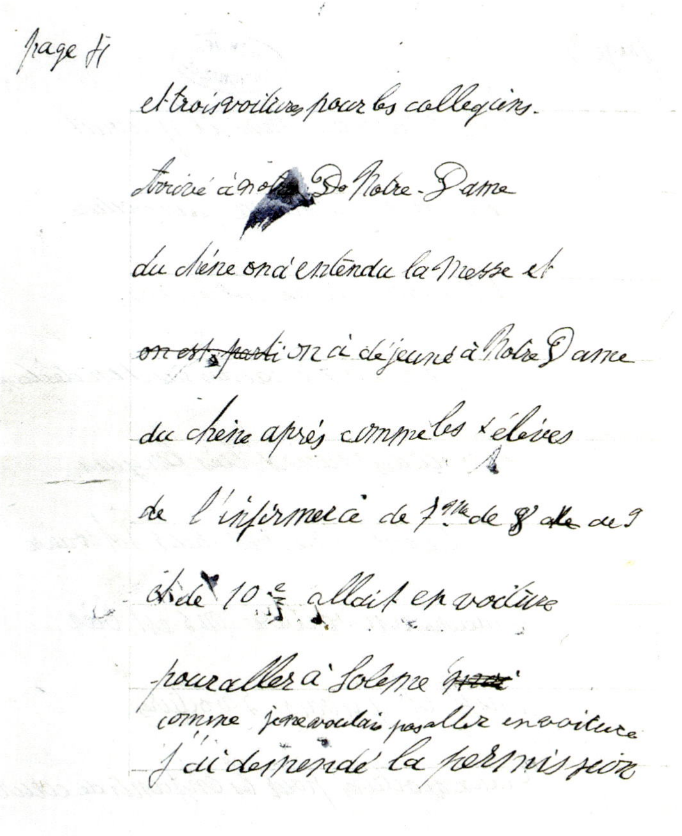
page 4

et trois voitures pour les collegiens.
Arrivé à notre De Notre-Dame
du chêne on a entendu la messe et
~~on est parti~~ on a déjeuné à Notre Dame
du chêne après comme les élèves
de l'infirmerie de 7me de 8 de 9
et de 10e allait en voiture
pour aller à Solesme
comme je ne voulais pas aller en voiture
j'ai demandé la permission

Der kleine Ofen von Saint-Maurice

»Es gab da einen Park, der mit schwarzen Tannen und mit Linden bestanden war, und ein altes Haus, das ich liebte.«

Das Schloss von Saint-Maurice-de-Rémens, damals im Besitz der Gräfin de Tricaud, der Tante von Marie de Saint-Exupéry, liegt im Bugey, nur wenige Kilometer von Ambérieu entfernt. Am 6. Juni 1896 fand dort die Hochzeit der Eltern, Jean de Saint-Exupéry und Marie de Fonscolombe, statt. Zu dem Anwesen gehörte ein weitläufiger Park, ein Ort der Erinnerungen für die Geschwister, die dort während der Sommermonate am liebsten spielten. In einem der Räume des Hauses starb im Juli 1917 Saint-Exupérys jüngerer Bruder nach schwerer, schmerzhafter Krankheit.

Nach ihrem Tod im April 1919 vermachte die Gräfin de Tricaud das Schloss von Saint-Maurice ihrer verwitweten Nichte Marie de Saint-Exupéry, die jedoch nicht die finanziellen Mittel hatte, um das Gebäude zu unterhalten. Trotz aller Anstrengungen musste das Schloss schließlich 1932 verkauft werden und ist seither im Besitz der Stadt Lyon.

[Der »gütigste«, der friedlichste, der freundlichste Gegenstand, den ich jemals gekannt habe, war der kleine Ofen im oberen Zimmer in Saint-Maurice. Nie hat mich etwas so sehr über das Dasein beruhigt. Wenn ich nachts einmal aufwachte, brummte er wie ein Kreisel und warf freundliche Schatten an die Wand. Ich weiß nicht,] weshalb er mich an einen treuen Pudel erinnerte. Dieser kleine Ofen behütete uns vor allen Gefahren. Zuweilen kamen Sie herauf, öffneten die Tür und fanden uns gut umhegt von einer wohligen Wärme. Sie hörten ihn emsig brummen und gingen dann wieder hinunter.

Ich habe nie einen solchen Freund gehabt.

Was Unendlichkeit ist, lehrte mich nicht die Milchstraße, nicht die Fliegerei, nicht das Meer, sondern das zweite Bett in Ihrem Zimmer. Es war ein wunderbarer Glücksfall, krank zu sein. Jeder von uns sehnte sich danach, es zu werden. Dieses Bett war ein Ozean ohne Grenzen, auf den die Grippe ein Anrecht verlieh. Es gab da auch einen lebendigen Kamin.

Was Ewigkeit ist, lehrte mich Mademoiselle Marguerite.

Ich bin nicht ganz sicher, ob ich seit meiner Kindheit gelebt habe.

Jetzt schreibe ich ein Buch über den Nachtflug. Aber seinem innersten Sinn nach ist es ein Buch über die Nacht. (Ich lebte immer erst nach neun Uhr abends.)

Hier ist der Anfang; es sind meine ersten Erinnerungen an die Nacht:

»Wir träumten im Hausflur, wenn die Nacht anbrach. Wir lauerten auf den Vorbeizug der Lampen: Man trug sie wie einen Arm voll Blumen, und eine jede bewegte Schatten an der Wand – Schatten, die schön waren wie Palmen. Dann bog das Traumbild um die Ecke; dann verschloss man diesen Strauß aus Licht und dunklen Palmen im Salon.

Alsbald war der Tag für uns zu Ende, und man brachte uns [in unsere Kinderbetten, damit wir einem anderen Tag entgegenreisten.«]

Oben: Saint-Maurice-de-Rémens, 1914.

Rechte Seite: Auszug aus einem Brief Antoines an seine Mutter. Buenos Aires, Januar 1930.

pourquoi je pensais à un caniche fidèle. Ce petit poêle nous protégeait de tout. Quelquefois nous montions, nous ouvrions la porte, et nous nous trouvions bien entourés d'une bonne chaleur. Nous l'écoutions ronfler à toute vitesse et nous redescendions.

Je n'ai jamais eu d'ami pareil.

Ce qui m'a appris l'immensité ce n'est pas la voix lactée, ni l'aviation ni la mer mais le second lit de notre chambre. C'était une chance merveilleuse d'être malade. On avait envie de l'être chacun à son tour. C'était un océan sans limite auquel la fièvre donnait droit. Il y avait aussi une cheminée vivante.

Ce qui m'a appris l'éternité c'est une demoiselle marguerite. Je ne suis pas bien sûr d'avoir vécu depuis l'enfance.

Maintenant je suis entré dans le [illegible] de minuit. Mais dans son sens intime c'est une livre de la nuit (je n'ai jamais vécu que quelques heures du soir). Voilà les débuts, c'est les premiers souvenirs sur la nuit.

Nous serions dans le vestibule quand tombait la nuit. Nous guettions le passage des lampes, on les portait comme une charge de fleurs, et chacune remuait au mur des ombres belles comme des palmes. Puis le mirage tournait, puis on enfermait au salon ce bouquet de lumière et de palmes sombres.

Alors le jour était fini pour nous

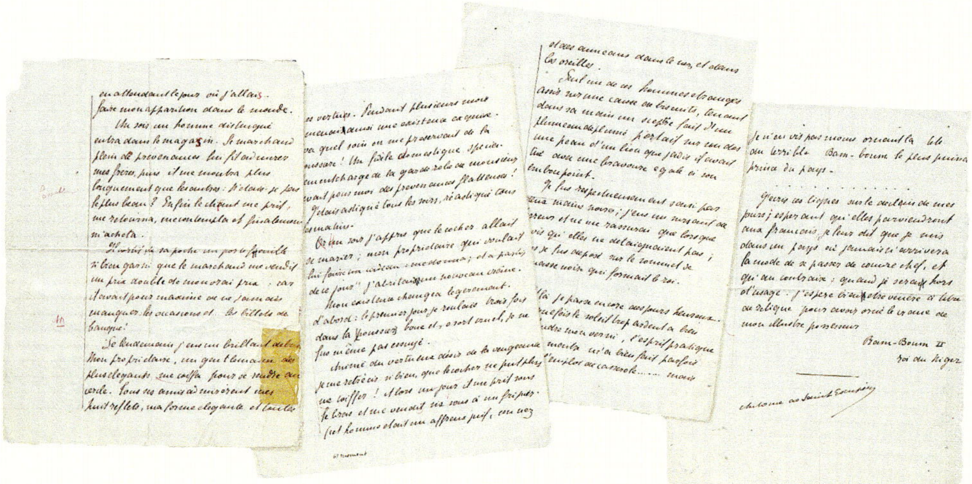

Ich kam in einer großen Hutfabrik zur Welt. Mehrere Tage lang musste ich allerhand Qualen erdulden. Ich wurde ausgeschnitten, gespannt, poliert. Schließlich wurde ich eines Abends mit meinen Brüdern dem größten Pariser Hutgeschäft übersandt. Ich wurde im Schaufenster ausgestellt; ich war einer der schönsten Zylinderhüte der Auslage. Ich glänzte so sehr, dass sich alle Frauen, die vorübergingen, unweigerlich in meiner Politur spiegelten; ich war so elegant, dass mir jeder vornehme Herr, der mich sah, einen begehrlichen Blick zuwarf. Ich lebte ganz ruhig dahin und [erwartete den Tag, an dem ich meinen Einzug in die Welt halten würde.]

Die Abenteuer eines Zylinderhuts

Antoine war 13 Jahre alt, als er diesen Schulaufsatz schrieb, der eine vollständige kleine Geschichte erzählt. Der Französischlehrer Abbé Launay, der den Spitznamen »César« trug, staunte nicht wenig über die Fantasie und die stilistischen Fähigkeiten seines Schülers. Seine Bewertung war dennoch streng: »Gut. Zu viele Rechtschreibfehler. Im Stil manchmal schwerfällig.« Er gab Saint-Exupéry dafür 13 von 20 Punkten, die er jedoch aufgrund der mangelhaften Orthografie noch auf zwölf Punkte herabsetzte. Doch ließ er den Aufsatz in der Klasse zwei Schulstunden lang besprechen. Saint-Exupéry erhielt dafür bei der alljährlichen Schulpreisverleihung im Sommer 1914 die Auszeichnung für den besten Aufsatz im Fach Französisch.

In der Geschichte geht es um einen Zylinderhut mit wechselvollem Schicksal: Zunächst auf dem Kopf eines eleganten Herrn der besseren Gesellschaft durch die Welt getragen, wird er vom Eigentümer an dessen Kutscher verschenkt, als dieser heiratet. Doch sein neuer Besitzer geht achtlos mit ihm um und bringt ihn schließlich zum Trödel-Händler, wo er von einem gewissen Mathieu auf Anraten seiner Ehefrau Caroline (so lautete der Name der Glocke im Lycée Sainte-Croix) erworben wird. Eines Tages aber weht ihn eine heftige Windböe in die Seine, aus der ihn ein Lumpensammler fischt, um ihn nach Afrika an den König von Niger, genannt Bam-Boum II., zu verkaufen, der sich seither nicht mehr von ihm getrennt hat.

Oben: Seiten des Schulaufsatzes über die *Abenteuer eines Zylinderhutes.*

Rechte Seite: Auszug aus dem Schulaufsatz. Manuskript, Le Mans 1914.

Bien,

A. M. D. G.

Antoine de Saint Exupery Troisième

mal dit

Narration française

Je naquis dans une grande usine de chapeaux. Pendant plusieurs jours je subis toutes sortes de supplices : on me découpait, on me tendait, on me vernissait. Enfin un soir je fus envoyé avec mes frères chez le plus grand chapellier de Paris.

On me mit à la vitrine ; j'étais un des plus beaux hauts de forme de l'attelage, j'étais si brillant que les femmes qui passaient ne manquaient pas de se mirer dans mon verni ; j'étais si élégant qu'aucun gentleman distingué ne me voyait sans avoir pour moi un regard de convoitise.

Je vivais dans un parfait repos

AB

Unten: Die 9. Klasse des Jesuitenkollegs Sainte-Croix in Le Mans, 1914. Saint-Exupéry sitzt in der letzten Reihe (2. v. re.).

Rechte Seite: Unveröffentlichtes Gedicht Saint-Exupérys im Poesiealbum seiner Cousine Renée de Sinéty.

Meine hübsche Brücke

Wie alle jungen Mädchen zu jener Zeit besaßen auch Antoines Cousinen aus der Familie Sinéty ihre Poesiealben, in denen sich die Personen aus dem Verwandten- und Freundeskreis verewigen durften. Saint-Exupéry gab den Bitten seiner Cousinen gerne nach und verfasste mehrere Gedichte, zu denen auch *Meine hübsche Brücke* zählte, das er in Schönschrift und mit einer Widmung versehen in das Album seiner Cousine Renée eintrug. Die Verse beziehen sich auf die Brücke, die über den Wassergraben des Schlosses von Passay führte, dem Wohnsitz der Familie Sinéty in der Umgebung von Le Mans. Antoine war vermutlich zwölf Jahre alt, als er dieses Gedicht schrieb.

Eine alte schwankende Brücke / stand an den Ufern meines Flusses. / Mit Efeu war sie ganz bedeckt / und ein liebliches Lichtspiel / schmückte ihr wackeliges Holz.

Sie war nicht prächtig und schön, / meine hübsche, kleine, schlichte Brücke. / Sie war nicht kunstvoll gemacht, / aber irgendein Geheimnis / ließ sie über dem Wasser erglänzen.

Manchmal flog ein reizender Buchfink herbei, / um in ihrem Schatten zu rasten, / und Grasmücken in großer Zahl / summten im Halbschatten unter ihr, / gleich zu welcher Jahreszeit.

Sie musste schon viele Jahre alt sein, / meine hübsche Brücke in ihrem rosa Lichtspiel, / dessen sanfte, melancholische Färbung / von vielen Dingen träumen ließ, / wenn jeden Tag der Abend nahte.

[...]

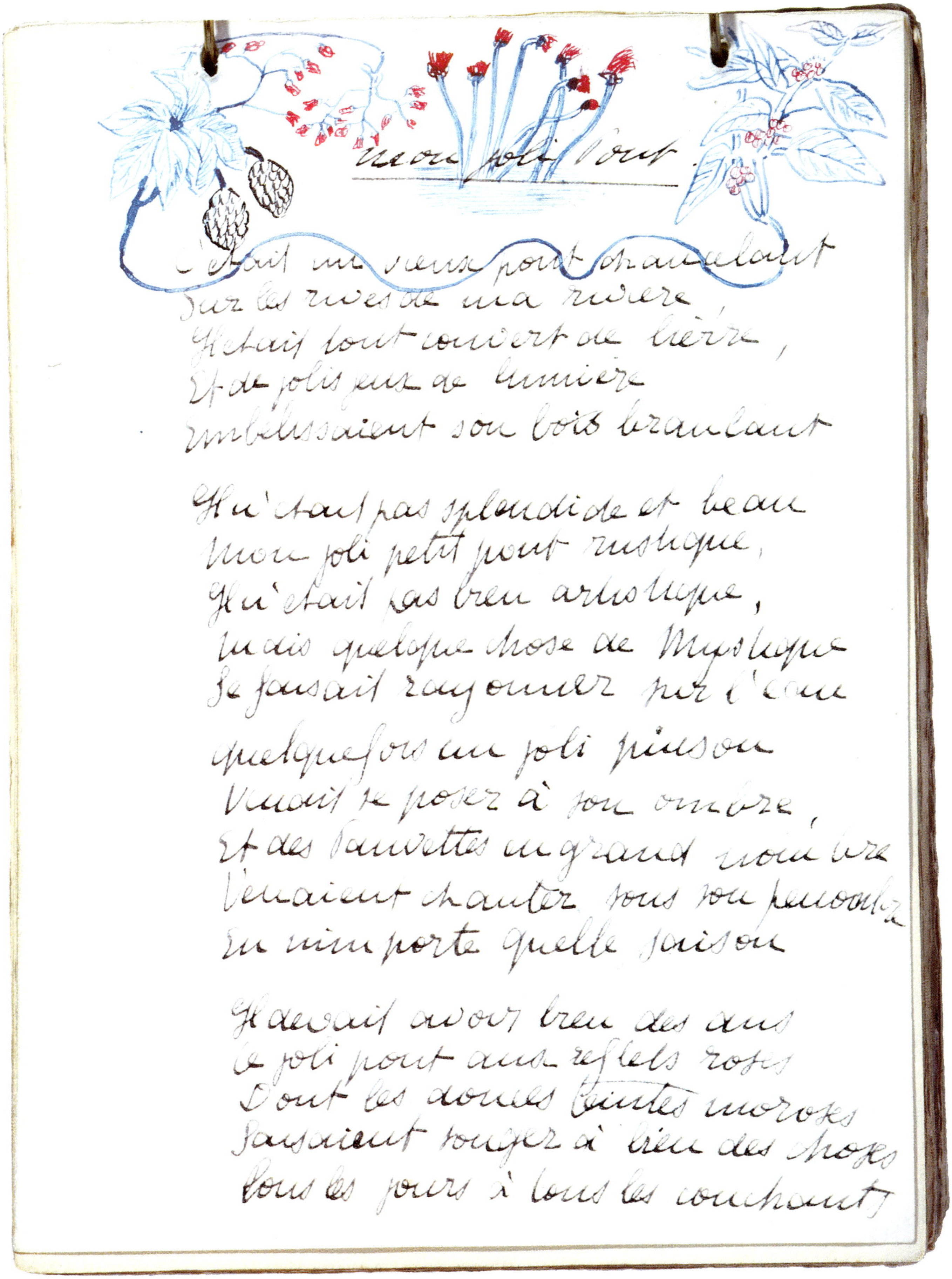
Mon joli pont.

C'était un vieux pont chancelant
Sur les rives de ma rivière,
Il était tout couvert de lierre,
Et de jolis jeux de lumière
Embellissaient son bois branlant

Il n'était pas splendide et beau
Mon joli petit pont rustique,
Il n'était pas bien artistique,
Mais quelque chose de mystique
Se faisait rayonner sur l'eau

Quelquefois un joli pinson
Venait se poser à son ombre,
Et des fauvettes en grand nombre
Venaient chanter sous sa pénombre
En n'importe quelle saison

Il devait avoir bien des ans
Le joli pont aux reflets roses
Dont les douces teintes moroses
Faisaient songer à bien des choses
Tous les jours à tous les couchants

Links: Der sechsjährige Antoine mit seiner Tante »Mad« de Fonscolombe, der Schwester seiner Mutter Marie de Saint-Exupéry.

Rechte Seite: *Der kleine Prinz.* Frühe Fassung mit Illustrationen.

Als ich sechs Jahre alt war, sah ich einmal eine prächtige Zeichnung. Sie stellte eine Riesenschlange dar, wie sie ein Wildtier verschlang. Das sah ungefähr so aus:
[weiß]
Aber ich konnte nicht zeichnen. Einmal [habe ich] es versucht. Es war meine erste Zeichnung.
[Zeichnung]
Und ich habe zu den großen Leuten gesagt: »Was ist das?« Sie haben geantwortet, das sei ein Hut. Es war aber kein Hut. Es war eine Riesenschlange, die einen Elefanten verschlang. Die Boas verschlingen ihre Beute als Ganzes, ohne sie zu zerbeißen. Und sie [schlafen dann] sechs Monate. Sie brauchen nur zwei Mahlzeiten im Jahr. Wenn die sechs Monate vorbei sind, ist die Boa wieder schlank.
Ich habe eine Zeichnung angefertigt, um das den großen Leuten deutlich zu machen, und ich habe
[Zeichnung]
das Innere einer Riesenschlange gezeichnet. Das war meine zweite Zeichnung.
Man hat mir geraten, mich für die Grammatik zu interessieren. Missmutig habe ich Geschichte, Rechnen und Grammatik gelernt, und ich habe nie mehr eine Zeichnung angefertigt. Die großen Leute brauchen viele Erklärungen. Sie haben zu viel Geschichte, Rechnen und Grammatik gelernt. Aber es ist für die Kinder anstrengend, ihnen immer und immer wieder die Dinge erklären zu müssen.

»Als ich sechs Jahre alt war…«

Der kleine Prinz beginnt mit dieser Erzählung von einer Zeichnung, in der eine Riesenschlange versteckt ist. Da er die Hitze in New York schlecht vertrug, hatte Saint-Exupéry in New Jersey den Landsitz Bewin House gemietet, um dort den Sommer 1942 zu verbringen. Auf Bitten seines Verlegers wollte er ein Kinderbuch schreiben, sein Freund Bernard Lamotte sollte die Illustrationen anfertigen. Doch war er mit dessen Vorschlägen unzufrieden und beschloss, den Text selbst zu illustrieren. Mit einer beeindruckenden Menge an Buntstiften und Aquarellfarben ausgestattet, verbrachte er den gesamten Sommer mit dem Manuskript und den Zeichnungen zu diesem Märchen für Kinder und Erwachsene, das kurz vor Weihnachten in die Buchhandlungen gelangen sollte, doch dann erst Anfang April 1943 erschien.

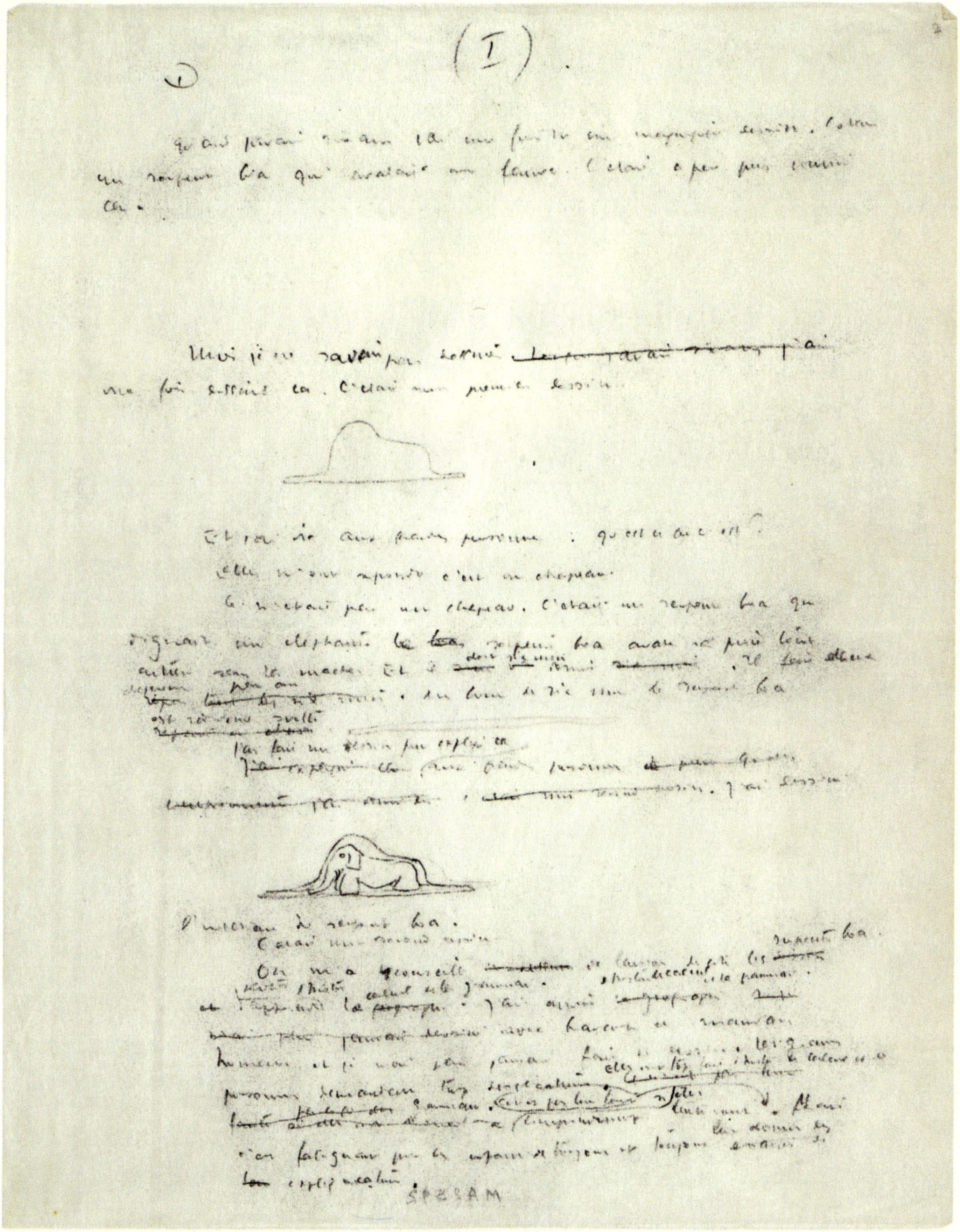

(I).

1

Quand j'avais six ans j'ai vu une fois un magnifique dessin. C'était un serpent boa qui avalait un fauve. C'était à peu près comme ça.

Moi je ne savais pas dessiner [illegible] une fois dessiné ça. C'était mon premier dessin.

Et j'ai dit aux grandes personnes : qu'est-ce que c'est ?

Elles m'ont répondu c'est un chapeau.

Ce n'était pas un chapeau. C'était un serpent boa qui digérait un éléphant. [illegible] serpent boa avale sa proie tout entière sans la mâcher. [illegible]

J'ai fait un dessin pour expliquer ça.

[illegible] j'ai dessiné

L'intérieur du serpent boa.

On m'a conseillé [illegible] de laisser de côté les serpents boas [illegible] et d'apprendre la géographie. J'ai appris [illegible]

[illegible] explications.

Geliebte Mama,

gerade komme ich aus der Sorbonne, wo ich meine Lateinaufgabe beendet habe und die meines Nachbarn, der ein netter Junge ist, aber eine ziemliche Null, morgen werde ich ihm seine Griechischübersetzung machen … Die Übersetzung war nicht einfach, ganz und gar nicht, aber ich glaube, dass sie mir gut gelungen ist; was die Französischaufgaben betrifft, so war von den dreien eine ärgerlicher als die andere. Ich habe diejenige genommen, die mir am wenigsten blödsinnig schien, und nichts Glorreiches zustande gebracht!
Übermorgen ist die mündliche Prüfung (sofern mein Schriftliches Gnade gefunden hat!) … Wie werde ich den Hörsaal Quinet wohl verlassen? Welche Ungewissheit.
Am Donnerstag trifft Villoutreys bei Tante Fonscolombe ein, das ist prima!
Der Onkel Saint-Mares (?) lädt mich für 4 (?) Tage zu sich ein. Ich erinnere mich nicht mehr, wohin: Aber es wird köstlich, denn man hört dort den Kanonendonner, und die Gegend ist voller Schützengräben. Nur ist mein Portemonnaie (das ist eine Metapher, weil ich keines habe) keine Goldgrube (noch eine Metapher, ich bin von mir selbst beeindruckt!). Es hat schon sehr an Gewicht verloren!
Schicken Sie mir doch bitte, wenn Sie dies können, ein wenig Geld! (durch telegrafische Anweisung)
Gestern und heute war sehr schlechtes Wetter, und das war mir eine Freude! Leider bessert es sich! Kein gutes Zeichen für die Griechischübersetzung!

Rechenschaft über die Ausgaben

Zuschlag zur Fahrkarte	6.75
Dienstmann	1.50
Metroplan	1.00
Taxi	1.75
Reisetintenglas fürs Abitur	2.50
Löschpapier	0.45
Schuhputzer, Kleiderbürster etc.	0.75
Toilettenbenutzung	0.50
Straßenbahn: Bahnhof – rue St Dominique	
rue St D – Sorbonne; Sorbonne – rue St D (Auskünfte)	
Sorbonne – rue St D; (Hinfahrt im Taxi) (Erörterung)	
Rue St D – Sorbonne; Sorbonne – rue St D (Lateinübersetzung)	
insgesamt 7 Fahrten à 0.15	1.15
Mir bleiben	3.36
Gesamt	20.00

Sie sehen, dass die Rechnung stimmt!

Erläuterungen
Dienstmann: Ich habe einen Dienstmann genommen, der mir den Koffer getragen hat, anstatt ein Taxi zu nehmen, das zu teuer gewesen wäre.
Taxi: Die Straßenbahn fährt erst um sieben Uhr, deshalb musste ich ein Taxi nehmen, da mein Abitur um Punkt sieben Uhr begann und ich spät dran war.

Bitte wenden

Meinen Augen geht es außerordentlich gut, ich verstehe das gar nicht.
Alle sind ganz reizend zu mir, nur langweile ich mich fürchterlich.
Ich habe mehrere Kerle von Ste Croix und Mongré kennen gelernt.
Auf Wiedersehen, geliebte Mama, ich umarme Sie von ganzem Herzen.
Ihr ergebener Sohn
Antoine

Die Butterkekse habe ich erhalten, vielen Dank.
Ich komme aus der Comédie française, wo ich eine griechische Tragödie und die *Schule der Frauen* gesehen habe.

Rechte Seite: Unveröffentlichter Brief Antoines an seine Mutter von 1916.

Antoine macht Abitur

Ab November 1915 besuchten Antoine und François das von »Marienbrüdern« geführte Internat Villa Saint-Jean im schweizerischen Fribourg, dessen Lehrmethoden an das berühmte Collège Stanislas in Paris angelehnt waren. Saint-Exupéry sollte dort die auch später noch für ihn wichtigen Freundschaften mit Louis de Bonnevie und Charles Sallès schließen. Trotz seiner nicht gerade herausragenden schulischen Leistungen bestand er das Abitur. Er wählte als Hauptfächer Philosophie und Literatur, wofür die zentral gestellten Prüfungen in zwei Teilen (am Ende des vorletzten und des letzten Schuljahrs) abzulegen waren. Dies geschah 1916 in Paris und 1917 in Lyon.

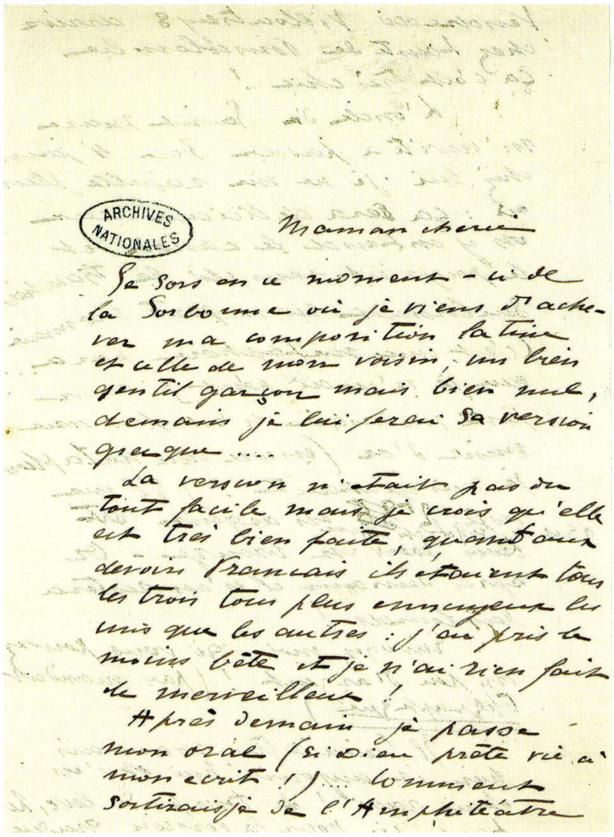

ARCHIVES NATIONALES

Maman chérie

Je sors en ce moment-ci de la Sorbonne où je viens d'achever ma composition latine et celle de mon voisin, un bien gentil garçon mais bien nul, demain je lui ferai sa version grecque....

La version n'était pas du tout facile mais je crois qu'elle est très bien faite, quant aux devoirs français ils étaient tous les trois tous plus ennuyeux les uns que les autres : j'ai pris le moins bête et je n'ai rien fait de merveilleux !

Après demain je passe mon oral (si Dieu prête vie à mon écrit !)... Comment sortirais-je de l'Amphithéâtre

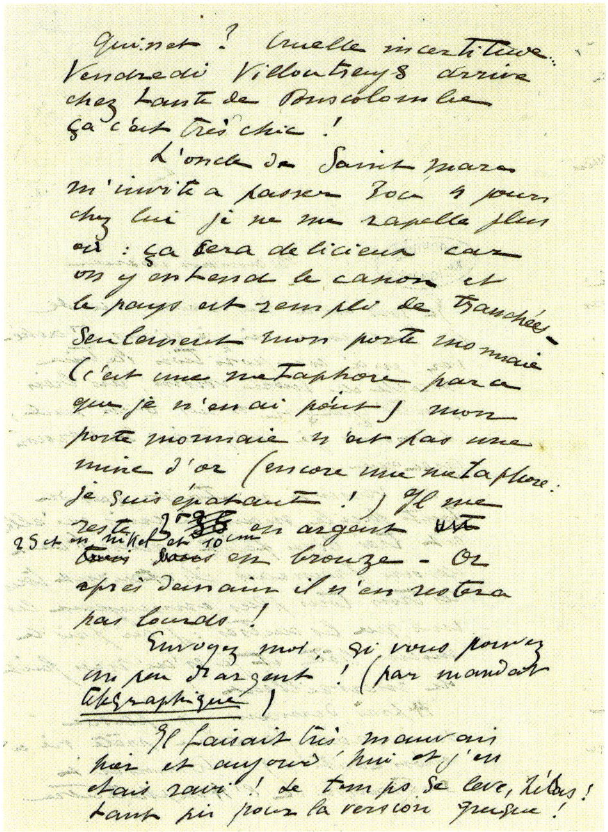

Quinet ? Quelle incertitude.. Vendredi Villontreys 8 arrive chez tante de Pouscolombe ça c'est très chic !

L'oncle de Saint Marc m'invite à passer 3 ou 4 jours chez lui je ne me rapelle plus où : ça sera délicieux car on y entend le canon et le pays est rempli de tranchées.

Seulement mon porte monnaie (c'est une métaphore parce que je n'en ai point) mon porte monnaie n'est pas une mine d'or (encore une métaphore. Je suis épatant !) Il me reste 2 f 35 en argent ~~un~~ 25 ct en nikel et 10 cm ~~trois~~ ~~sous~~ en bronze – Or après demain il n'en restera pas lourds !

Envoyez moi, si vous pouvez un peu d'argent ! (par mandat télégraphique)

Il faisait très mauvais hier et aujourd'hui et j'en étais ravi ! le temps se lève, hélas ! tant pis pour la version grecque !

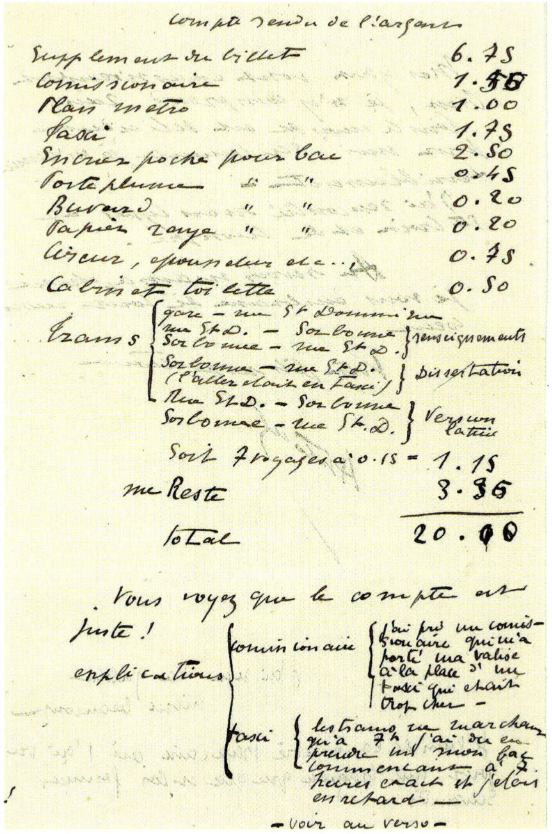

compte rendu de l'argent

Supplement du billet	6.75
Commissionaire	1.50
Plan metro	1.00
Taxi	1.75
Encrier poche pour bac	2.50
Porteplume " "	0.45
Buvard " "	0.20
Papier rayé " "	0.20
Ciseaux, épousseteur etc...	0.75
Cabinet toilette	0.50

Trams { gare – rue St Dominique / rue St D. – Sorbonne / Sorbonne – rue St D. } renseignements / { Sorbonne – rue St D. (l'aller était en taxi) } Dissertation / { Rue St D. – Sorbonne / Sorbonne – rue St D. } Version latine

Soit 7 voyages à 0.15 = 1.15

me Reste 3.35

total 20.00

Vous voyez que le compte est juste !

explications { Commissionaire { J'ai pris un commissionaire qui m'a porté ma valise à la place d'un taxi qui était trop cher – } Taxi { les trams ne marchant qu'à 7 h j'ai dû en prendre un, mon bac commençant à 7 heures exact et j'étais en retard – } }

– voir au verso –

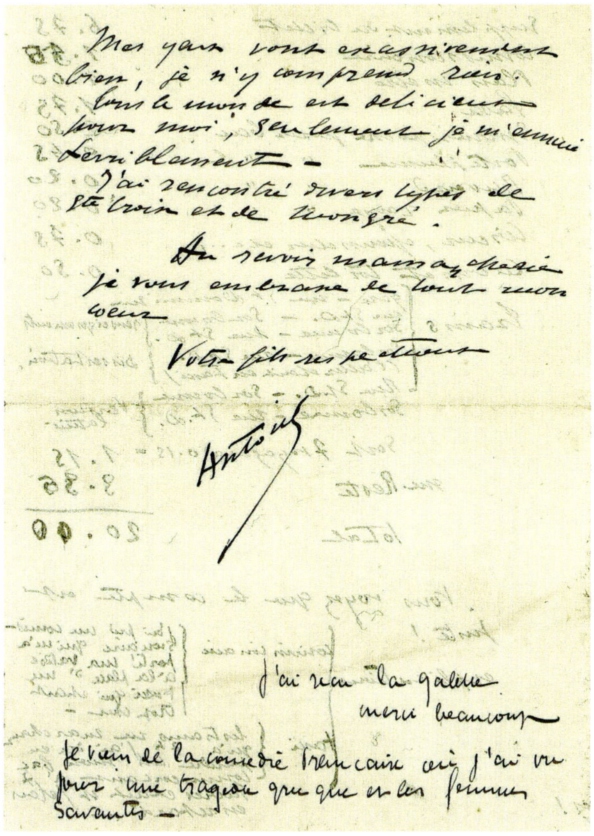

Mes yeux vont excessivement bien, je n'y comprend rien.

Tout le monde est délicieux pour moi, seulement je m'ennuie terriblement –

J'ai rencontré divers types de Ste Croix et de Mongré.

Au revoir maman chérie je vous embrasse de tout mon cœur

Votre fils respectueux

Antoine

J'ai reçu la galette merci beaucoup

Je viens de la comédie française où j'ai vu jouer une tragédie grecque et les femmes savantes –

Links: Antoine de Saint-Exupéry als Internatsschüler der Pariser École Bossuet, 1918/1919.

Rechte Seite: Auszug aus einem illustrierten Brief an seine Mutter aus dem Lycée Saint-Louis in Paris, 1918.

Die Mathematikaufgabe!

Obwohl Saint-Exupérys Abitur die Schwerpunkte Sprachen, Literatur und Philosophie hatte, wählte er ein Berufsziel, für das hervorragende Kenntnisse in Mathematik und Physik vorausgesetzt wurden. Er beschloss, sich für die Aufnahme in die École Navale zu bewerben, um Marineoffizier zu werden, und besuchte am Pariser Lycée Saint-Louis einen Vorbereitungskurs auf die Auswahlprüfungen. Um die durch den Ersten Weltkrieg dezimierten Schülerzahlen wieder zu heben, wurde 1919 sowohl im Frühjahr als auch im Herbst eine Bewerbungsrunde durchgeführt. Bei den schriftlichen Prüfungen zunächst erfolgreich, scheiterte Saint-Exupéry im November an der mündlichen Prüfung, die nur sechzig der 112 zugelassenen Kandidaten bestanden. Auf den Rat von Freunden seiner Familie beteiligte sich Saint-Exupéry 1919 auch am Auswahlverfahren für die École Centrale, wo er jedoch scheiterte. Die Vorbereitung hierfür erfolgte ebenfalls am Lycée Saint-Louis. Auch mit einem weiteren Versuch, in die École Navale aufgenommen zu werden, hatte er kein Glück. Damit war für ihn das Kapitel seiner ehrgeizigen Bemühungen abgeschlossen, eine Ausbildung in einer der französischen Elitehochschulen zu erhalten, und er widmete sich ab Ende 1919 für einige Zeit der Kunst- und Architekturgeschichte.

[…] Sie haben wirklich Glück, dass Sie im Süden sind, aber ich konnte unmöglich hinkommen. Wie viel Verspätung hatten Sie? Das Wetter hier ist trüb und abscheulich, dazu eine Hundekälte …, ich habe Frostbeulen an den Füßen und auch geistig, denn durch die Aussicht auf die Mathematikarbeit bin ich erstarrt, das heißt ich habe die Nase voll davon. Es macht viel Spaß, sich in Diskussionen über hyperbolische Paraboloide
zu verhaspeln, sich in unendlichen Größen zu bewegen und sich stundenlang über die imaginären Zahlen den Kopf zu zerbrechen (sie heißen imaginär, weil sie nicht existieren, die wirklichen Zahlen sind nur Sonderfälle) und Differentiale zweiter Ordnung zu integrieren und zu … und zu … Hol's der Teufel!
Dieser energische Ausruf entrümpelt mich ein bisschen und macht meinen Kopf klarer. Ich habe mit QQ, das heißt mit Pagès, gesprochen. Ich hab ihm den Kuchen gegeben: Sie schulden ihm 405 Francs, aber er wird den Rest auf die Rechnung für das nächste Trimester setzen. Er sagt mir, für mich bestünde einige Hoffnung, was mich über die Mathematik tröstet.
Machen Sie sich keine Sorgen, wenn ich etwas melancholisch bin, das geht vorüber! Zum Glück sind Sie in einer hübschen Gegend! Mit der artigen Biche, dem Trost Ihrer alten Tage.
Die Büchlein *Genre Madame Jordan* haben hier Einzug gefunden und werden mit Staunen gelesen. Ich denke, sie werden eine sehr gute Wirkung tun. Ich werde sie morgen noch um weitere bitten. Es gibt hier noch was sehr Gutes zur Verbesserung der Moral, ein Theaterstück (ich glaube von Brieux): *Die Gescheiterten.*
Ich verlasse Sie, geliebte Mama, da ich nichts mehr zu erzählen weiß, ich umarme Sie von ganzem Herzen und bitte Sie inständig, mir täglich zu schreiben, wie früher!
Ihr getreuer Sohn, der Sie lieb hat,
Antoine

Vous avez bien de la chance d'être dans le midi mais
c'était impossible que j'y aille – Quel retard avez vous eu ?
Il fait un temps morne et détestable, un froid de chien etc...,
j'ai des engelures aux pieds... et à l'esprit car je suis aujourd'hui au
point de vue des Maths c'est à dire que j'en ai par dessus le dos
c'est bien amusant de patauger dans les discussions de paraboloïdes
hyperboliques et de planer dans les infinis, et de se casser des
heures la tête sur des nombres dits imaginaires parce qu'ils n'existent pas
(les nombres réels n'en sont que des cas particuliers) et d'intégrer des
différentielles du second ordre et de... et de..... Zut !

Cet énergique exclamation me désembarrasse un peu et me rend
quelque lucidité. J'ai causé avec QQ' c'est à dire Pagès
je lui ai donné la galette : vous lui devez 40 fr. mais il
mettra le surplus avec la note du prochain trimestre – il m'a dit
que j'avais quelque espoir
ce qui me console des
mathématiques.
Ne vous en faites pas si...!

J'ai un peu le cafard ça passera ! Heureusement que vous
êtes dans un joli pays ! Avec la gentille Doche, la consolation
de vos vieux jours !

Les petits Bouquins genre madame Gordan se sont
introduits ici et sont lus avec stupeur. Je crois qu'ils feront un
très grand bien – je vais leur en demander plusieurs demain.
Il y a aussi quelque chose de très bien comme moralisation
c'est une pièce de théâtre (de Brieux je crois) "Les avariés".

Je vous quitte maman chérie n'ayant plus rien
à vous dire je vous embrasse de tout mon coeur et vous
supplie de m'écrire tous les jours, comme avant !

Votre fils respectueux qui vous aime

Jehan

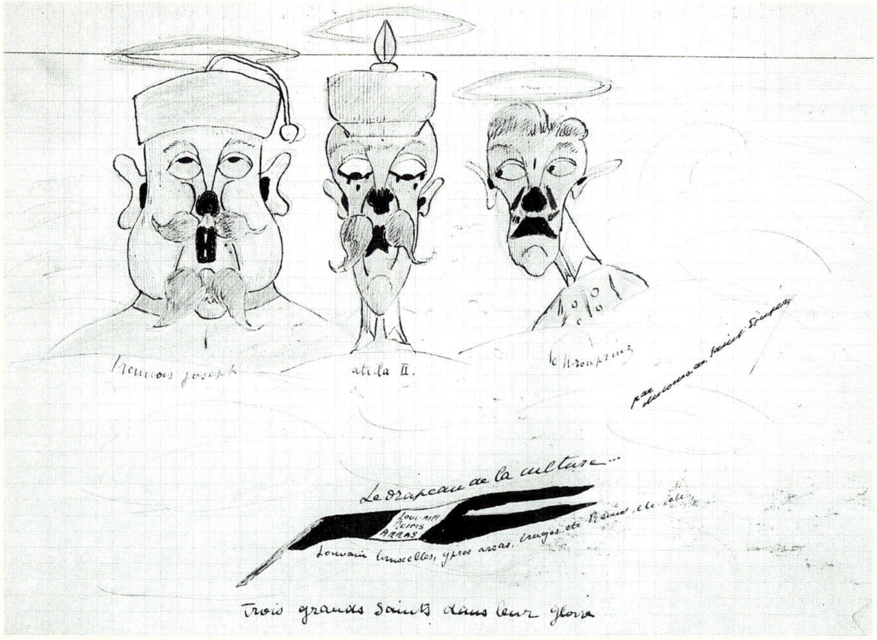

Die Deutschen bombardieren Paris

Die Auswirkungen des Ersten Weltkriegs auf Paris schienen den jungen Saint-Exupéry, der im Frühjahr 1918 als Internatsschüler im Lycée Saint-Louis lebte, nicht sonderlich zu interessieren. Die deutschen Truppen waren damals weit genug nach Westen vorgerückt, um mit ihren Bombengeschwadern sowie durch Fernbeschießung beträchtliche Schäden in der französischen Hauptstadt anrichten zu können. Zwischen Februar und Juni 1918 fanden zahlreiche Luftangriffe auf Paris statt. Doch die Schüler des Lycée Saint-Louis ließen sich offenkundig davon nicht einschüchtern. Saint-Exupéry kletterte mit einem Freund sogar auf das Dach des Schulgebäudes, um sich das nächtliche Spektakel anzuschauen: »Der Himmel war mit Flugzeugen im Scheinwerferlicht übersät, Leuchtraketen durchzuckten ihn, es war märchenhaft. Man hörte die Maschinengewehre und vor allem den Kanonendonner, der keine Sekunde aufhörte bum … bumbum … pengpengpeng … bumbum …

[…] Seit den letzten beiden Luftangriffen fliehen alle Leute; die Bahnhöfe werden von den Menschen erstürmt, es herrscht ein unglaubliches Gedränge, hier ist völlige Panik ausgebrochen, und klar ist nur, wenn die Gothas diese Nacht zurückkommen und bis morgen Mittag von Ihnen keine Depesche eingetroffen ist, dann wird es völlig sinnlos sein, noch zu versuchen, in irgendeine Richtung abzureisen. Hier herrscht Panik. Telegrafieren Sie mir schnell, wohin ich meine Fahrkarte lösen soll!
Sonst geht es uns in jeder Hinsicht gut. Ich habe von Großvater eine Nachricht bekommen; er erzählt, dass Le Mans von Parisern überquillt, die alle aus Paris fliehen: was für eine Heidenangst! Wir lassen uns durch so was noch lange nicht aus der Fassung bringen, es amüsiert uns im Gegenteil ganz gewaltig, und wir begnügen uns damit, philosophisch auf die Wände zu schreiben: »Wann werden die Gothas ihre Bomben auf den ›Basar Louis‹ werfen?«
Nur dass man die Hälfte seiner Nächte im Keller verbringen muss (?), ist zermürbend. Auf Wiedersehen, geliebte Mama, ich umarme Sie von ganzem
Verdammt! Alle Fensterscheiben des Basars sind zersprungen, es hat hier eine [fürchterliche Explosion gegeben, irgendwo (?) in der Nähe von Saint-Denis. Wir sind alle auf den Speicher geklettert, um etwas zu sehen. Es gibt eine prächtige Rauchsäule, fantastisch, unvorstellbar.
PS: Wir erfahren gerade, dass es sich um eine Fabrik handelt, die vollständig in die Luft gejagt wurde.

Ich umarme Sie
Antoine]

Oben: »Einige Deutsche im Profil, gezeichnet von Antoine de Saint-Exupéry«, 1914.

Rechte Seite: Auszug aus einem unveröffentlichten Brief an seine Mutter, April 1918.

depuis les deux derniers raids tout le monde fuit, les gares sont prises d'assaut, les gens s'écrasent, c'est l'affolement le plus complet. Il est clair que si les Gothas reviennent cette nuit et qu'avant midi demain je n'ai pas ~~[illegible]~~ une dépêche de vous il sera absolument inutile d'essayer de partir d'n'importe quelle direction. C'est la panique.

Télégraphiez moi vite pour où prendre mon billet !

Ça va bien à tous les points de vue. J'ai reçu du grand père un mot où il me dit que le Mans regorge de Parisiens fuyant Paris : quelle frousse ! Nous on ne s'en fait pas pour si peu ça nous amuse au contraire énormément et on se contente de causer philosophiquement sur les murs "quand donc les Gothas lâcheront-ils ces bombes sur le "Bazar Louis" ?"

Seulement on perd la moitié de ses nuits dans les caves : c'est éreintant.

Mes tendres caresses Maman chérie je vous embrasse et [illegible]

Bon sang ! tous les carreaux du Bazar ont sauté il vient d'y avoir

Cher Léon Werth

J'aurais bien voulu vous embrasser mais Consuelo va venir me prendre et je lui ai promis de déjeuner avec elle.

Je tâcherai de vous [illegible] avant de repartir.

NB: la forêt Soissons devient très bien. La Seine c'est plus rapide mais pas désespéré.

Tonio

Oben: Illustrierter Brief an Léon Werth.
Rechte Seite: Antoine de Saint-Exupéry, 1921.

Im Kreis der Freunde

»Die Größe eines Berufs besteht vielleicht vor allem anderen darin, dass er Menschen zusammenbringt. Es gibt nur eine wahrhafte Freude: den Umgang mit Menschen.«

Rechte Seite: Zeichnungen von Saint-Exupéry.

Brüder, Schwestern und Cousins waren die ersten Gefährten des kleinen Antoine. Auch während seiner Schulzeit fand er leicht Spielkameraden und Freunde, denn er war offen und fantasievoll. In Sainte-Croix-du-Mans, wo er meistens mit dem Spitznamen »Tatane«, manchmal auch »Pique la Lune« gerufen wurde, gründete er mit einigen Mitschülern eine Klassenzeitschrift mit dem Titel *L'Écho des troisièmes*. Saint-Exupéry war der Chefredakteur. Leider erschienen nur zwei Nummern.

Als Saint-Exupéry während des Ersten Weltkriegs Pensionatsschüler in der Schweiz war, freundete er sich im Internat schnell mit Charles Sallès an, dessen Eltern ein Anwesen in der Nähe von Saint-Maurice besaßen. Zwischen Charles Sallès und Saint-Exupéry entwickelte sich eine enge Freundschaft. Als Studenten, aber auch während ihres Erwachsenenlebens, schrieben sie sich lange Briefe, und sie unternahmen zusammen Spritztouren durch ganz Frankreich, sobald sie einige Tage frei hatten. Trotz des chaotischen Lebens von Saint-Exupéry blieben die beiden Männer in regelmäßigem brieflichen und telefonischen Kontakt bis Saint-Exupéry Ende 1940 für längere Zeit in die Vereinigten Staaten reiste.

Auch Marc Sabran und Louis de Bonnevie zählten zu Saint-Exupérys Freunden während seines Aufenthalts im schweizerischen Fribourg. Die Familien kannten sich schon aus Lyon. Er sollte sie beide 1921 in Marokko wiedertreffen, wo sie mit einem Jahr Abstand starben.

Während seiner Pariser Vorbereitungszeit für die Aufnahmeprüfung in die École Navale schloss er Freundschaft mit Henry de Ségogne und später, an der École des Beaux-Arts, mit Bernard Lamotte, dem er 1941 in den Vereinigten Staaten wiederbegegnen sollte. Von Lamotte stammen auch die Illustrationen zu *Flug nach Arras*.

Die Nachkriegsjahre in Paris waren für Saint-Exupéry eine glückliche Zeit. Er vergnügte sich mit seinen Freunden und nahm regen Anteil am literarischen Leben der Hauptstadt. Durch Bertrand de Saussine und dessen jüngere Schwester Rinette, mit der er über viele Jahre einen Briefwechsel führte, machte er die Bekanntschaft der Familie Vilmorin und verliebte sich in die Tochter Louise. Doch die Pläne für eine gemeinsame Zukunft scheiterten bald, und schon im Herbst wurde die Verlobung gelöst. Trotz der Trennung schrieben sich die beiden noch lange Zeit Briefe. Im literarischen Salon seiner Cousine Yvonne de Lestrange traf Saint-Exupéry Gaston Gallimard, André Gide, Jean Schlumberger und Jean Prévost, der in der Literaturzeitschrift *Le Navire d'Argent* 1926 erstmals einen Text von ihm veröffentlichte.

Saint-Exupérys zweijähriger Militärdienst endete am 5. Juni 1923. Während dieser Zeit lebte er in einer gänzlich anderen Welt als seine Freunde und kehrte auch danach nicht mehr völlig in deren Milieu zurück: Er wurde Vertreter für Lastwagen, wechselte aber im Oktober 1926 zu seiner großen Freude zur französischen Fluggesellschaft Compagnie Latécoère. Dort lernte er außergewöhnliche Männer kennen, welche die Weggefährten seiner Fliegerabenteuer wurden: Mermoz, Guillaumet, Serre, Reine, Riguelle … Nach einem Jahr der Einsamkeit als Postenchef in Cap Juby kehrte

62

Zeichnung von Antoine de Saint-Exupéry.

Saint-Exupéry im März 1929 wieder nach Frankreich zurück. Im September 1929 befand sich er in Südamerika wieder in Gesellschaft von Mermoz und Guillaumet. Als Piloten der Aeroposta Argentina, einem Tochterunternehmen der Aéropostale, hatten sie unterschiedliche Aufgaben: Mermoz entdeckte den Luftraum, den er auf der Suche nach neuen Flugrouten durchquerte.

Guillaumet steuerte das Luftpost-Flugzeug über die Andenkordilleren. Als Guillaumet im Juni 1930, mitten im südamerikanischen Winter, mit seinem Flugzeug während eines Schneesturms auf der zugefrorenen Laguna Diamante notlanden musste, wurde er von allen totgeglaubt, nur Saint-Exupéry wollte die Hoffnung nicht aufgeben und überflog drei Tage lang die Anden, um den verschollenen Freund zu finden. Auf den riesigen Schneeflächen konnte man Guillaumet als winzigen Punkt aus einem Flugzeug unmöglich ausmachen, doch dieser sah das Flugzeug, das immer wieder über ihm kreiste, und zweifelte nicht daran, dass es Saint-Exupéry war, der allen Elementen zum Trotz nach ihm suchte, »denn außer dir hätte es niemand gewagt, so tief zu fliegen.«

Mermoz, seinem »unerträglichen Freund«, der sich in Bildung und politischen Ansichten so sehr von ihm unterschied, und Guillaumet, seinem »Bruder«, blieb Saint-Exupéry bis zu ihrem jeweils tragischen Tod in enger Freundschaft verbunden, die ihre Wurzeln im gemeinsamen Traum vom Fliegen hatte.

Mermoz galt seit einem Flug über den Südatlantik 1936 als verschollen, Guillaumet wurde 1940 über dem Mittelmeer abgeschossen.

Das Jahr 1931 brachte das Ende der Abenteuer in der Aéropostale. Saint-Exupéry, der durch seinen Roman *Nachtflug* zu schriftstellerischem Ruhm gelangt war, kehrte nach Paris zurück. Bald hatte er neue literarische Freunde gefunden: Léon Paul-Fargue, Joseph Kessel, Henry Jeanson und vor allem Léon Werth, der 22 Jahre älter war als Saint-Exupéry, Jude, Anarchist, Freidenker, Schriftsteller, und fortan in Saint-Exupérys Leben die Stelle des so lange schmerzlich vermissten Vaters einnahm. Sooft er konnte, reiste Saint-Exupéry zu Léon Werth nach Saint-Amour im französischen Jura und las ihm Passagen aus seinen literarischen Texten vor, an denen er gerade schrieb, insbesondere aus *Citadelle*.

Bei Kriegsausbruch 1939 bewarb Saint-Exupéry sich bei der Luftaufklärung. Er wurde der Gruppe 2/33 zugeteilt, die in Orconte im Département Aisne stationiert war. Die übrigen Flieger der Einheit erwarteten den Neuankömmling, dem sein literarischer Ruhm vorauseilte, mit durchaus gemischten Gefühlen. Umso größer ihre Überraschung, als er sich mit den einfachen Worten »Saint-Exupéry, Pilot« vorstellte. Mit den Piloten Gavoille, Hochedé, Dutertre, Laux und Israël durchlebte er die Qualen eines eisigen Winters, die Anspannung vor den Flügen, die Trauer, wenn Verluste gemeldet wurden, und die Freude, wenn die Piloten unversehrt zurückkehrten. Alle diese Männer sollten in *Flug nach Arras* namentlich erwähnt werden und zu literarischer Unsterblichkeit gelangen.

Ende 1940 reiste Saint-Exupéry mit dem Schiff in die Vereinigten Staaten, um bei den Amerikanern auf den Kriegseintritt hinzuwirken. An Bord befand sich auch Jean Renoir, mit dem Saint-Exupéry die Kabine teilte. Während der Überfahrt lernten sich die beiden Männer näher kennen und planten eine gemeinsame Verfilmung von *Wind, Sand und Sterne*. Als Saint-Exupéry sich 1941 kurz in Hollywood aufhielt, war er bei dem berühmten Regisseur zu Gast. Das »Exil« in Amerika, das nur einige Wochen dauern sollte, zog sich in die Länge. Saint-Exupéry verging vor Ungeduld. Glücklicherweise traf er seinen Freund, den Maler Bernard Lamotte wieder. Auch sein amerikanischer Verleger Reynal, Pierre Lazareff und Jean Gérard Fleury zählten zu seinem engeren Freundeskreis. Im April 1943 erhielt Saint-Exupéry schließlich einen erneuten Einsatzbefehl. Er überquerte den Atlantik mit einem amerikanischen Truppenkonvoi in Richtung Europa und schloss sich wieder der Gruppe 2/33 an.

Als er am 31. Juli 1944 von einem Aufklärungsflug nicht mehr zurückkehrte, ließ Saint Exupéry »in den Herzen derer, die ihn lächeln sahen, und sei es auch nur ein einziges Mal, eine unheilbare Wunde zurück.«

Zeichnungen von Antoine de Saint-Exupéry.

Mein alter Freund,

seit zwei Tagen bin ich jetzt in meinem Gebiet unterwegs, mein Praktikum dauerte einen Monat länger, als ich gedacht hatte. Ich habe noch kein Auto und lasse mich von der Eisenbahn herumkutschieren, was mit diesen Bummelzügen wenig Spaß macht. Dein Brief hat mich gefreut, das weißt du ja. Es ist schön, im Leben Freunde wie dich zu haben, aber es ist sehr traurig, dich nicht mehr zu sehen. Wenn meine Gegenwart nicht ausreicht, um dich nach Paris zu locken, es gibt einen wunderbaren Film, der im Max Linder gezeigt wird, *Der Pilger* von Charlie Chaplin, ein wahres Meisterwerk an Komik und Feinfühligkeit. Die Beobachtungsgabe dieses Kerls ist großartig. Ich habe den Film gesehen, von dem du sprichst, vor allem der Anfang hat mir gefallen. Er hat diese Nüchternheit, jede Geste lässt ein reiches Innenleben erahnen. Das unscheinbarste Detail hat eine Dichte, aber nach dem Anfang kann ich diese Qualität, die mich so bezaubert, nicht wiederfinden. Er ist geistreich, er ist genau beobachtet, er ist komisch, er ist traurig, er hat alle übrigen Qualitäten, aber die zehn [ersten Minuten des Films bilden ein längeres, wichtigeres Drama als der ganze Rest, das Ende wird dort bloß noch erzählt, während die Entwicklung am Anfang ihren notwendigen Ausdruck fand.]

»Es ist schön … Freunde zu haben«

Seinen Freund Charles Sallès lernte Saint-Exupéry im November 1915 in der Internatsschule Villa Saint-Jean im schweizerischen Fribourg kennen. Wie Sallès später berichtete, drehte sich schon das erste Gespräch der beiden Jungen auf den Bänken des Speisesaals ums Fliegen: »Weißt du was? Ich bin in einem Flugzeug mitgeflogen! Es war toll!«, erzählte der künftige Pilot seinem neuen Schulkameraden.
Die Familie von Charles Sallès besaß ein Anwesen in Ambérieu-en-Bugey, ganz in der Nähe von Saint-Maurice-de-Rémens, wohin die Gräfin de Tricaud ihre Nichte Marie de Saint-Exupéry und deren Kinder im Sommer einzuladen pflegte.
Charles und Antoine sollten sich nicht mehr aus den Augen verlieren: Sallès, später Student an der Grande École de Commerce, die er 1923 mit der Promotion abschloss, widmete sich hauptsächlich der Bewirtschaftung seines Landgutes in Panisse, nahe bei Tarascon. Dort besuchte ihn Saint-Exupéry ein letztes Mal im Herbst 1940, als er auf sein Visum für die Vereinigten Staaten wartete, das er schließlich Mitte Oktober erhielt. Trotz des heftigen Mistrals radelten die beiden Freunde auf einem Tandem zum Bahnhof, den kleinen Koffer auf den Gepäckträger geklemmt … Sie sollten sich nicht mehr wiedersehen.

Rechte Seite: Brief von Antoine de Saint-Exupéry an Charles Sallès.

Montluçon, le 192

CAFÉ RICHE

H. MILLOT
PROPRIÉTAIRE

Téléphone 21

R. C. 5226

Mon vieil ami

Me voici depuis deux jours en tournée dans ma région. Mon stage ayant duré un mois de plus que je ne le pensais je n'ai pas encore de voiture et me transbahute en chemin de fer à pied sur ces lignes de tortillards manque de charmes.

Ta lettre m'a fait plaisir comme tu le sais. C'est doux dans l'existence d'avoir des amis comme toi. Mais c'est bien triste de ne plus te voir. Si ma présence ne suffit pas il y a pour t'attirer à Paris un film adorable qui passe au Max Linder "Le Pèlerin" de Charlot, qui est vraiment un chef d'œuvre — comique et d'une sensibilité si fine. Le don d'observation de ce type là est merveilleux.

J'ai vu celui dont tu me parles. Le début surtout m'a plu. Il y a de la sobriété, chaque geste décèle un capital puissant de vie intérieure. Le plus insignifiant est dense mais après le départ je ne retrouve plus cette qualité qui me ravit. C'est fin, c'est observé, c'est drôle, c'est triste, ça a toutes les qualités nécessaires, mais les deux

Oben: Detail eines illustrierten Briefes an Henry de Ségogne.

Rechte Seite: Weiterer illustrierter Brief an Henry de Ségogne, 1925.

Henry,

du bist ein Schuft. Ich war trüber Stimmung, ich opferte 3 F 75, um deine Sirenenstimme zu hören, aber du hattest keine Lust, dich aus den Federn zu wälzen. Du bist immer auf deine Annehmlichkeit bedacht.
Du bist ein Schuft. Ich möchte dir fürchterliche Dinge an den Kopf schmeißen. Ich habe gute Lust, dich heftig anzuraunzen – nur leider kümmert dich das nicht. Du bist der gnädige Herr, den man aufsucht, den man anruft, bei dem man höflich anfragt, an welchem Abend er frei ist. Man grüßt dich mit Ehrerbietung. Währenddessen spielst du Bridge und neigst herablassend deinen Kopf. Das widert mich an.
Du bist ein Schuft. Ich möchte zu dir unendlich unfreundlich sein. Meine Zuneigung zu dir ist die Schwäche einer Jungfrau, das Zeichen eines einfältigen Charakters. Das widert mich bei mir selbst an.
Ich werde mich rächen: Aus sicherer Quelle habe ich erzählt bekommen, dass du folgende Inschriften vorgefunden hast, als dir die Erstbesteigung (wie du sagst) der Aiguille Verte geglückt ist.
[Zeichnung]
Das hast du mit keinem Wort erwähnt, und der Grund hierfür liegt gewiss in deinem wenig sportlichen Hochmut.
[Ich habe voller Freude erfahren, dass du noch lebst.
Ich habe dir nichts zu sagen, außer dass du mir schreiben sollst.

Antoine]

»Du bist ein Schuft«

Saint-Exupéry hatte Henry de Ségogne im Herbst 1917 kennen gelernt, als beide Internatsschüler des Lycée Bossuet waren. Sehr bald entstand zwischen ihnen eine Freundschaft, die nicht zuletzt durch eine Prügelei im Schulhof besiegelt wurde, bei der Saint-Exupéry dem in Bedrängnis geratenen Ségogne zu Hilfe kam. Sie besuchten gemeinsam die Vorbereitungskurse für die École Navale, organisierten zum Abschied den üblichen Schabernack mit den Lehrern – und fielen beide bei der Aufnahmeprüfung durch.

Danach trennten sich ihre Lebenswege, doch blieben sie eng befreundet. Von Saint-Exupérys Flugzeugunfall 1923 erfuhr zuallererst Henry de Ségogne, denn der Verletzte trug ein Papier bei sich, auf dem der Freund als »Person, die im Falle eines Unfalls zu benachrichtigen ist« verzeichnet war. Ségogne war im übrigen ein ambitionierter Bergsteiger, der seine Freizeit im Hochgebirge verbrachte. Dies erklärt auch die Anspielung auf die von Ségogne bestiegene Aiguille Verte (4122 m) im Montblanc-Massiv.

Grand Hotel Central

Place Bonnyaud

Guéret (Creuse)

Garage

Téléphone 80

R. C. Guéret 824

Guéret, le 192

Henry –

Tu es un salaud. J'avais le cafard, je sacrifiais 2f75 pour entendre ta voix de Sirène mais tu n'as pas voulu quitter tes draps. Tu ne veux jamais te déranger.

Tu es un salaud. Je voudrais te dire des choses pénibles à entendre, j'éprouve une joie vive à t'engueuler – malheureusement ça t'est égal. Tu es le monsieur que l'on cherche, à qui on téléphone, à qui on demande poliment pour sa soirée opéra libre on te présente des hommages. Pendant ce temps tu joues au bridge et incline la tête d'un air condescendant. Ça me dégoûte.

Tu es un salaud. Je voudrais t'être infiniment désagréable. Ma sympathie pour toi est une faiblesse de jeune pucelle, la marque d'un caractère niais. Ça me dégoûte aussi de moi.

Je vais me venger. On m'a raconté de source sûre que lorsque tu as fait la première (que tu dis) de l'aiguille verte tu as trouvé en haut les inscriptions suivantes. ——>

Tu ne t'es pas vanté bien sûr à cause de ton orgueil peu sportif.

Mein alter Guillaumet,

auf der Zeichnung oben kannst du sehen, wie ungeduldig ich deine Ankunft erwarte: Man kann mich gar nicht mehr von der Düne losreißen, von der aus ich zum Horizont blicke.
Und auf der Zeichnung unten, mit welchem Feuereifer ich dir schreibe – ich vergesse sogar aufzuräumen!
Dein Bericht war prima. Es ist noch ein Sessel in der Académie frei, ich rate dir wärmstens, ihn einzunehmen. Das wäre eine Sache. [Ich habe dir nichts zu erzählen, weil ich einen Kater habe. Meine Witze riechen danach.
(Ich habe diesen Satz durchgestrichen, weil er unanständig war und du sehr, sehr schamhaft bist.)
Ich spüre eine wahnsinnige Zärtlichkeit.
Ich tröste mich mit meinem Hühnerstall.
Mein Kater wird immer größer und größer.
Ich habe überall gesucht, aber das ist alles, was ich dir an Neuigkeiten zu erzählen habe.
Jetzt weiß ich was, um dir eine Freude zu machen, werde ich aufräumen.
Es ist geschafft. Guten Abend. Dein alter

Antoine]

Links: Saint-Exupéry und Henri Guillaumet vor einem Flugzeug des Typs Laté 28, 1929 (Ausschnitt).

Rechte Seite: Brief an Henri Guillaumet, um 1932.

»Mein alter Guillaumet«

Henri Guillaumet, dem Saint-Exupéry in seinem Roman *Wind, Sand und Sterne* ein literarisches Denkmal setzte, stammte aus Bouy im Département Seine-et-Marne und war zwei Jahre jünger als der Schriftsteller. Er hatte das Fliegen bei dem berühmten französischen Piloten Charles Nungesser erlernt, bevor er den Militärflugschein erwarb. Nach dem Ende seiner Militärzeit trat er ebenso wie Jean Mermoz in die Fluggesellschaft Latécoère ein. Saint-Exupéry, der diesen Schritt zwanzig Monate später vollzog, lernte ihn 1926 kennen, als Guillaumet auf der Luftpoststrecke nach Casablanca eingesetzt wurde. Am 7. Februar 1927 starteten zwei Flugzeuge des Typs Bréguet vom Flugplatz in Cap Juby in Richtung Villa Cisneros. Darin saßen die Piloten Guillaumet und René Riguelle, der von Saint-Exupéry begleitet wurde. In der Nähe von Nouakchott stürzte das zweite Flugzeug mit seinen beiden Insassen über der Wüste ab, doch Guillaumet konnte seine Kameraden ausfindig machen und unverletzt retten. Drei Jahre später suchte Saint-Exupéry eine Woche lang über den verschneiten Anden nach dem Flugzeug seines verschollenen Freundes, der ihm später, als ihm aus eigener Kraft die Rettung geglückt war, anvertraute: »Was ich durchgemacht habe, ich schwöre es dir, das hätte kein Tier überstanden.«
Guillaumets Tod am 27. November 1940 – sein Flugzeug mit einem hohen Beamten der Vichy-Regierung an Bord wurde über dem Mittelmeer abgeschossen – ging Saint-Exupéry sehr nahe: »Guillaumet ist tot; heute Abend ist mir, als hätte ich keine Freunde mehr.«

Mon vieux Guillaumet

Tu vois par la photographie ci dessus que j'attends impatiemment ton arrivée. On ne peut plus m'arracher de la dune d'où je considère l'horizon.

Et par le dessin ci dessous avec quelle ardeur je t'écris — je ne pense même plus à mettre de l'ordre !

Ton rapport était épatant. Il reste un fauteuil à l'académie je te conseille vivement de l'enlever. C'est une affaire.

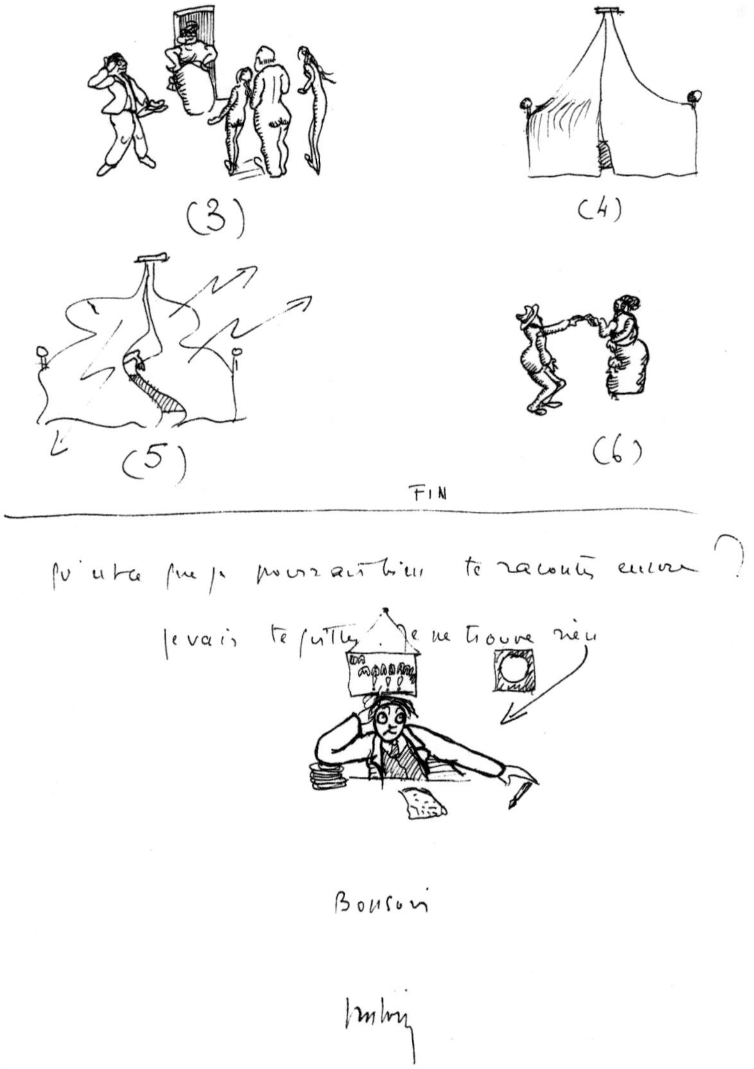

Vierzon, XX. Jahrhundert

Mein lieber Jean,

jetzt bin ich in Vierzon. Ich werde noch etwas essen gehen und danach in den wohlverdienten Schlaf sinken. Ich habe eine hübsche Reise gemacht:
[Zeichnung]
Mein Schutzengel ist da, aber ich kann ihn nicht zeichnen.
[Zeichnungen]
Route von Paris nach Orléans,
Route von Orléans nach Salbris,
Route von Salbris nach Vierzon.
(Es war Nacht.)

Da ich keinen anderen Zeitvertreib habe, stelle ich mir hier in meinem Exil das Lotterleben vor, das du führst.
[Zeichnungen]
Ende

Was könnte ich dir noch erzählen? Ich lasse dich jetzt in Ruhe. Mir fällt nichts ein.
[Zeichnung]

Guten Abend

Antoine

Rechte Seite und links:
Illustrierter Brief von Saint-Exupéry an Jean Escot.

Kleines Echo aus Vierzon

Als Saint-Exupéry seinen Militärdienst beim 2. Fliegergeschwader in Straßburg ableistete, lernte er dort im Mai 1921 Jean Escot kennen. Escot hatte damals bereits die Pilotenschule besucht und in Villacoublay erfolgreich die Prüfungen für den Militärflugschein bestanden. Die beiden trafen sich später in der Flugschule von Avord wieder, wo sie die Kurse für Reserveoffiziere der Luftwaffe durchliefen, sowie in Versailles, dem Schlusspunkt der Ausbildung. Sie erhielten dort die Erlaubnis zu fliegen, wann immer sie wollten. Diese täglichen Flüge festigten das Band ihrer Freundschaft. Saint-Exupéry brachte seinem Freund großes Vetrauen entgegen. Er gab ihm als Erstem seine Erzählungen zu lesen, denn er meinte: »Von allen meinen Freunden bist du derjenige, der die größte Urteilskraft hat.«

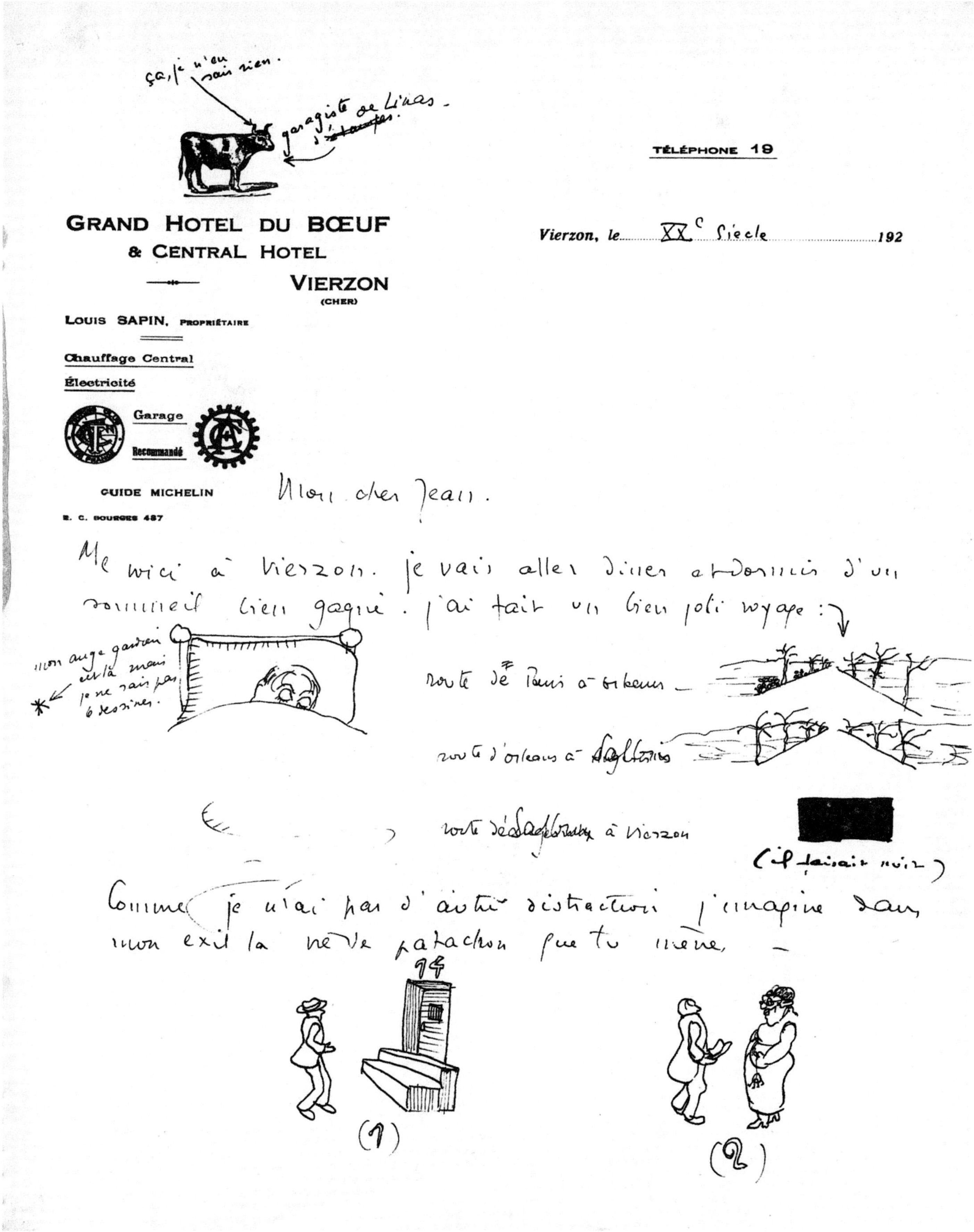
GRAND HOTEL DU BŒUF
& CENTRAL HOTEL
VIERZON
(CHER)

LOUIS SAPIN, PROPRIÉTAIRE

Chauffage Central
Électricité
Garage
Recommandé
GUIDE MICHELIN
R. C. BOURGES 487

TÉLÉPHONE 19

Vierzon, le XXe Siècle 192

ça, je n'en sais rien.
garagiste de Linas d'~~Étampes~~.

Mon cher Jean.

Me voici à Vierzon. je vais aller dîner et dormir d'un sommeil bien gagné. j'ai fait un bien joli voyage :

mon ange gardien est là mais je ne sais pas le dessiner. *

route de Paris à Orléans —

route d'Orléans à Salbris

route de Salbris à Vierzon

(il faisait nuit)

Comme je n'ai pas d'autre distraction j'imagine dans mon exil la vie patachon que tu mènes. —

94

(1)

(2)

Mein lieber Jean,

ich schreibe dir aus Bourges. Es ist eine sehr hübsche Stadt. Die Einwohner nennen sich hier Bürger [bourgeois]. Wenn sie klein sind, Knospen [bourgeons].
[Zeichnung]
Oben eine Ansicht der Stadt.
Es gibt hier eine andere, sehr merkwürdige Straße [Zeichnung] und leere Cafés.
Symbol der Cafés von Bourges: [Zeichnung]
Versteckt euch im Spucknapf,
der alljährliche Gast kommt aus dem Haus.

Spaziergänger [Zeichnungen]

[Zeichnung]

die einzige Beschäftigung …
Guten Abend, ich werde einen anderen Gast treffen.
Antoine

[Zeichnung]
Das bin ich, aber man muss es wissen.

Hier ruht der letzte Käufer von Saurer.
R. I. P

Kleines Echo aus Bourges

Als Saint-Exupéry nach seinem Militärdienst auf ein Leben als Berufspilot verzichtete, wie es die Familie seiner Verlobten Louise de Vilmorin wünschte, arbeitete er zunächst als Angestellter in den Büros der Ziegeleiwerke Boiron. Nach wenigen Monaten wechselte er zu dem Lastwagenhersteller Saurer und wurde dort bald zum Außendienstvertreter für Zentralfrankreich ernannt. Jean Escot stellte ihm für seine Reisen einige Zeit sein Auto zur Verfügung und bekam dafür regelmäßig Nachricht von ihm. Die erhalten gebliebenen Briefe berichten von den schmerzlichen Erfahrungen und Missgeschicken eines ungewöhnlichen Handelsvertreters in einer für die Geschäfte ungünstigen Jahreszeit und einer ihn bedrückenden Umgebung. Humorvoll erzählte Saint-Exupéry seinem Freund in wenigen Worten, die er mit bitterbösen Zeichnungen illustrierte, was er in seinem Alltag erlebte: eine schwere Autopanne, einsame Mahlzeiten in leeren Restaurants, berufliche Misserfolge, Frustration über ein Leben, für das er nicht geschaffen war.

Rechte Seite, links und unten: Illustrierter Brief von Saint-Exupéry an Jean Escot.

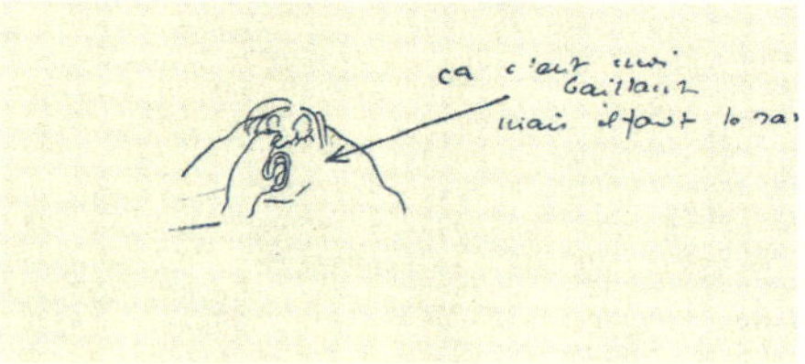

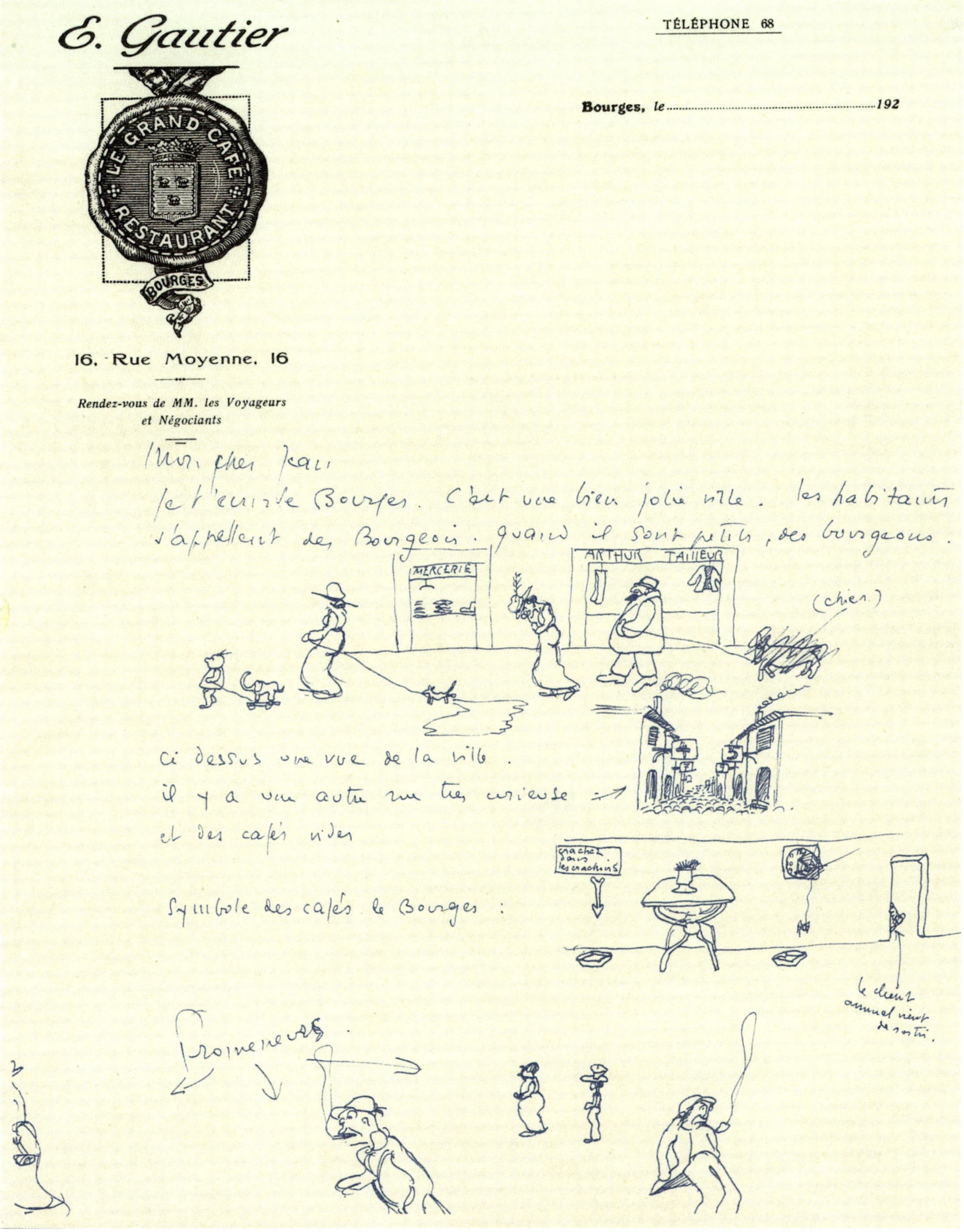
É. Gautier

TÉLÉPHONE 68

Bourges, le 192

LE GRAND CAFÉ RESTAURANT BOURGES

16, Rue Moyenne, 16

Rendez-vous de MM. les Voyageurs et Négociants

Mon cher Jean

Je t'écris de Bourges. C'est une bien jolie ville. Les habitants s'appellent des Bourgeois. Quand ils sont petits, des bourgeons.

Ci dessus une vue de la ville.

Il y a une autre rue très curieuse →

et des cafés vides

Symbole des cafés de Bourges :

»Ich gebe Ihnen fast immer Recht …«

Niemand hätte erahnen können, was für eine enge Freundschaft sich zwischen Saint-Exupéry und dem 22 Jahre älteren Schriftsteller Léon Werth, einem überzeugten Anhänger der politischen Linken und Verfasser zahlreicher politischer Schriften, entwickeln würde. Die beiden Männer, die sich 1931 durch einen gemeinsamen Bekannten, René Delange, im Pariser Café des Deux Magots kennen lernten, waren häufig verschiedener Meinung: »Es war nicht die Übereinstimmung in geistigen Dingen, welche die beiden verband, denn sie hörten nie auf miteinander zu streiten«, schreibt Curtis Cate in seiner Biografie über Saint-Exupéry. »Aber was sich an jenem Abend ereignete, war so etwas wie Liebe auf den ersten Blick.« 1943 veröffentlichte Saint-Exupéry *Der kleine Prinz*, dem er folgende Widmung an seinen Freund voranstellte: »Ich bitte die Kinder um Verzeihung, dass ich dieses Buch einem Erwachsenen widme. Ich habe eine ernstliche Entschuldigung dafür: Dieser Erwachsene ist der beste Freund, den ich in der Welt habe.«

[…] Mir liegt sehr daran, dass Sie wissen, was Ihnen im Übrigen sehr wohl bekannt ist, dass Sie mir unentbehrlich sind, denn zunächst einmal sind Sie unter meinen Freunden derjenige, den ich, wie ich glaube, am meisten liebe – und dann sind Sie mein Gewissen. Ich glaube, dass ich die Dinge ein wenig so sehe wie Sie, und Sie sind mir ein guter Lehrmeister. Und ich habe oft lange Gespräche mit Ihnen. Und ich bin nicht voreingenommen: Ich gebe Ihnen fast immer Recht. Aber, Léon Werth, ich liebe es auch, mit Ihnen an den Ufern der Saône einen Pernod zu trinken und dazu von einer Wurst abzubeißen und Bauernbrot zu kauen. Ich weiß nicht zu sagen, warum so ein Augenblick in mir den Geschmack von absoluter Fülle hervorruft – aber ich muss es auch nicht sagen, weil Sie es noch besser wissen als ich. Ich fühlte mich wohl, zufrieden, ich würde dies gerne noch einmal tun. Der Frieden ist keine abstrakte Sache. Er bedeutet nicht das Ende von Wagnis und Kälte. Das wäre mir gleichgültig; ich habe weder vor dem Wagnis noch vor der Kälte Angst, und ich bin jedesmal stolz auf mich, wenn ich in Orconte, nach dem Aufwachen, heldenhaft meinen Kamin angezündet habe. Aber Frieden bedeutet, dass ein Sinn darin liegt, von einer Wurst abzubeißen und Bauernbrot zu kauen – an den Ufern der Saône, gemeinsam mit Léon Werth. Es macht mich traurig, dass die Wurst keinen Geschmack mehr hat. Kommen Sie mich besuchen – aber wir werden nicht die Gruppe aufsuchen, die – nicht traurig ist – aber traurig stimmt. Wir werden den Tag in Reims verbringen. Wir werden versuchen, eine ordentliche Kneipe aufzutreiben. Und dann könnten wir uns mit Delange treffen, der bestimmt Cam und Suzanne mitbringen würde. Ich lade euch alle zu einem großen Festmahl ein – kommt schnell. Macht mir das Vergnügen. Ihr müsst euch beeilen, denn wenn ich zu 1/52 abwandere, dann werde ich sehr weit weg von Paris sein.

Oben: Zeichnung auf einer Nachricht Saint-Exupérys an Léon Werth.

Rechte Seite: Brief von Antoine de Saint-Exupéry an Léon Werth.

Je voudrais bien que vous sachiez ce que vous savez d'ailleurs très bien. J'ai infiniment besoin de vous parceque vous êtes d'abord, je crois, celui que j'aime le mieux de mes amis — et puis parceque vous êtes ma morale. Je crois que je comprends les choses un peu comme vous et vous m'enseignez bien. Et j'ai souvenir de longues discussions avec vous. Et je ne suis pas partial : je vous donne presque toujours raison. Mais aussi, Leon Werth, j'aime boire avec vous un Pernod sur les bords de la Saône en mordant dans du saucisson et du pain de campagne. Je ne sais pas dire pourquoi cet instant me laisse un goût de plénitude si parfaite — mais je n'ai pas besoin de le dire puisque vous le savez mieux encore que moi. J'étais bien content. Je voudrais bien recommencer. La paix ce n'est pas quelquechose d'abstrait. Ce n'est pas la fin du risque et du froid. Ça me serait égal. Je n'ai peur ni du risque ni du froid et suis bien fier de moi quand à Orconte, au réveil, j'ai héroïquement atteint ma [illegible]. Mais la paix c'est que ça ait un sens de mordre dans du saucisson et du pain de campagne sur les bords de la Saône en compagnie de Leon Werth. Ça m'attriste que le saucisson n'ait plus de goût.

Venez me voir — mais nous n'irons pas au groupe qui est — non triste — mais attristant. Nous irons passer la journée à Reims. Nous tâcherons de découvrir un bon bistro. Et puis on donnerait rendez vous à Delange qui amènerait Carn et Suzanne. Je vous invite tous à un grand banquet — venez vite me rendre joyeux. Il faut vous dépêcher parceque si l'équipe au 1/52 je serai très loin de Paris.

Links: Illustrationsskizze für *Der kleine Prinz.*

Rechte Seite: Auszug aus *Der kleine Prinz.* Frühe Fassung eines Manuskripts mit Illustrationen von Saint-Exupéry.

»Zeichnungen für meine Freunde«

Diese Textstelle, die Saint-Exupéry nicht in die endgültige Buchausgabe von *Der kleine Prinz* übernahm, ist Teil des Originalmanuskripts, das er – bevor er im April 1943 nach Nordafrika aufbrach – Silvia Hamilton übergab, einer seiner amerikanischen Freundinnen. Das Manuskript wird heute in der Pierpont Morgan Library in New York aufbewahrt und besteht aus 175 Einzelblättern, von denen acht mit Illustrationen von Saint-Exupéry versehen sind. 35 Blätter weisen ausschließlich Zeichnungen von seiner Hand auf, meistens Aquarelle.
Auch in der Französischen Nationalbibliothek in Paris befindet sich eine maschinengeschriebene, spätere Fassung von *Der kleinen Prinz,* durch den Autor handschriftlich korrigiert und teilweise illustriert. Das Typoskript stammt aus dem Besitz Nadia Boulangers, der er es in New York geschenkt hatte.
Beide Textversionen weisen Abweichungen zur endgültigen Fassung auf, die im April 1943 in französischer Sprache erstmals im New Yorker Verlag Reynal and Hitchcock erschien. Seither hat es von *Der kleine Prinz* Übersetzungen in 140 Sprachen gegeben. Das Werk zählt weltweit zu den meistverkauften Büchern.

Da für mich besondere Regeln gelten, habe ich den großen Leuten nie gesagt, dass ich nicht zu ihnen gehörte. Ich habe vor ihnen verheimlicht, dass ich im Grunde meines Herzens immer noch fünf oder sechs Jahre alt war. Ich habe ihnen auch meine Zeichnungen verheimlicht. Aber meinen Freunden will ich sie gerne zeigen. Diese Zeichnungen sind für mich Erinnerungen.
Es war einmal ein kleiner Prinz, der auf einem viel zu kleinen Planeten wohnte und dem sehr langweilig war.
Jeden Morgen stand er auf und kehrte ihn.
Wenn es sehr staubig war, dann gab es [mehrere unleserliche Wörter].
[zwei Zeichnungen]
Aber er nahm sein Bad im Meer.

Er hatte Ärger wegen der Vulkane, die alles schmutzig machten. Er hatte auch Ärger mit den Samenkörnern. Denn er hegte einen Garten, aus dem er sich ernährte. Es gab Samenkörner für Radieschen, für Tomaten, für Kartoffeln und für Bohnen. Aber der kleine Prinz konnte kein Obst essen. Die Obstbäume sind zu groß. Sie hätten seinen Planeten zerstört. Aber in seiner Samentüte gab es auch Samenkörner für Affenbrotbäume. Denn nichts ist vollkommen. Die Affenbrotbäume haben zehn [unleserliches Wort] Umfang. Sie hätten seinen Planeten zum Bersten gebracht. Und der kleine Prinz konnte die Samenkörner der Affenbrotbäume nicht erkennen. Er war der Meinung, dass alles wachsen sollte. Und dass er die bösen Pflanzen ausreißen würde, sobald er sie erkannte.

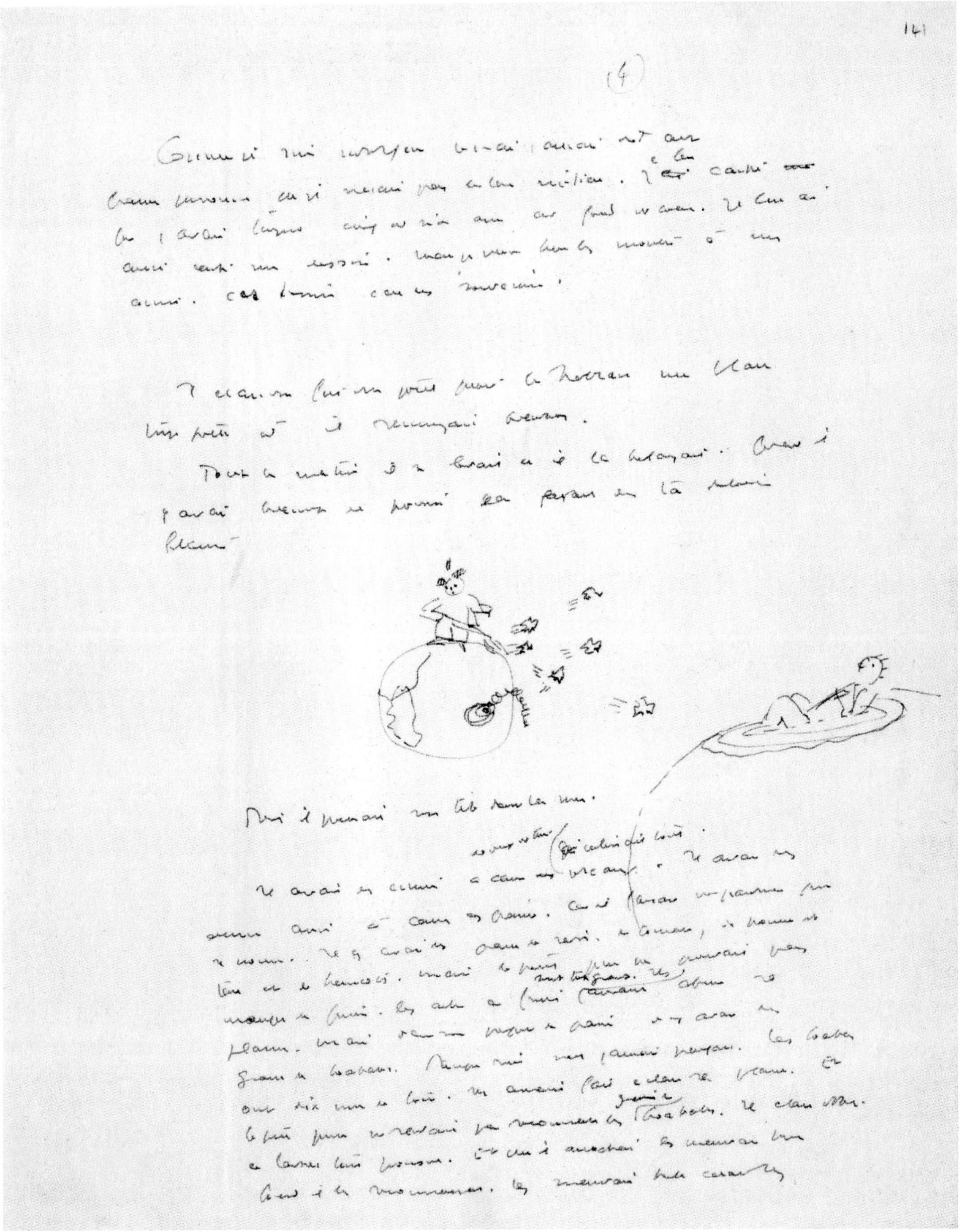
141

(4)

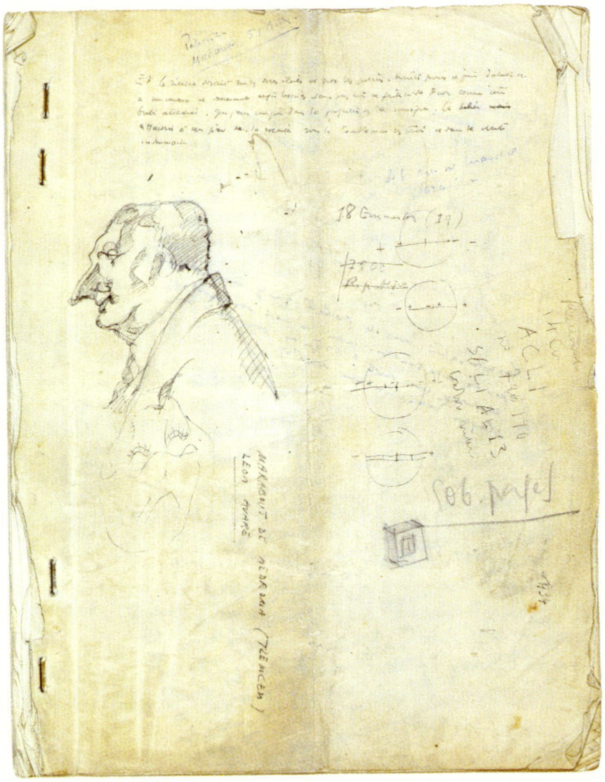

Links: Zeichnung von Saint-Exupéry am Rand des Manuskripts von *Wind, Sand und Sterne.*

Rechte Seite: Auszug aus *Wind, Sand und Sterne,* Manuskriptfassung.

»So sind wir jetzt glücklich«

Diese Hymne auf die wahre Freundschaft, die dem 108. Kapitel von *Die Stadt in der Wüste* entstammt, beruht auf Gedanken, die Saint-Exupéry schon im *Brief an einen Ausgelieferten* ausgeführt hatte. Léon Werth bemerkte dazu später in seinem Buch über Saint-Exupéry: »Es versteht sich von selbst, dass er die Freundschaft von der Kameraderie oder der bloßen Sympathie aufgrund gemeinsamer Überzeugungen oder Gewohnheiten unterscheidet. Wir leben in einer Epoche, in der Freundschaft häufig mit der Anziehungskraft verwechselt wird, welche die Tiere derselben Herde füreinander empfinden. Ich habe Freundschaften – den täuschenden Schein von Freundschaft – entstehen sehen, die in der gleichen Weltanschauung begründet waren. Ich habe Freundschaften aufgrund unterschiedlicher Weltanschauungen auseinander gehen sehen. Doch was für ein Armutszeugnis stellt eine Freundschaft dar, die allein auf die Übereinstimmung der Ideen gegründet ist, eine ontologische Freundschaft!« Saint-Exupéry hat darauf die Antwort gegeben: »Die wahrhaftige Freundschaft erkenne ich daran, dass sie nicht enttäuscht werden kann …«

Zunächst einmal ist ein Freund einer, der kein Urteil fällt. Wie ich dir schon gesagt habe, er ist derjenige, der dem Landstreicher – mit seinen Krücken und seinem Stab, den er in einer Ecke abstellt – die Tür öffnet und ihn niemals bittet, dass er für ihn tanzt, um ein Urteil über seinen Tanz zu fällen. Und wenn der Landstreicher vom Frühling erzählt, dem er auf seinem Weg begegnet ist, dann ist der Freund derjenige, der mit ihm den Frühling begrüßt. Und wenn er von den Schrecken der Hungersnot in dem Dorf erzählt, aus dem er kommt, ist er derjenige, der mit ihm Hunger leidet. Denn ich habe es dir gesagt, der Freund im Menschen ist jener Teil, der für dich da ist und der für dich eine Tür öffnet, die er vielleicht nirgendwo sonst öffnet. Und dein Freund ist wahrhaftig und alles, was er sagt, ist redlich, und er liebt dich, auch wenn er dich in einem anderen Haus hasst. Und der Freund im Tempel, derjenige, dem ich mit Gottes Hilfe begegne, ist einer, der mir ein Antlitz zuwendet, wie es mir selbst eigen ist, vom selben Gott erleuchtet, denn die Einheit ist vollbracht, selbst wenn der Freund ein Krämer ist und ich ein Kapitän bin, oder er ein Gärtner ist und ich Seefahrer bin. Jenseits unserer Wortgefechte habe ich ihn gefunden, und er ist mein Freund. Und ich kann bei ihm schweigen, und dies bedeutet, dass ich bei ihm nicht in Sorge um meine inneren Gärten und Gebirgszüge und Schluchten und Wüsten sein muss, denn er wird dort nicht mit seinen Schuhen herumtrampeln. Zu dir, mein Freund, sende ich in Liebe einen Botschafter meines inneren Reichs aus. Und du gehst sorgsam mit ihm um, und du heißt ihn niedersitzen und hörst ihm zu. Und dann sind wir glücklich.

Mais lui elle : elle te volera tes amis. non pour te les enlever car elle n'admettrait point ce misérable reproche, elle qui croit t'aimer, elle qui voudrait vivre de toi, avant de toi, partout dans l'Église et tes amis. Mais non point te les enlever mais bien les changer en espérance en souvenirs et conseils et en juges. Les ranger, comme on fit dans son camp, qui ne avait le bien selon elle, pareille à tout. Elle ne te les dérobe point car d'amour pour elle est mélange. Mais elle te les mange. Elle en fait son repas pour son service car elle n'a pas besoin de leur amitié. S'il n'était pas [illegible] et non toi à travers eux, elle les eût laissés dans la porte. Mais ce qui est chemin de toi c'est en eux qu'elle va te le prendre.
Et non pas changés en juges qui plaît te de tes amis, car
171 l'ami, d'abord, c'est celui qui ne juge point. Je te l'ai dit c'est celui qui ouvre sa porte au cheminot, à sa béquille, à son bâton déposé dans un coin, et ne lui demande point de danser pour juger sa danse. Et si le cheminot raconte le printemps sur la route du dehors, reçois avec lui le printemps, et s'il raconte l'horreur de la famine dans le village d'où il vient, souffre avec lui la famine. Car je te l'ai dit l'ami dans l'homme c'est la part qui est pour toi, et qui ouvre ses ailes pliées en ta présence, et peut-être ne les ouvre jamais ailleurs. Et ton ami est vrai et tout ce qu'il dit est véritable, et il t'aime même s'il te hait dans l'autre maison, [illegible]. Et l'ami dans le temple, celui que grâce à Dieu je coudoie et rencontre, c'est celui qui tourne vers moi le même visage que le mien éclairé par le même Dieu, car alors l'unité est faite, même si ailleurs il est boutiquier quand je suis capitaine, ou jardinier quand je suis marin sur la mer. Au-dessus de nos divisions je t'ai trouvé et je suis ton ami. Et je puis me taire auprès de toi, c'est-à-dire ne rien craindre pour mes jardins intérieurs, et mes montagnes et mes ravins et mes déserts car tu n'y promèneras point tes chaussures. Et tu reçois en ami avec amour l'ambassadeur de mon empire intérieur [illegible]. Et tu le traites et tu l'assieds et tu l'écoutes. Et nous voilà heureux. Mais où m'as-tu vu quand je recevais mes ambassadeurs, les tenir à l'écart ou les refuser, parce qu'au fond de leur Empire à mille jours de marche de chez moi, on s'alimente de

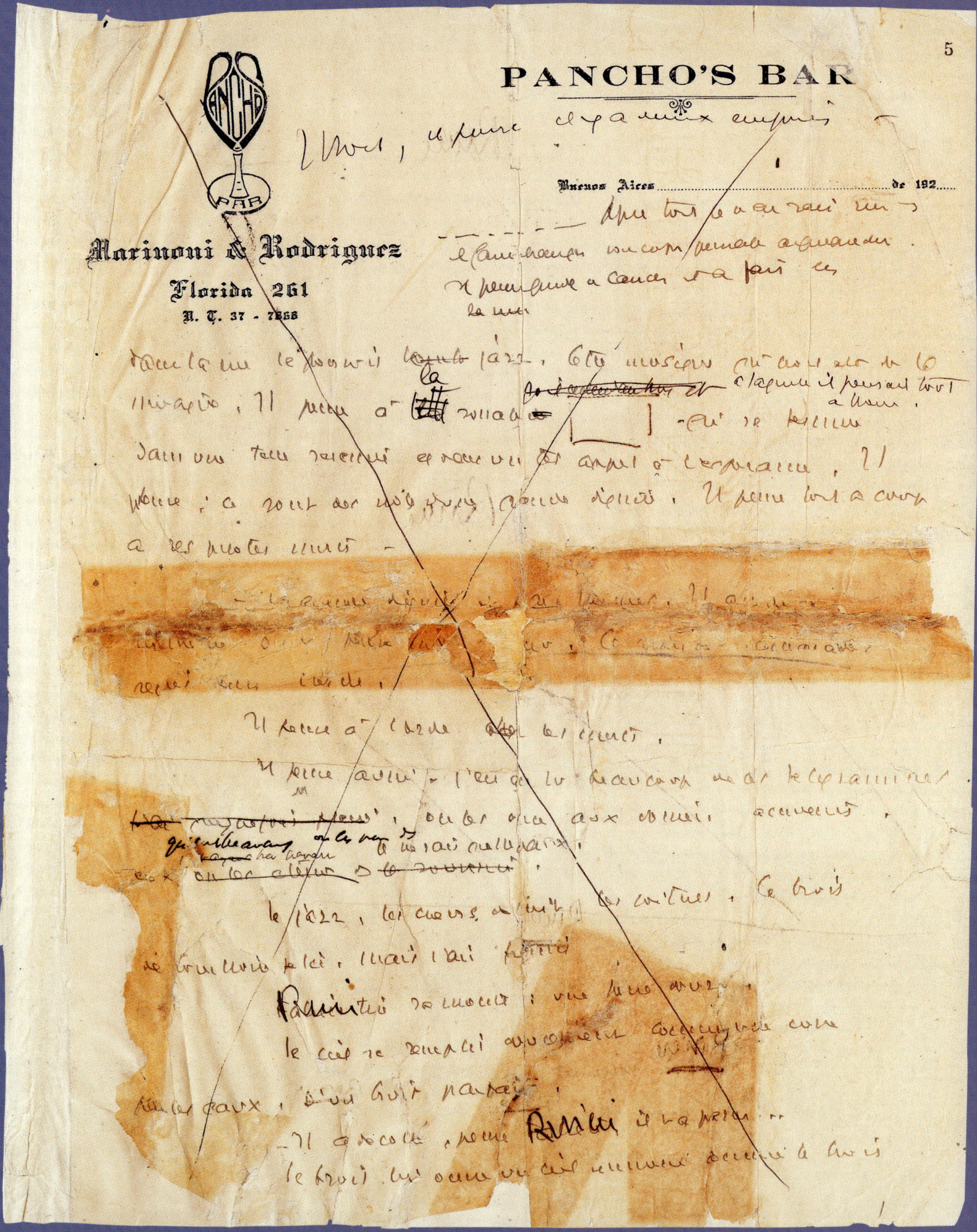

Oben: Manuskriptblatt aus *Nachtflug* auf einem Papier mit dem Aufdruck »Pancho's Bar«.
Rechte Seite: Antoine de Saint-Exupéry als Linienpilot.

Der Traum vom Fliegen

»Der Luftpostverkehr – und mit dieser Meinung stehe ich nicht allein – hat viel von seinem Reiz verloren, seit wir sichere Motoren und den Sprechfunk an Bord haben. Wir empfinden nicht mehr diese leichte Beklemmung, die doch so angenehm war: Würde ich es bis zum Ziel schaffen? Würde ich ohne Motorschaden durchkommen? Wo bin ich? Alle diese Fragen stellten wir uns früher bei jedem Flug. Heutzutage sind die Motoren gegen Pannen aller Art geschützt, und die Flugroute richtig zu bestimmen, ist kein Verdienst mehr, seit sie von einem Funkpeilgerät angezeigt wird. Unter solchen Bedingungen gerät die Fliegerei fast zu einer bürokratischen Angelegenheit. Wir führen ein Leben ohne Unvorhersehbarkeiten. Es gefällt uns auch, aber früher …«

Wenige Kilometer von Saint-Maurice-de-Rémens entfernt liegt der Flugplatz von Ambérieu. Im Jahr 1912 war er nicht viel mehr als eine große Wiese, auf der die Flugzeuge standen, »komische Maschinen« aus Holz und Segeltuch, die mit großem Lärm starteten und landeten. Der Tanz der Flugzeuge, die hoch über seinem Kopf am Himmel kreuzten, machte auf Antoine gewaltigen Eindruck. Zusammen mit seiner jüngeren Schwester Gabrielle, auch »Didi« genannt, fuhr er oft mit dem Fahrrad zum Flugplatz hinaus, wo die Mechaniker an den Maschinen beschäftigt waren. Neugierig stellte er ihnen jede Menge Fragen – und schließlich die eine, entscheidende. Die Antwort ließ nicht auf sich warten: »Wenn deine Mutter es dir erlaubt, können wir dich gerne einmal mitnehmen.« Genau darin aber lag das Problem: Marie de Saint-Exupéry wollte nicht, dass sich ihr Sohn auf ein solches Abenteuer einließ. Nach mehreren vergeblichen Versuchen begriff Antoine, dass sie ihre Zustimmung niemals geben würde. Doch er ließ sich von seinem Vorhaben nicht abbringen. Für zwanzig Minuten saß er hinter dem Piloten Gabriel Wroblewski-Salvez im Cockpit und machte, trotz des mütterlichen Verbots, einen kleinen Rundflug. Der kleine Antoine war glücklich! Sein Berufswunsch stand fest: Er wollte Pilot werden!

Skizze eines Flugzeugs. Zeichnung von Antoine de Saint-Exupéry.

Als er 1921 zum Militärdienst einberufen wurde, meldete er sich zur Luftwaffe. Er wurde zum 2. Fliegergeschwader in Straßburg abkommandiert, das in Neuhof stationiert war. Da er keinerlei Flugausbildung vorzuweisen hatte, teilte man ihn dem Bodenpersonal in den Reparaturwerkstätten zu. Bald wurde Saint-Exupéry das Leben in der Kaserne zu langweilig. »Nichts Neues. Zweifellos ist das Leben anderswo bunter als in der Kaserne. Allmählich breitet sich trübe Stimmung aus.« Er beschloss, den Flugschein für die zivile Luftfahrt zu erwerben, für den damals 25 Flugstunden vorgeschrieben waren. Der Unterricht war zwar sehr kostspielig, ermöglichte ihm jedoch, danach seinen Flugschein als Militärpilot zu erhalten, ohne deshalb seinen Wehrdienst zu verlängern. Bei Robert Aéby, einem erfahrenen Piloten aus dem Ersten Weltkrieg, nahm Saint-Exupéry die ersten Flugstunden. Nach knapp drei Monaten schickte man ihn nach Marokko, um in Casablanca an einer Spezialausbildung teilzunehmen. Im Dezember 1921 erwarb er seinen Militärflugschein. Er wurde zum Obergefreiten

ernannt und kehrte im Februar 1922 nach Frankreich zurück.
Saint-Exupéry wollte nach seiner Militärzeit Berufspilot werden, doch als er sich 1923 mit Louise de Vilmorin verlobte, verlangten seine künftigen Schwiegereltern von ihm, auf dieses Abenteurerleben zu verzichten und sich eine gesicherte bürgerliche Existenz aufzubauen. Er arbeitete in der Buchhaltung der Ziegeleien von Boiron, danach als Lastwagenvertreter der Automobilwerke Saurer. Für diese beruflichen Tätigkeiten konnte er nicht das geringste Interesse aufbringen. Nachdem die Verlobung aufgelöst war, vergingen weitere zwei Jahre bis er wieder zu seiner eigentlichen Berufung zurückkehrte: der Fliegerei. Am 23. Juni 1926 erhielt er seinen Flugschein für den öffentlichen Transportverkehr, mit dem er auch Passagiere fliegen durfte. Saint-Exupéry trat in die Compagnie aérienne française (C. A. F.) ein und verdiente seinen Lebensunterhalt damit, über Paris Jungfernflüge mit Fluggästen durchzuführen. Im Oktober desselben Jahres lernte er über Abbé Sudour, seinen alten Mentor aus der École Bossuet, Beppo de Massimi kennen, den Direktor der Fluggesellschaft Compagnie Latécoère. Massimi war von Saint-Exupérys Hartnäckigkeit beeindruckt und schickte ihn nach Toulouse, um dort eine Reihe von Vorstellungsgesprächen zu führen. Der Betriebsdirektor der Gesellschaft, Didier Daurat, stellte Saint-Exupéry ein und teilte ihn als erstes den Werkstätten zu. Nach ein paar Wochen Lehrzeit durfte Saint-Exupéry den Flugzeugtyp Bréguet 14 fliegen, zunächst bis Perpignan, dann über die Pyrenäen und über das Mittelmeer. Ab Mitte Januar 1927 wurde er schließlich auf der Linie Casablanca-Dakar eingesetzt. Diese Flüge über ein Land im Aufruhr, in dem die aufständischen Wüstenstämme ohne zu Zögern auf Flugzeuge oder auf Menschen schossen, waren für die Piloten gefährlich, doch sie erfüllten Saint-Exupéry mit einem großen Freiheitsgefühl, das er in seinen Briefen immer wieder zu beschreiben versucht.
Er erlitt die ersten Maschinenschäden und musste in der Wüste notlanden, es kam zu ersten Begegnungen mit den Mauren, die nicht immer freundlich abliefen, er verbrachte seine ersten Nächte in der Wüste – alle diese Episoden tauchten später in seinen Büchern auf. Nach einem Jahr der Eskortenflüge wurde Saint-Exupéry 1927 zum Postenchef des Flugplatzes von Cap Juby ernannt. Er war fortan nicht mehr so viel in der Luft unterwegs, denn seine Hauptaufgabe bestand darin, die Flugzeuge auf diesem Zwischenstopp abzufertigen und dafür zu sorgen, dass sie vor dem Weiterflug technisch gut gewartet wurden.
Als Saint-Exupéry nach Frankreich zurückkehrte, hatte er schon das Manuskript eines Buches in der Tasche, das wenige Monate später unter dem Titel *Südkurier* bei dem Pariser Verlag Gallimard erschien. Es handelt sich um einen der ersten großen Romane, die sich mit dem Fliegen befassen, einem Mittel der Fortbewegung, von dem die Menschheit lange nur geträumt hatte. Für einige Monate arbeitete Saint-Exupéry als Versuchspilot für die Flugzeugtypen Laté 25 und 26. Kurz darauf entsandte man ihn nach Buenos Aires, um dort als Betriebsdirektor die Aeroposta Argentina aufzubauen.

Antoine de Saint Exupéry als Flieger.

Oben: Schlafender Pilot, Illustrationsskizze für *Der kleine Prinz.*

Rechte Seite: In Cap Juby, 1928: Saint-Exupéry, Dumesnil, Guillaumet, Antoine und Reine.

Saint-Exupéry lernte dort als Pilot ein Land kennen, in dem die stürmischen Winde Patagoniens die Flugzeuge beim Start und bei der Landung behinderten und der Flug über die Andenkordilleren immer wieder eine Heldentat bedeutete. Da seine Aufgabe lautete, eine Flugroute zwischen Buenos Aires und Feuerland einzurichten, durchkämmte er auf der Suche nach geeigneten Zwischenstationen die abgelegensten Landstriche: »Wir wurden von den Honoratioren der kleinen, verlorenen Städte, die wir mit einem Streich der großen Welt näher brachten, als Retter und Erlöser begrüßt.« Aber auch die Ängste auf langen Nachtflügen blieben ihm nicht unbekannt. Er ließ diese Seelenzustände in sein zweites erzählerisches Werk *Nachtflug* einfließen, für das er 1931 den Prix Femina erhielt.

Im März 1931 ging die Aréopostale, wie sich die Compagnie Latécoère seit 1927 nannte, in Konkurs. Saint-Exupéry, der dadurch seine Festanstellung verloren hatte, führte ein halbes Jahr lang Nachtflüge zwischen Casablanca und Port-Étienne durch. Seine danach begonnene Karriere als Testpilot für Wasserflugzeuge nahm ein schnelles Ende, als ihn ein Unfall in der Bucht von Saint-Raphaël kurz vor Weihnachten 1933 beinahe das Leben kostete.

Von diesem Zeitpunkt an folgte sein Berufsleben als Pilot keiner geraden Linie mehr: Im Auftrag der Air France unternahm er Vortragsreisen. Danach wurde er beauftragt, Landeplätze für eine afrikanische Flugroute zwischen Saint-Louis-du-Sénégal und Bamako zu ermitteln. Außerdem nahm Saint-Exupéry an Langstreckenflügen teil, die vom Luftfahrtministerium organisiert wurden, um die Leistungsfähigkeit der Flugzeuge bei großen Fluggeschwindigkeiten zu testen. Hohe Geldbeträge wurden denjenigen versprochen, welche die Rekorde brachen. Für Saint-Exupéry, der ständig finanzielle Sorgen hatte, eine willkommene Gelegenheit. Ein erster Versuch, den er im Juli 1934 an Bord eines Wasserflugzeugs startete, führte ihn bis ins Mekong-Delta, wo er notlanden musste. An Tropenfieber erkrankt, kehrte er nach Frankreich zurück. Im Februar 1938 nahm er an einem weiteren Langstreckenwettbewerb teil, diesmal auf der Strecke zwischen New York und Feuerland. Während das Flugzeug in Guatemala City aufgetankt wurde, unterlief ein Fehler. Die Maschine wurde zu schwer, sie konnte beim Start nicht abheben und zerbrach am Ende der Rollbahn in tausend Stücke. »Als man mich aus dem Flugzeug herausgezogen hat, war ich das größte der noch übrig gebliebenen Wrackteile.« Kurz vor Ausbruch des Zweiten Weltkriegs endete für Saint-Exupéry das Leben als Pilot der zivilen Luftfahrt.

AMBÉRIEU-AVIATION
Monoplan W, moteur 70 H.P., piloté par Gabriel SALVEZ
SALVEZ

»Ich bin ... über das Tal von Chevreuse geflogen«

Nach Straßburg, Casablanca, dem provenzalischen Städtchen Istres und Avord in der Nähe von Bourges, war der junge Unteroffizier Antoine de Saint-Exupéry gegen Ende seines Militärdienstes in Versailles stationiert. Zusammen mit Jean Escot erhielt er die Sondergenehmigung, so viele Flüge als möglich durchzuführen, um auf die erforderliche Anzahl von Flugstunden zu kommen, die ihm für sein Offiziersdiplom noch fehlten.

In Saint-Exupérys Brief an seine Mutter ist seine große Freude am Fliegen spürbar. Eine lang gehegte Sehnsucht war für ihn in Erfüllung gegangen, die schon in seiner Kindheit geweckt worden war, als er während der Ferien in Saint-Maurice-de-Rémens regelmäßig den vier Kilometer entfernten Flugplatz Ambérieu besuchte.

Trotz des Verbots seiner Mutter war er im Juli 1912 das allererste Mal mit einem Flugzeug in die Lüfte gestiegen. Der Pilot Gabriel Wroblewski-Salvez hatte ihn in einem Eindecker des Typs Berthaud-Wroblewski für zwei Flugrunden mitgenommen.

EOR
Centre d'études de l'Aéronautique
Quartier Croy
Versailles

Meine kleine Mama,

seit vier Tagen fliege ich endlich jeden Tag, und das wird so weitergehen: Ich bin glücklich wie ein König. Heute bin ich allein losgeflogen, weil kein Kamerad da war, den ich hätte mitnehmen können. Ich habe zuerst eine Runde über Versailles gedreht und bin dann in ganzer Länge, in niedriger Höhe, über das Tal von Chevreuse geflogen.
Ich sitze hier am Steuerknüppel eines Breguet, das ist ein großes Flugzeug, mit einem laut dröhnenden 300 HP ausgestattet, aber es ist träg und lahm, und es reagiert nur schwerfällig. Man fühlt sich wie in einer Lokomotive. Es ist ein sehr sicheres Flugzeug.
Ich bin bei Tante Hélène, wo ich gerade angekommen bin.
Meine kleine Mama, ich habe bis jetzt meine Socken noch nicht geschickt bekommen! Und ich habe keine!
Wie geht es Biche? Ich werde ihr heute oder morgen antworten. Sie hat mir einen köstlichen Brief geschickt. Wie geht es ihr?
Unsere Kurse gehen am 29./ 30. zu Ende.
Ich würde gerne selbst mein süßes Herzchen in der Schweiz aufsuchen?
Wichtig: Könnten Sie heute noch in Lyon meine schwarzen Zivilanzüge zum Reinigen geben ...
[Es fehlt der Schluss des Briefes.]

Oben: Das Flugzeug des Typs Berthaud-Wroblewski, in dem der zwölfjährige Antoine in Ambérieu zum ersten Mal einen Rundflug machte.

Rechte Seite: Unveröffentlichter Brief an seine Mutter. Versailles, 1922.

135

É.O.R. Ave

Centre d'études de l'aéronautique

Quartier Croÿ

Versaille

Ma petite maman

Enfin depuis quatre jours je vole tous les jours et cela va continuer ainsi : je suis heureux comme un roi. Je suis parti seul aujourd'hui n'ayant pas de camarade à emmener – j'ai d'abord

tourné sur Versaille et puis j'ai fait tout au long, à faible altitude, la vallée de Chevreuse.

Je pilote ici le Breguet. C'est un gros avion muni d'un 300 HP sonore mais qui est mou et flasque et n'obéit que pesamment. On se croit dans une

locomotive. C'est un avion très sur.

Je suis chez Tante Hélène où je viens d'arriver –

Ma petite maman on ne m'a jamais envoyé mes chaussettes ! Et je n'en ai pas !

Comment va Biche. Je vais lui répondre aujourd'hui ou demain. Elle m'a

envoyé une lettre exquise. Comment va-t-elle ?

Nos cours finissent entre le 28 et le 30. Je voudrais bien aller chercher moi même la douce Biche en Suisse ?

Important : Pourriez vous envoyer dégraisser à Lyon aujourd'hui mes costumes civils noirs et

Rechts: Die Fluggesellschaft G. Latécoère. Werbeplakat für die Postflugverbindung Frankreich-Marokko, um 1930.

Rechte Seite: Auszug aus *Südkurier*. Manuskript, Arbeitsnotizen, 1929.

[Er wandte sich um. Ein Mechaniker, der einzige Passagier, saß da, auf den Knien eine Taschenlampe, und las ein Buch. Nur sein geneigter Kopf leuchtete aus der] Verkleidung empor und warf seltsame Schatten. Dieser Kopf schien ihm fremdartig, von innen her beleuchtet, als wäre er eine Laterne. Er rief: »Hallo!« Aber seine Stimme wurde übertönt. So trommelte er mit der Faust auf einen Blechbeschlag, aber der Mann las ruhig weiter, und sein Kopf tauchte nach wie vor selbstleuchtend aus dem Dunkel auf. Wenn er ein Blatt umwandte, war sein Gesicht sekundenlang verzerrt. »Hallo!«, rief Bernis noch einmal, vergeblich: Nur zwei Armlängen von ihm entfernt, war dieser Mann dennoch unerreichbar. Bernis verzichtete endlich und wandte sich wieder nach vorn.
»Ich muss jetzt nah bei Cap Gir sein, aber hängen soll man mich, wenn … es geht heute wirklich sehr schlecht.«
Und nun überlegte er: »Ich bin wohl zu weit aufs Meer abgekommen.« So stellte er mittels der Bussole den Flug wieder richtig. Es war sonderbar, wie er sich immerwährend nach rechts, gegen das Meer hingedrängt fühlte, als ritte er eine scheue Stute und als übten wirklich von links her die Berge einen Druck aus.
»Es muss regnen.« Er streckte die Hand hinaus und spürte das peitschende Nass.
»Ich werde in zwanzig Minuten wieder landeinwärts fliegen, dann wird es eben vor mir sein – weniger Risiko.«
Aber nein, mit einem Schlag, welche Helligkeit! Der Himmel, von Wolken reingefegt, alle Sterne frisch gewaschen, wie neu. Der Mond – der Mond, die beste aller Lampen! Unten leuchtete der Flugplatz von Agadir in dreimaliger Schaltung auf, wie eine Leuchtreklame.
»Lasst euch heimgeigen mit euren Lichtern – ich habe den Mond!«

»Ich habe den Mond!«

Im Oktober 1927, ein Jahr nach seinem Eintritt in die Fluggesellschaft Latécoère, wurde Saint-Exupéry zum Postenchef des Flugplatzes in Cap Juby ernannt. Sein damaliger Vorgesetzter Didier Daurat, der den jungen Kollegen mit dieser Aufgabe betraute, diente Saint-Exupéry später als Vorbild für die Figur des Rivière in *Nachtflug*. In Cap Juby fand er einen einsamen Ort vor, eine Vorwegnahme der Schauplätze der Romane *Die Tartarenwüste,* 1940, von Dino Buzzati oder *Das Ufer der Syrten,* 1951, von Julien Gracq: ein über der Atlantikküste aufragendes spanisches Fort, am Rand der West-Sahara zwischen Wüste und Meer gelegen, bis an den Horizont nichts als Sand, Gestein und Wasser.
Saint-Exupérys Aufgabe hier war alles andere als einfach, denn in dieser Wüstenregion, die sich im politischen Aufruhr befand, waren bereits zahlreiche Piloten von den aufständischen Mauren gefangen genommen oder getötet worden. Saint-Exupéry hielt dort 18 Monate lang die Stellung und nutzte die Zeit, um seinen ersten Roman zu schreiben. Im französischen Original trägt er den Titel der kostbaren Fracht, für welche die Linienpiloten der Fluggesellschaft Latécoère jeden Tag ihr Leben aufs Spiel setzten: *Courrier Sud,* Südpost.

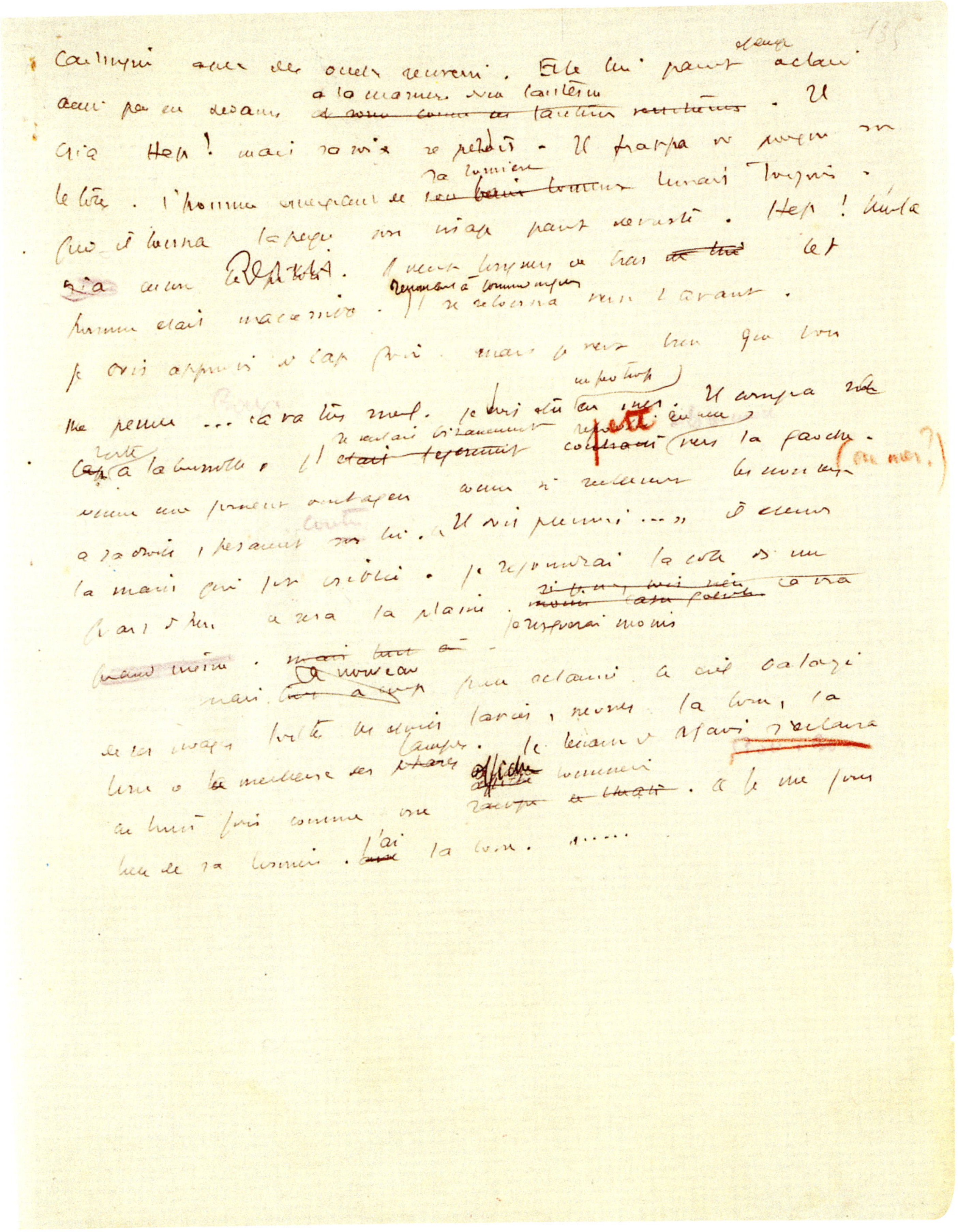

Mein alter Freund,

stelle es dem Klima, einer unverzeihlichen Trägheit, der Unmöglichkeit, schon alles zu verstehen, was ich an Neuem sehe, in Rechnung – dieses schändliche Schweigen! Dennoch habe ich dir schon drei oder vier Mal geschrieben und meine Briefe nicht abgeschickt. Ich versuchte es dir zu erklären, und es gelang mir nicht. Es ist jedenfalls etwas Wunderbares und Merkwürdiges. Bei jedem Postflug überquere ich 2000 Kilometer Sahara, auf dem Hin- und auf dem Rückflug; 1000 Kilometer über abgeschieden lebenden Stämmen. Stell dir diese Mengen an Sand vor, immer dieser Sand. Dort habe ich auch schon eine Nacht verbracht, als ich eine Panne hatte, in einem kleinen abgelegenen Fort. Ich mag diese Abgeschiedenheit, aber ich kann sie nicht richtig beschreiben. Und die arabischen Stämme, die arabischen Gesichter faszinieren mich. Ich werde dir das alles eines Tages erzählen. Wie auch immer, ich hasse den Senegal, man kann das ganze Land vergessen. Dakar sieht aus wie die hässlichste Vorstadt. Das ist nicht [...]

Links: Charles Sallès.

Rechte Seite: Brief von Antoine de Saint-Exupéry an Charles Sallès, 1927.

»Dieses schändliche Schweigen«

Im Herbst 1927 wurde Saint-Exupéry zum Postenchef des Flugplatzes von Cap Juby ernannt. Zu seinen Aufgaben zählte auch, mit den aufständischen Wüstenbewohnern über die Bedingungen der Freilassung jener Piloten zu verhandeln, die in der Wüste notlanden mussten oder sich verflogen hatten und die von den maurischen Stämmen als Geiseln gefangen gehalten wurden.

Saint-Exupéry machte sich mit einem Flugzeug des Typs Bréguet 14 A2 in den Wüstenort auf, bezog eine einfache Holzhütte in unmittelbarer Nähe des spanischen Forts und überlegte, wie er diesen Auftrag erfolgreich ausführen könne. Er bemühte sich um Kontakte zu den Führern der maurischen Wüstenstämme, denen er offizielle Besuche abstattete und die er umgekehrt auch zu sich einlud. Auf diese Weise knüpfte er allmählich freundschaftliche Beziehungen, die angespannte Lage normalisierte sich und nach mehreren Monaten konnte der Flugbetrieb wieder aufgenommen werden.

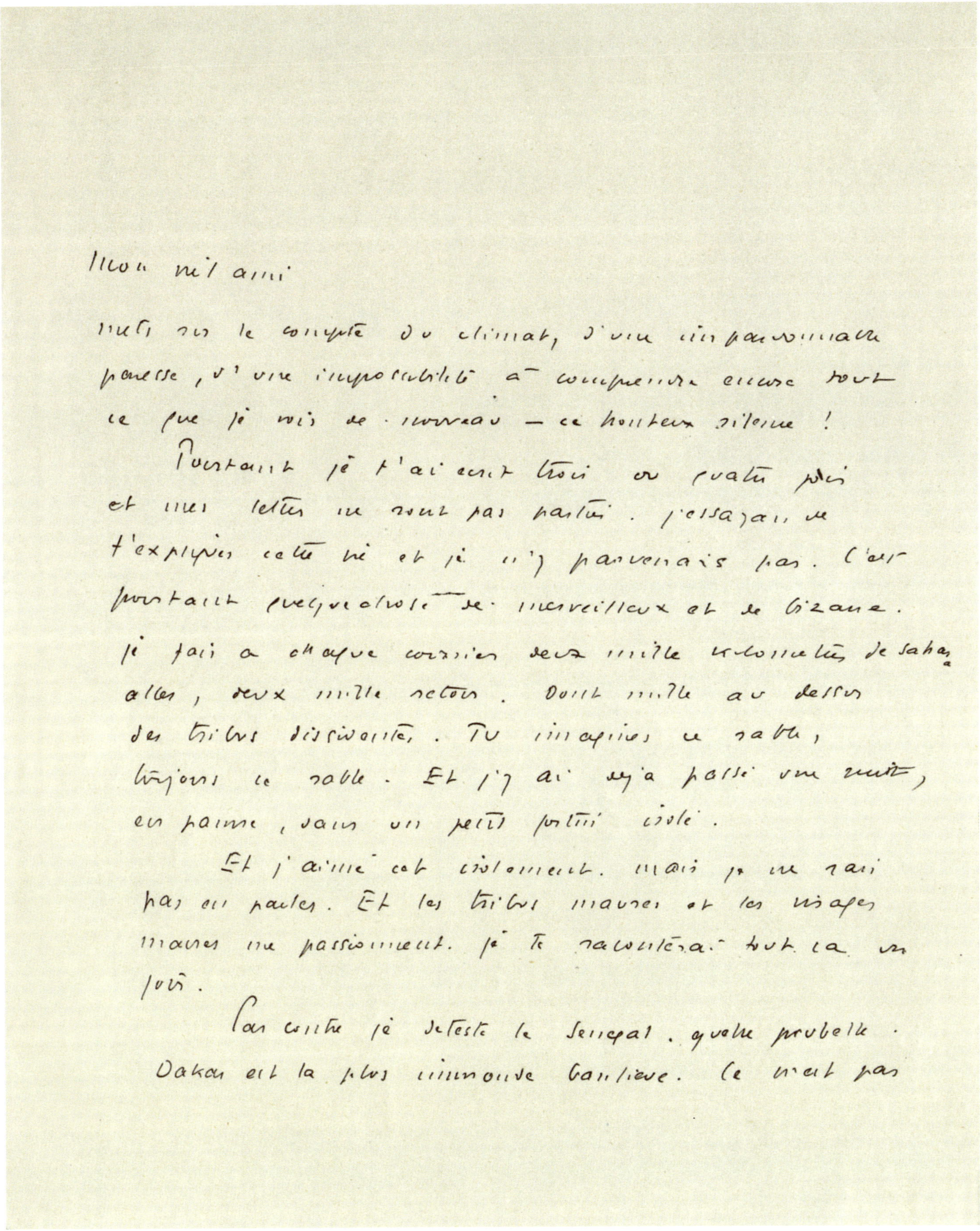
Mon vieil ami

Mets sur le compte du climat, d'une incompréhensible
paresse, d'une impossibilité à comprendre encore tout
ce que je vis de nouveau — ce honteux silence !

Pourtant je t'ai écrit trois ou quatre fois
et mes lettres ne sont pas parties. J'essayais de
t'expliquer cette vie et je n'y parvenais pas. C'est
pourtant quelque chose de merveilleux et de bizarre.
Je fais à chaque courrier deux mille kilomètres de Sahara
aller, deux mille retour. Huit mille au dessus
des tribus dissidentes. Tu imagines ce sable,
toujours ce sable. Et j'y ai déjà passé une nuit,
en panne, dans un petit fortin isolé.

Et j'aime cet isolement. Mais je ne sais
pas en parler. Et les tribus maures et les visages
maures me passionnent. Je te raconterai tout ça un
jour.

Par contre je déteste le Sénégal. Quelle poubelle.
Dakar est la plus immonde banlieue. Ce n'est pas

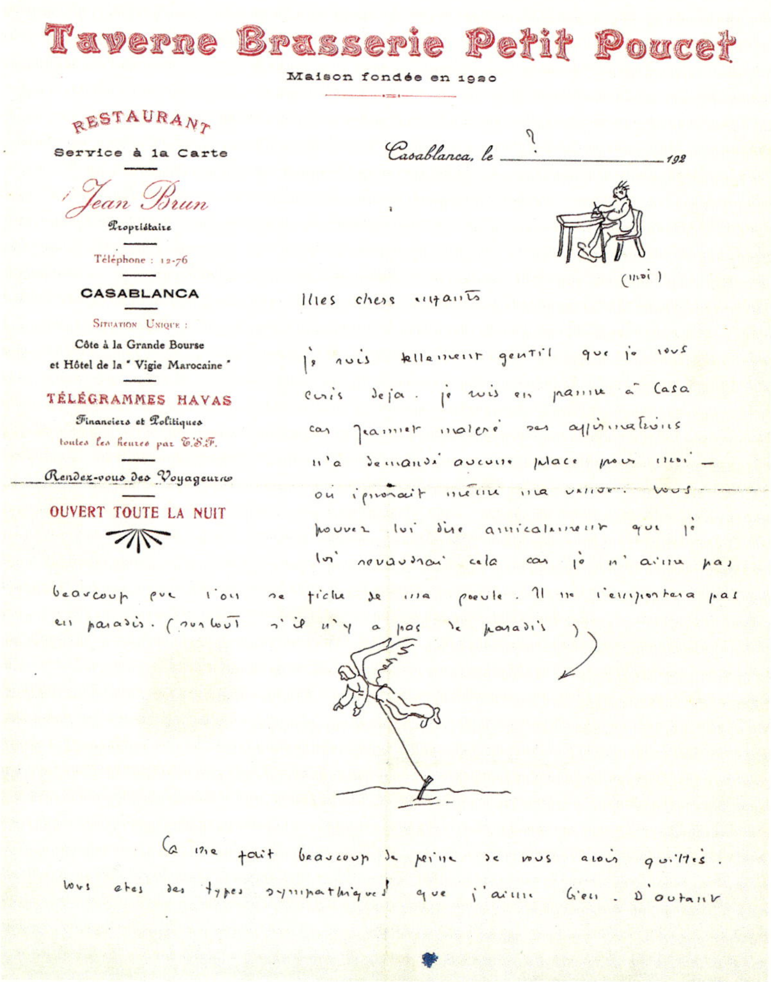

Taverne Brasserie Petit Poucet
Maison fondée en 1920

RESTAURANT
Service à la Carte
Jean Brun
Propriétaire
Téléphone : 12-76
CASABLANCA
Situation Unique :
Côte à la Grande Bourse
et Hôtel de la "Vigie Marocaine"
TÉLÉGRAMMES HAVAS
Financiers et Politiques
toutes les heures par T.S.F.
Rendez-vous des Voyageurs
OUVERT TOUTE LA NUIT

Casablanca, le ? 192

Mes chers enfants

Je suis tellement gentil que je vous écris déjà. Je suis en panne à Casa car Jeannet malgré ses affirmations n'a demandé aucune place pour moi – ou ignorait même ma venue. Vous pouvez lui dire amicalement que je lui revaudrai cela car je n'aime pas beaucoup que l'on se fiche de ma poule. Il ne l'emportera pas en paradis. (surtout s'il n'y a pas de paradis)

Ça me fait beaucoup de peine de vous avoir quittés. Vous êtes des types sympathiques que j'aime bien. D'autant

Rechte Seite und links:
Illustrierter Brief
an Henri Guillaumet,
Casablanca 1927 (?).

»Ich schreibe euch schon«

Dieser an Henri Guillaumet adressierte Brief war von Saint-Exupéry an alle seine Fliegerkameraden gerichtet, die er damals zurücklassen musste, weil ihn eine heftige Attacke des Dengue-Fiebers befallen hatte, in deren Folge er mehrere Wochen lang ans Bett gefesselt war. Zur Erholung verbrachte er danach einige Zeit bei seiner Schwester Didi in Agay, wo seine Freunde ihn besucht hatten. Als er nach Marokko zurückgekehrt war, berichtete er ihnen Neuigkeiten von der Aéropostale, für die er auf den Fluglinien von Toulouse nach Casablanca oder Dakar eingesetzt wurde.

[Meine lieben Kinder,

ich bin so nett, dass ich euch schon schreibe. Ich bin hier in Casa liegen geblieben, weil Jeannet trotz seiner Beteuerungen keinen Platz für mich reserviert hat – oder von meinem Kommen überhaupt nichts wusste. Ihr könnt ihm in aller Freundschaft sagen, dass ich ihm das noch heimzahlen werde, denn ich mag es nicht besonders gern, wenn man sich um mich einen Dreck schert. Dafür wird er mir im Paradies noch büßen (vor allem wenn es kein Paradies gibt).
Es schmerzt mich sehr, euch verlassen zu haben. Ihr seid sympathische Kerle, die ich gern mag.] Umso mehr, als ich mich mit Riguelle versöhnt habe, der ein prima Typ ist. Und er sich mit mir, der ich ein prima Typ bin. Er hat hinterhältig versucht, mich von den Mauren beklauen zu lassen, aber das hat nicht geklappt, und ich verzeihe ihm. Und dann hatte ich mit einem Helden wie Jeannet auch nichts zu befürchten. (Er wollte mich sogar sofort mitnehmen und das Feld den anderen überlassen.)
Guillaumet wird wahrscheinlich weiter jeden Tag vier Kleine machen. Vielleicht kann er mir einen davon aufheben.
Aber hindert ihn daran, sich zu sehr zu verausgaben, damit noch etwas übrig bleibt, wenn ich zurückkomme. Jetzt bleibt mir nur noch, euch zu danken, dass ihr während meiner Krankheit so nett zu mir wart, dass ihr mich abgerieben, mich mit Speisen versorgt und mich unterhalten habt. Ich wünsche mir, sehr bald wieder unter euch zu sein und drücke euch alle an mein großes Herz.

Saint-Ex

Schreibt: »Château d'Agay, Agay (Var)« und erzählt mir alle die kleinen vertraulichen Geschichten über die Linie und ihr Leben, lasst mich nicht fallen, ich werde euch dafür alles schreiben, was ich in Toulouse und Paris erfahre.

plus que je me suis reconcilié avec Riguelle qui est un chic type. Et lui avec moi, qui suis un chic type. Il a bien essayé sournoisement de me faire chiper par les maures mais ça a raté et je le lui pardonne. Et puis avec un heros comme Jeannet je ne craignais rien. (Il voulait même m'emmener tout de suite et laisser la poste.)

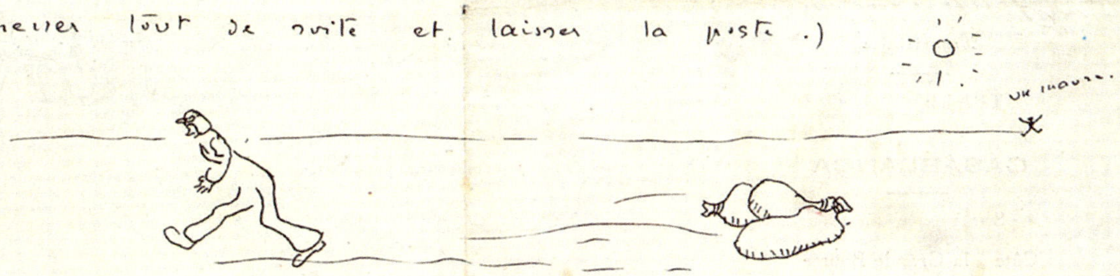

Je pense que Guillaumet continue à faire quatre petits par jour. Il devrait bien m'en garder un.

mais empecher le de trop se fatiguer pour qu'il en reste un peu lorsque je reviendrai.

Maintenant il me reste à vous remercier d'avoir été si gentils pendant ma maladie. de m'avoir ~~massé~~ frictionné, de m'avoir nourri, de m'avoir distrait. je me souhaite d'être bien vite de retour parmi vous et vous serre tous sur mon vaste coeur

Saintex

écrivez « Château d'Agay Agay Var

et racontez moi tous les petits tuyaux sur la ligne et sur votre vie. ne me laissez pas tomber. et je vous écrirai de mon côté tout ce que j'apprendrai à Toulouse et Paris.

Rechte Seite: Brief an Jean Escot, 1927. Privatsammlung.

»Ich bin jetzt in Dakar«

Nachdem sie sich in Avord kennen gelernt und in Versailles gemeinsam ihre Pilotenausbildung fortgesetzt hatten, teilten sich Saint-Exupéry und Jean Escot von November 1924 bis zu Saint-Exupérys Eintritt in die Compagnie Latécoère eine Unterkunft im Pariser Hotel Titania am Boulevard d'Ornano. Auch als sie danach getrennter Wege gingen, blieb ihre enge Freundschaft erhalten, und das Briefeschreiben musste für Saint-Exupéry die nächtelangen Gespräche mit seinem Freund ersetzen – insbesondere wenn er sich so einsam fühlte wie in Dakar. Jean Escot äußerte sich später wie folgt: »Vor allem aber möchte ich betonen, dass ich von unserer Freundschaft nie enttäuscht wurde. Das ist im Übrigen auch das Kriterium, das Antoine in den Briefen an seine Mutter als Kriterium für eine Freundschaft anführt. Ein Freund ist einer, der mich nie enttäuscht hat. Saint-Exupéry war die Selbstlosigkeit in Person. Ich habe nie mitbekommen, dass er jemandem Schaden zugefügt oder sich an jemandem gerächt hätte. Ich erinnere mich nicht, dass ich mit ihm jemals in Streit geraten wäre. Aber es mag auch sein, dass ich der Nachgiebigere von uns beiden war …«

Mein alter Freund,

ich bin jetzt in Dakar. Von Toulouse nach Dakar habe ich ein Flugzeug überführt. Es war ein Kommandounternehmen, bei dem die Militärs erblassen würden. Danach bin ich als Passagier von Agadir nach Dakar mitgeflogen. Und als Feuertaufe … eine Nacht mit einem Maschinenschaden, das Flugzeug in den Dünen abgestürzt, mitten in der Sahara. Glücklicherweise von dem anderen Flugzeug geborgen.
Es ist ein heldenhaftes Leben, wie auch du es leben solltest. Man ist nur einmal jung. Glaube nicht, dass ich dich vergessen habe. Meine alte Zuneigung zu dir wird niemals nachlassen. Und deine trübe Stimmung bedrückt mich, und ich verstehe dich so sehr. Mein Alter, ich bin dieser Galeerenbank entflohen, du könntest kommen, um dich mir anzuschließen.
Hier gibt es 7800 im Monat und manchmal bis zu 8100. Das ist nicht gar zu schlecht. Dakar ist nicht vollkommen widerwärtig, aber ich vermisse Marokko, das für mich der Traum all meiner Träume ist. Zumindest jenes, das ich suche, das ich finde, nicht das Marokko der Cafés voller Kameraden.
Wenn ich von meinem Leben als Hasardeur zurückkomme, werde ich dir davon erzählen. Und schon wiege ich mich in Träumen vom Kauf eines Autos in meinem ersten Urlaub und von einer langen Spazierfahrt zu zweit, nur mit dir, und wir werden die ganze Nacht unterwegs sein, mit zwei riesigen Scheinwerfern, dicken Marchall zu tausend Bougies. Und überall, wo ich in der Creuse und im Allier beruflich zu tun hatte, werden wir zum Vergnügen hinfahren. Und die Wirtinnen werden mich wiedererkennen, und meine Kollegen von früher werden mir neidische Blicke zuwerfen – und wir wären frei. Aber auch hier – welche Freiheit! Eine Woche Flug – zehn Tage Freiheit! Und immer so fort. Kannst du dir das vorstellen?
Ich schwöre, dass ich dir mit jeder Post schreiben werde, alle Wochen, die kommen werden, und noch darüber hinaus. Ich würde dir gerne von ganzem Herzen helfen.

Antoine

Luftfahrtgesellschaft Latécoère Dakar
Per Luftpost (3 Francs 50, glaube ich)
Bitte nachsenden!

Mon cher ami

Me voici à Dakar. J'ai emmené un avion de Toulouse à Agadir. Voici un raid à faire pâlir les militaires. Ensuite j'ai fait Agadir – Dakar comme passager. Et pour mon baptême... une nuit en panne, l'avion écrasé dans les dunes, au beau milieu du Sahara. Heureusement repêchés par l'autre avion.

C'est une vie épique et comme tu devrais la vivre. On n'est jeune qu'une fois. Ne crois pas que je t'ai oublié. Je ne pense pas que ma vieille affection se démente jamais. Et ton cafard me désole et surtout je te comprends tellement. Mon vieux je me suis évadé de ce bagne si tu savais me rejoindre.

Ici 7.000 par mois et parfois jusqu'à 8000. Ce n'est pas trop mal.

Dakar n'est pas absolument antipathique. Mais je regrette le manque qui est le rêve de mes rêves. Ou moins celui que je cherche, que je trouve, mon le manque de cafés des camarades. Si je reviens de ma vie hasardeuse je te raconterai cela. Et déjà je me berce de l'achat d'une voiture à ma première permission et d'une immense promenade à nous deux seuls et où nous roulerions toute la nuit avec des phares énormes, des gros marchal à 100 bougies. Et tout ce que j'ai fait par métier dans la Creuse dans l'Allier nous le ferions pour le plaisir. Et les patronnes d'hôtel me reconnaîtraient et les coupeurs d'autrefois nous jetteraient des regards jaloux — Et nous serions libres —

Mais ici aussi quelle liberté ! Une semaine de vol — dix jours de liberté ! Ainsi de suite tu imagines ?

Je te prie de m'écrire à chaque courrier, toutes les semaines et plus longuement. Je voudrais t'aider de tout mon cœur

Antoine

Lignes Aériennes Latécoère Dakar

par avion (3f50 je crois)

adresse perdre envoie STB.

Links: Brasilianisches Werbeplakat für die Fluggesellschaft Aéropostale, 1933.

Rechte Seite: Auszug aus *Nachtflug*.

Uferlos, diese Nacht. Sie führte weder zu einem Hafen (die schienen alle unerreichbar) noch zum Morgen: In einer Stunde vierzig Minuten würde man keinen Betriebsstoff mehr haben. Früher oder später würde man sich blindlings in diese Finsternis hinabgleiten lassen müssen.
Wenn er hätte den Tag erreichen können …
Fabien dachte an den Morgen wie an einen goldenen Strand, an den man gespült würde nach dieser schweren Nacht. Die Küste der Ebenen, auftauchend unter dem bedrohten Flugzeug. Die ruhevolle Erde mit ihren schlummernden Farmen und ihren Herden und Hügeln. Unschädlich alle Fährnisse, die in den Wogen des Dunkels trieben. Wie er schwimmen würde, dem Tage zu, wenn er könnte!
Aber er war umzingelt. Alles würde zum guten oder schlimmen Ende kommen – hier in dem dicken Dunkel.
Zwar mehr als einmal schon war es ihm in bedrohten Nächten geschehen, dass der Tag dann doch noch gekommen war, wie Genesung.
Aber wozu den Blick nach Osten richten, wo die Sonne lebte: Zwischen ihnen war diesmal ein solcher Abgrund von Nacht, dass man nicht wieder zu ihr hinaufgelangen konnte.

»Uferlos, diese Nacht…«

Der Auszug aus *Nachtflug*, spürbar aus Saint-Exupérys eigener Erfahrung gespeist, schildert die Schwierigkeiten eines Piloten auf langen Nachtflugstrecken. Unter großen Gefahren für das eigene Leben sorgten die Piloten in den Anfängen der Postlinienflüge in Südamerika dafür, dass die Postfracht sicher und regelmäßig an ihr Ziel kam. Saint-Exupéry, Direktor der Aeroposta Argentina, einer für die argentinischen Inlandsflüge zuständigen Tochterfirma der Aéropostale, nahm seine Verantwortung nicht auf die leichte Schulter: »Ich habe ein Flugnetz von 3800 Kilometern, das Sekunde um Sekunde alles aus mir heraussaugt, was mir von meiner Jugend und meiner heißgeliebten Freiheit noch geblieben ist«, schrieb er an seine Jugendfreundin Rinette (Renée de Saussine). Die literarische Verarbeitung dieser Erlebnisse, welche in die Handlung seines zweiten Romans eingeflossen sind, stellte für Saint-Exupéry ein Mittel dar, solche schwierigen Momente besser zu überstehen. Am Steuerknüppel eines Flugzeugs durchlebte er während eines Nachtflugs die Augenblicke seiner Kindheit wieder, erinnerte sich an Träume und frühere Pläne. Er hatte dort Muße zu ausführlichen Reflexionen aller Art; doch betonte er immer wieder, dass die Nachtflüge zu den »gefährdeteren Reisen« zählten.

"UNIVERSAL" HOTEL

DE

ENRIQUE CAVAGLIA

MONTE CASEROS

CORRIENTES

Monte Caseros, ... de 19....

[illegible] inaccessible [illegible] cette épaisseur [illegible]

s'il avait pu gagner [illegible]

Falcon pensait à l'autre comme à une plage de sable où [illegible] après les nuits [illegible]

[illegible] maintenant inoffensives [illegible]

— Il pensa qu'il était [illegible]

[illegible] rêvait à cette autre [illegible]

Links: Überflug der Andenkordilleren durch Guillaumet in einem Flugzeug des Typs Potez 25. Zeichnung von Géo Ham für die Zeitschrift *L'Illustration*, 1932.

Rechte Seite: Auszug aus *Nachtflug*. Frühe Fassung mit Varianten gegenüber der endgültigen Version.

Der Tag verfließt langsam für die Besatzung der Flugzeuge. Der Mittag löscht die Schatten aus, und die Sonne ist nur noch eine nackte Scheibe. Die Sonne schließt die Männer in ein blendendes Gefängnis ein und trennt sie von einer farblosen, fast schwarzen Erde. An seinem Steuer gut vor der Landschaft positioniert, strömen dem Piloten Stunde um Stunde Sand, Städte und Ebenen entgegen, wie träge dahinfließendes graues Wasser.
Aus diesem Grund lauerte Fabien, der vom äußersten Süden die Post Patagoniens brachte, ungeduldig auf das erste Zeichen der Nacht, des Tages überdrüssig; und ihm war, als ob nun die Erde sich ankleiden, beleben und sanft werden müsse, doch von unverwüstlichem Licht erhellt. Die Schatten würden ihr [unleserliches Wort] den Hügeln verleihen, die ihre blaue Spur durch das Gold des Abends zu ziehen begannen, die Ebenen würden aufleuchten, denn nie waren sie in diesem Land vollends vom Schnee befreit.
Der Einzug in den Abend geschah, der an den gleichen Anzeichen wie die Gewässer des Hafens erkennbar war: an der Ruhe, an dem leichten Kräuseln, das die unbewegten Wolken kaum merklich in die Lüfte zeichneten. Der Himmel öffnete sich wie eine unendlich weite und glückliche Reede.

»Der Himmel öffnete sich …«

Das Manuskript zu *Nachtflug*, das Nelly de Vogüé der Französischen Nationalbibliothek vermachte, wo es heute aufbewahrt wird, stellt eine Art Reisetagebuch seines Verfassers dar. Denn es wurde auf Papier mit den Briefköpfen der Hotels, Bars oder Restaurants geschrieben, in denen sich Saint-Exupéry in Südamerika oder Europa damals gerade aufhielt: Buenos Aires, Rio de Janeiro, Nizza, Toulouse oder Paris …
Das Werk erschien im Oktober 1931 bei dem Pariser Verlag Gallimard mit einem Vorwort von André Gide, der Saint-Exupéry im März desselben Jahres in Agay getroffen hatte und in seinem Tagebuch schrieb: »Große Freude, Saint-Exupéry in Agay wiederzusehen […] Er hat aus Argentinien ein neues Buch und eine Verlobte mitgebracht. Das eine gelesen, die andere gesehen. Habe ihm sehr gratuliert; vor allem zum Buch; hoffe für ihn, dass die Verlobte genauso erfreulich ist.«
Der Roman *Nachtflug* wurde 1931 mit dem renommierten französischen Literaturpreis Prix Femina ausgezeichnet.

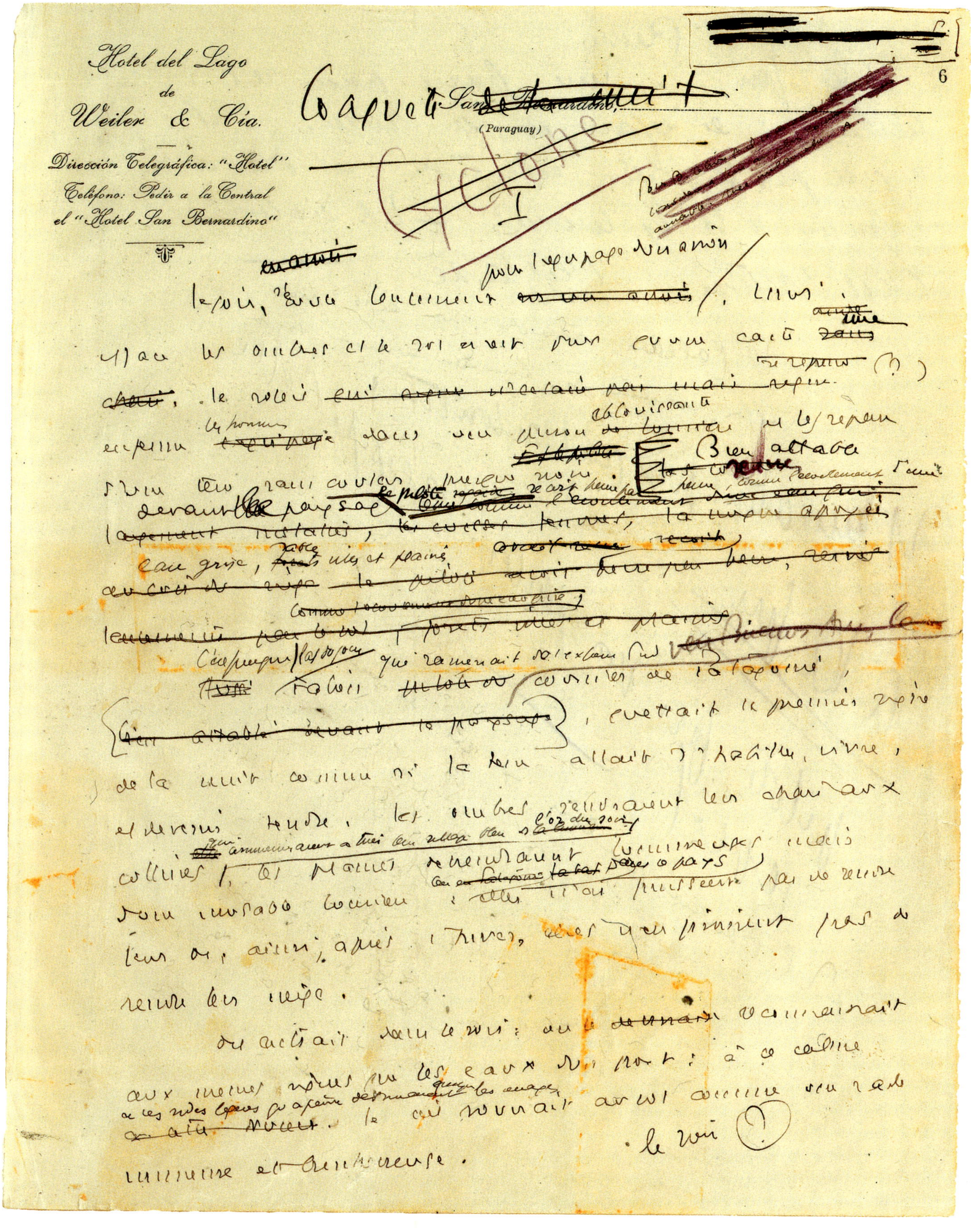
Hotel del Lago
de
Weiler & Cía.

Dirección Telegráfica: "Hotel"
Teléfono: Pedir a la Central el "Hotel San Bernardino"

(Paraguay)

6

Links: Plakat von Georges Parry für den Roman *Wind, Sand und Sterne*, der 1939 den Grand Prix du Roman der Académie Française erhielt.

Rechte Seite: Auszug aus *Wind, Sand und Sterne*, Kapitel über die Wüste. Unfertiges Manuskript.

Und nun ist auch der Mond gestorben. Bengasi an der libyschen Mittelmeerküste wurde in der schwarzen Nacht sichtbar. Es lag so abgrundtief in der Dunkelheit, dass seine Lichter keinen Widerschein am Himmel bildeten. So bemerkte ich es erst, als ich schon beinahe über der Stadt schwebte. Ich sah mich nach dem Flugplatz um, und im gleichen Augenblick leuchteten unten die roten Baken auf. Lichter umrahmten ein schwarzes Rechteck. Kerzengerade stand das Licht eines Scheinwerfers zum Himmel empor wie eine Feuersbrunst, schwenkte dann und legte sich lang auf den Boden. Es zeichnete eine breite goldene Linie auf den Flugplatz. Der Nachtdienst an diesem Flughafen ist wundervoll. Ich drosselte und begann meinen Gleitflug wie eine Tauchfahrt in schwarzes Wasser.
Um 23 Uhr Ortszeit landete ich und rollte auf den Scheinwerfer zu. Die höflichsten Offiziere und Soldaten der Welt traten aus der schwarzen Nacht in das harte Licht und wurden plötzlich grell sichtbar, um sofort wieder unsichtbar zu sein. Man nahm mir meine Papiere ab und begann zu tanken. Kaum zwanzig Minuten würde mein Durchgang brauchen. Sie baten mich noch: »Nach dem Aufstieg fliegen Sie eine Kurve und kreuzen noch einmal über uns durch. Sonst wissen wir nicht sicher, ob Sie wirklich hochgekommen sind.«
Auf also! Ich rollte auf der goldenen Straße hin, die mir der Scheinwerfer zu einer Schneise ohne Hindernisse baute. Mein Simoun-Flugzeug hob trotz der Überlast schon lange vor dem Ende der verfügbaren Bahn ab. Der Scheinwerfer folgte mir und blendete mich beim Umwenden. Plötzlich ließ er von mir ab, denn unten hatten sie bemerkt, dass er mich störte. Ich drehte also um 180 Grad.

»Der Mond ist gestorben«

Dieser Auszug aus *Wind, Sand und Sterne* war in einer früheren Fassung von Saint-Exupéry schon in seinem zweiten Artikel in *L'Intransigeant* unter der Überschrift *Vol brisé. Prison de sable (Der gescheiterte Flug. Gefängnis aus Sand)* veröffentlicht worden. Er handelt von dem Unfall an Bord seines Flugzeugs vom Typ Caudron »Simoun«, der sich Ende Dezember 1935 in der Libyschen Wüste ereignete. Diese Erfahrung sollte Saint-Exupéry tief prägen und diente ihm als Grundlage der ethischen Botschaft seines dritten Romans: »Die Erde lehrt uns mehr über uns als alle Bücher. Denn sie widersteht uns. Der Mensch entdeckt sich selbst, wenn er sich an einem Widerstand misst.«

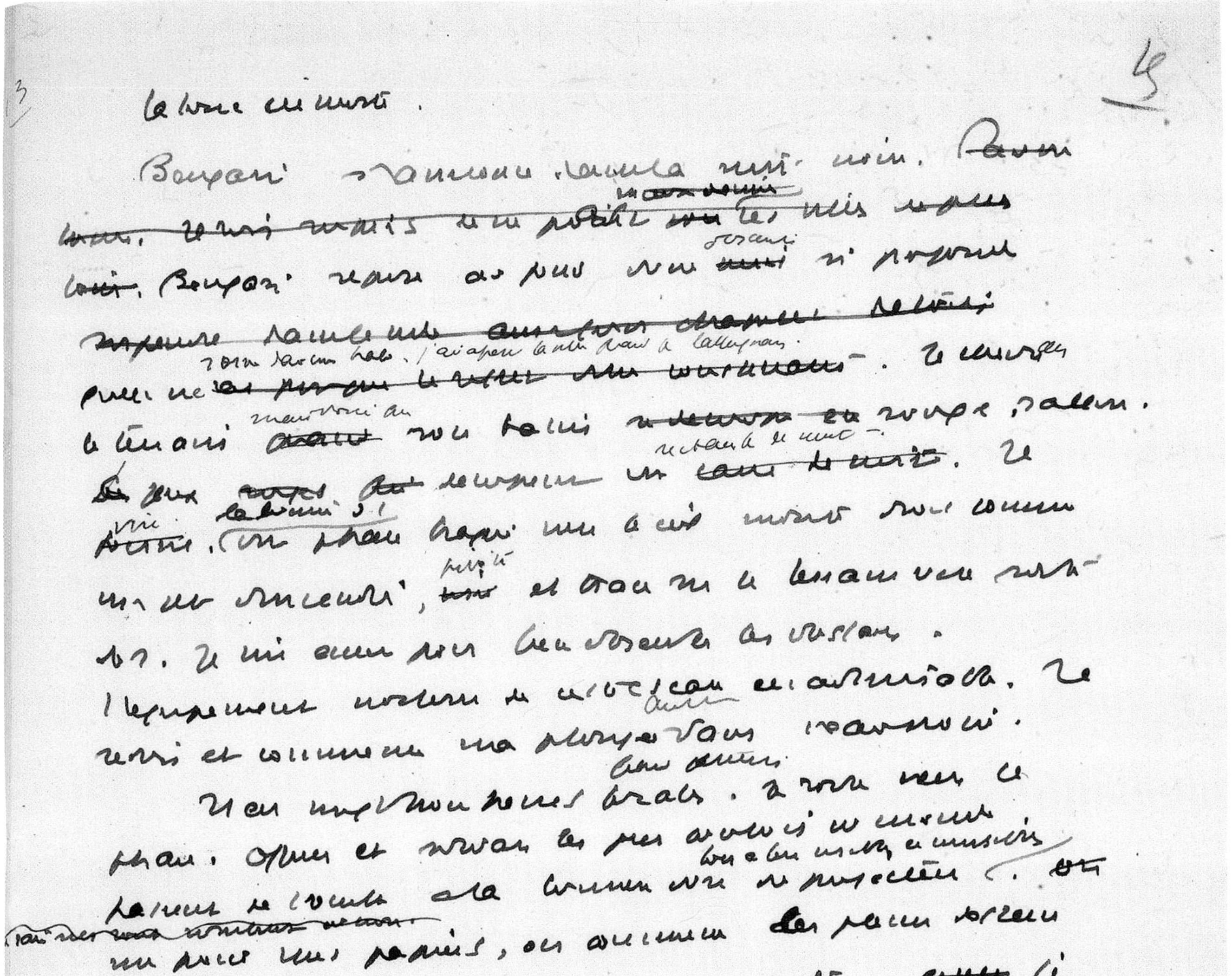

Links: Randzeichnung auf dem Manuskript von *Südkurier.*

Rechte Seite: Auszug aus *Flug nach Arras,* Typoskript mit handschriftlichen Korrekturen.

Ich habe acht Jahre lang das Leben eines Linienpiloten geführt. Ich habe ein Gehalt bezogen. Ich konnte mir davon jeden Monat ein paar Dinge kaufen, die ich mir wünschte. Doch wenn mir die Arbeit als Linienpilot über diese unbedeutenden Vorteile hinaus nichts geboten hätte, warum hätte ich sie dann so sehr lieben sollen? Sie hat mir weitaus mehr bedeutet. Aber ich muss auch eingestehen, dass sie mich nur dort wirklich bereichert hat, wo ich mehr gegeben als erhalten habe. Nicht die Nächte, in denen ich das Geld meines Gehalts ausgab, bedeuteten mir wirklich viel, sondern jene aus den Gründungszeiten der Fluglinien: Wenn ich nach mehreren Flügen hintereinander und dreißig Stunden ohne Schlaf gerade völlig erschöpft eingeschlafen war und das Telefon brutal klingelte, und die Nachricht von einem fernen Unfall mich aus dem Bett trieb. »Du musst sofort zu der Unglücksstelle kommen ... du musst schleunigst zur Magellanstraße fahren ...« Und ich wälzte mich in der Winterkälte fluchend aus meinem Bett. Und ließ mich mit schwarzem Kaffee voll laufen, um am Steuer nicht einzuschlafen. Nach einer Stunde Fahrt über schlammige, unzulängliche Straßen voller Schlaglöcher gelangte ich schließlich zu der Unglücksstelle und begrüßte meine Kameraden. Ich schüttelte ihnen ohne ein Wort die Hände, mürrisch, schläfrig und von rheumatischen Krämpfen geplagt, wie sie der Winter nach zwei durchwachten Nächten hervorzurufen pflegt.

»Ich habe acht Jahre lang das Leben eines Linienpiloten geführt«

Mit seinem erstem Flug im Alter von zwölf Jahren begann die Karriere des Piloten Saint-Exupéry, die 1921 in Straßburg ihre Fortsetzung fand, wo er das erste Mal 15 Minuten lang ein Flugzeug steuerte – eine Maschine des Typs Farman F 40 mit doppelter Lenkung.

Am 9. Juli desselben Jahres führte er seinen ersten Alleinflug in einer Sopwith F-CTEE durch. Nachdem er 1922 in Avord zum Reserveoffizierskandidat ernannt worden war, besuchte er einen Ausbildungskurs in Versailles und nahm weitere Flugstunden in Villacoublay.

Am 10. Oktober 1922 wurde er zum Unteroffizier ernannt und dem 34. Fliegergeschwader in Le Bourget zugeteilt. Dort hatte er zu Beginn des darauf folgenden Jahres seinen ersten Flugunfall, der ihm 15 Tage einfache Haft einbrachte, da er ohne Erlaubnis eine Hanriot HD-14 geflogen hatte.

Nach einer Pause, in der er anderen beruflichen Tätigkeiten nachging, wurde er auf Empfehlung des Generals Barès in die Compagnie Aérienne Française aufgenommen und erhielt am 23. Juni 1926 seinen Flugschein für den öffentlichen Transportverkehr. Am 14. Oktober 1926 trat er in die Fluggesellschaft Compagnie Latécoère ein, die ihren Sitz in Toulouse hatte, und wurde bald auf den Flügen in Richtung Casablanca und Dakar eingesetzt. Antoine de Saint-Exupéry war Linienpilot geworden.

sens. Car ailleurs il n'est plus d'homme. Et c'est bien le problème posé au monde d'aujourd'hui. Car un jardinier peut etre un homme dans sa fonction, mais comment augmenter celui-là qui visse son écrou d'un quart de tour ? Que peut-il donner cet homme là à son écrou ? Car la part importante, la part qui grandit, n'est point le du que l'on recoit de son travail, elle est faite de ce qu'on lui donne. J'ai vécu huit années la vie de pilote de ligne. J'ai touché un salaire. Je puuvais chaque mois me procurer quelques-uns des objets souhaités avec l'argent de mon salaire. Mais si mon travail de pilote de ligne ne m'avait rien ~~donné~~ procuré d'autre que ces ~~quelques objets misérables,~~ avantages quelconques, pourquoi l'aurais-je tant aimé ? Il m'a donné bien plus. Mais là il me faut reconnaitre ~~qu'il m'a exclusivement donné ce qu'il a tiré de moi. C'est chaque fois que je lui ai sacrifié quelque chose que je me suis enrichi~~ là où il m'a enrichi vraiment c'est la récompense où j'ai donné plus que je n'ai reçu. Les nuits qui m'ont augmenté ne sont point celles au cours desquelles je dépensais cet argent du salaire, mais celles où vers 2 heures du matin, à Buénos-Ayres, à l'époque où l'on fondait les lignes, quand je venais de m'endormir épuisé par une série de vols qui m'avaient tenu ~~30~~ trente heures sans dormir, un coup de téléphone brutal, (et à quelque accident lointain,) me tirait du lit : "Il faut que tu montes au terrain ... il faut filer sur le détroit de Magellan... " ~~On vient de casser l'avion du courrier. courrier ..."~~ Et je me tirais de mon lit, dans le froid de l'hiver, ~~Et en maugréant.~~ en maugréant. ~~je m'habillais en grognant, moite d'un sommeil encore mal lavé.~~ Et je me remplissais de café noir pour ne pas trop dormir en pilotant. Puis après une heure de voiture à travers la boue de chemins provisoires et défoncés, je débarquais au terrain et retrouvais les camarades. Je serrais des mains sans rien dire, ~~Tout~~ grincheux, mal réveillé et noué par ces rhumatismes que l'hiver fabrique après deux nuits blanches.

Oben: Marie de Saint-Exupéry im Schlosspark von Saint-Maurice-de-Rémens, um 1910.
Rechte Seite: Marie de Saint-Exupéry im Alter von dreißig Jahren.

Meine kleine Mama

»Durch Sie, Mama, kommt man heim. Die Sie so schwach sind, wussten sich so sehr als Schutzengel und stark und weise, dass man zu Ihnen betet, allein in der Nacht?«

Antoine mit seiner Mutter, seiner Tante, seinen beiden Schwestern und seinem Bruder in Saint-Maurice-de-Rémens, 1904/1905.

Als Marie de Saint-Exupéry am 29. Juni 1900 ihren Sohn Antoine zur Welt brachte, war sie von dem Gefühl durchdrungen, dass er das »Glück ihres Lebens« sein würde. Die Beziehung zwischen Antoine und seiner Mutter sollte immer ganz besonders eng bleiben.

Marie de Fonscolombe entstammte einer musisch gebildeten Familie – einer der Vorfahren war Kunstsammler, ein Urgroßvater Zeichner, Maler und Büchersammler, ein Großvater Botaniker und Insektenforscher, der Vater Musiker –, von der sie das künstlerische Interesse geerbt hatte. Sie war selbst eine hervorragende Musikerin und legte großen Wert darauf, dass jedes ihrer Kinder ein Instrument erlernte: Marie-Madeleine, Antoine und François spielten Violine, die anderen beiden Klavier; außerdem nahm die gesamte Familie Gesangsunterricht. Am Abend versammelten sich in Saint-Maurice alle rund um den Flügel, um klassische Liedkompositionen zu singen, aber auch alte französische Volkslieder.

Die Geschwister verbrachten einen Großteil des Jahres im Schloss ihrer Tante in Saint-Maurice-de-Rémens. Ihr Lieblingsort war dort der Park, wo sie von ihrer Mutter in Tier- und Pflanzenkunde unterrichtet wurden und von ihr lernten, die Natur zu lieben. Bald konnten sie die Vögel nach Gezwitscher und Gefieder unterscheiden. Jedes der Kinder legte ein eigenes Herbarium an. Außerdem gab es auf dem Schloss einen Esel, Kaninchen, Hunde, Turteltauben und für kurze Zeit sogar eine weiße Ratte. Als Antoine die erschrockene Tante fragte, ob Ratten nicht auch eine Seele haben, nahm der Aufenthalt des neuen Haustiers schnell ein Ende.

Die große Zärtlichkeit und Hingabe, mit der Marie de Saint-Exupéry sich ihren Kindern widmete, ihre in moralischen Fragen strenge, aber in allen Bereichen künstlerischer Kreativität fantasievolle und unkonventionelle Erziehung ließ sie für Antoine zum Idealbild einer Frau werden, nach der er als Erwachsener sein ganzes Leben lang suchen sollte.

Durch den frühen Tod ihres Mannes war Marie de Saint-Exupéry gezwungen, für ihre fünf Kindern gleichzeitig die Vater- und die Mutterrolle zu übernehmen. Sie war ihnen zugleich vertraute Freundin wie strenge Erzieherin und stets darum bemüht, dem besonders großen Bedürfnis nach liebevoller Zuwendung nachzukommen, welche ihr Sohn Antoine für

sich beanspruchte: »Ich liebe Sie wirklich aus tiefstem Herzen, meine kleine Mama. Verzeihen Sie mir bitte, dass ich nicht leicht an die Oberfläche komme und ganz innen drin bleibe. Man ist eben so, wie man kann, und manchmal ist das sogar etwas sauer. Es gibt nur recht wenige Menschen, die sagen könnten, dass ich sie wirklich ins Vertrauen gezogen habe [...]. Sie sind wirklich der Mensch, der immer am meisten davon erfahren hat [...].«
Die Mutter verstand es, ihren Kindern ein Gefühl von Geborgenheit zu vermitteln. Und auch aus der Ferne wusste sie noch zu trösten und aufzumuntern. Zu Beginn des 20. Jahrhunderts stellte ein Briefwechsel das einzige Mittel dar, um trotz räumlicher Trennung miteinander zu kommunizieren. Die Korrespondenz zwischen Saint-Exupéry und seiner Mutter begann 1909, als Antoine in Le Mans zur Schule geschickt wurde, und dauerte bis kurz vor seinem Tod im Juli 1944. Aus den Briefen ist deutlich zu ersehen, was für ein inniges Verhältnis Mutter und Sohn zueinander hatten. Aber Saint-Exupéry, der ständig unter Geldsorgen litt, wusste auch ganz genau, wie er seiner Mutter zu schmeicheln hatte, um von ihr zu erhalten, was er wollte. Marie de Saint-Exupéry unterstützte ihren Sohn in den existenziell schwierigen Momenten, die ihm widerfuhren. Die Vorbereitungszeit auf die Aufnahmeprüfung der École Navale, der Militärdienst, die Jahre vor seiner endgültigen Entscheidung, Berufspilot zu werden, die Einsamkeit auf Cap Juby waren Phasen seines Lebens, deren Tris tesse er nur dank des engen brieflichen Kontakts zu seiner Mutter durchstand.
Es mag überraschen, dass der Briefwechsel zwischen Mutter und Sohn nach seinem Aufenthalt in Argentinien für längere Zeit abbrach.

Die Hochzeitsfeier von Gabrielle de Saint-Exupéry und Pierre d'Agay, Oktober 1923.

Doch hielt sich Saint-Exupéry in der Zeit, als er seine großen Reportagen schrieb, häufig in Frankreich auf. In den Jahren zwischen 1931 und 1939 ist von ihm kein briefliches Zeugnis überliefert, außer einer kurzen Mitteilung an seine Mutter vom Januar 1936 nach seinem Unfall in der Libyschen Wüste: »Sie aber brauchte ich; es war an Ihnen, mich zu behüten und mir Schutz zu gewähren, und ich rief nach Ihnen mit der Selbstsucht einer kleinen Ziege.« Danach wechselte Saint-Exupéry zu Beginn des Zweiten Weltkriegs noch einige Briefe mit seiner Mutter, bevor er in das große Schweigen des amerikanischen Exils verfiel. Die letzte Nachricht, die Marie de Saint-Exupéry von ihrem Sohn erhalten sollte, stammte vom Juli 1944. Dieser Brief, der ihre Sorgen zerstreuen sollte, ist zugleich eine Liebeserklärung an sie, die stets den ersten Platz in seinem Herzen innehatte: »Ich bin so betrübt, dass ich Sie so lange nicht wiedergesehen habe. Und ich bin um Sie besorgt, meine alte, kleine, geliebte Mama. [...] Wann wird es möglich sein, den Menschen, die man liebt, zu sagen, dass man sie liebt?«

Links: Antoine de Saint-Exupéry in den 1920er Jahren.

Rechte Seite: Auszug aus einem unveröffentlichten Brief an seine Mutter.

Straßburg [1921]

Meine liebe Mama,

ich schreibe Ihnen vom Wachdienst am Ufer eines kleinen Flusses, wo ich die Nacht verbracht habe. Wilde Enten und Teichhühner machen ein disharmonisches und drolliges Konzert. Schwertlilien wachsen im Schilf und Seerosen schwimmen in der Nähe der Ufer.
Während der Stunden der Wachablösung fahren wir auf einem Floß spazieren, das immer wieder im Schlick stecken bleibt und sich in weiser Langsamkeit vorwärts bewegt. Wir fischen mit der Angelrute Schleien, die manchmal beißen – oder wir liegen ausgestreckt im Gras und machen ein Nickerchen. Diese Flucht aufs Land, versüßt durch reizende Picknicks [sic], dauert jedes Mal zwei Tage. Der Großteil meiner Kameraden sieht ihr mit Schrecken entgegen. Das hat zwei Gründe.
[...]

»Ich schreibe Ihnen vom Wachdienst am Ufer eines kleinen Flusses ...«

In diesem Brief erzählt der junge Rekrut Saint-Exupéry, der im April 1921 zum Militärdienst eingezogen worden war, aus dem Alltag in seiner Einheit, zu deren Pflichten auch das Wachestehen zählte. In humorvollem Ton schildert er die Langeweile seiner Kameraden, die solche Feldübungen hassten, zugleich aber während der Nacht durch jedes Geräusch aufgeschreckt wurden. Zudem mussten sie auf die Patrouillen achten, die unverhofft zur Inspektion auftauchen konnten, um deren Ankunft ordnungsgemäß zu melden. Doch die Patrouillen waren nicht weniger nervös und kündigten ihre Ankunft gegen alle Vorschrift lautstark an, denn sie wussten, dass es den Wachtposten nach der dritten Aufforderung erlaubt war, auf ein sich näherndes unbekanntes Objekt zu schießen.

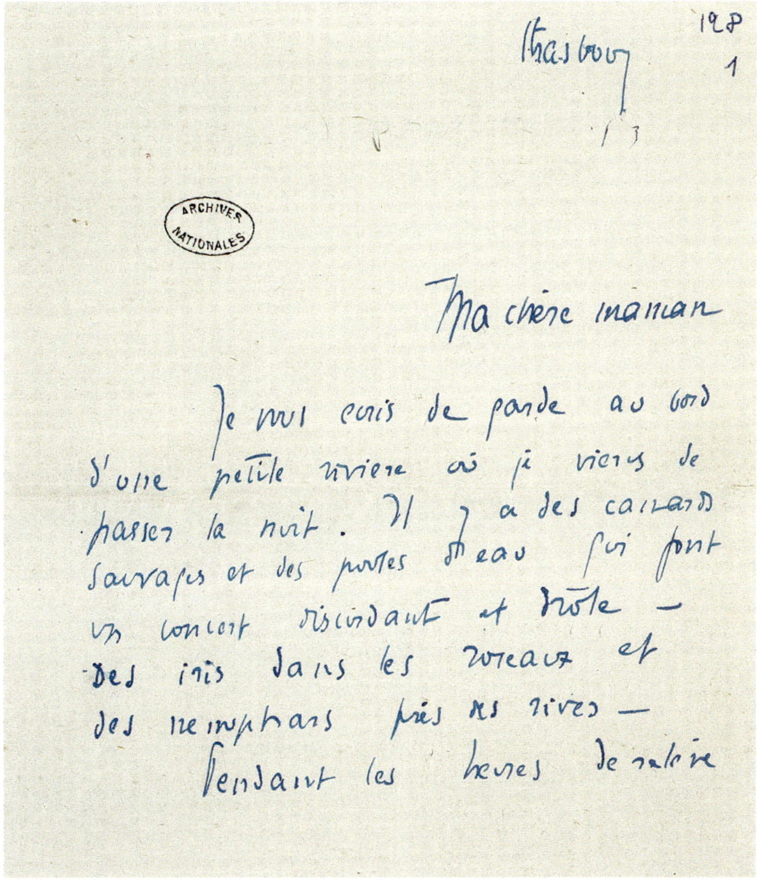
Strasbourg 128

1

13

ARCHIVES NATIONALES

Ma chère maman

Je vous écris de garde au bord d'une petite rivière où je viens de passer la nuit. Il y a des canards sauvages et des poules d'eau qui font un concert discordant et drôle — des iris dans les roseaux et des nénuphars près des rives —

Pendant les heures de relève

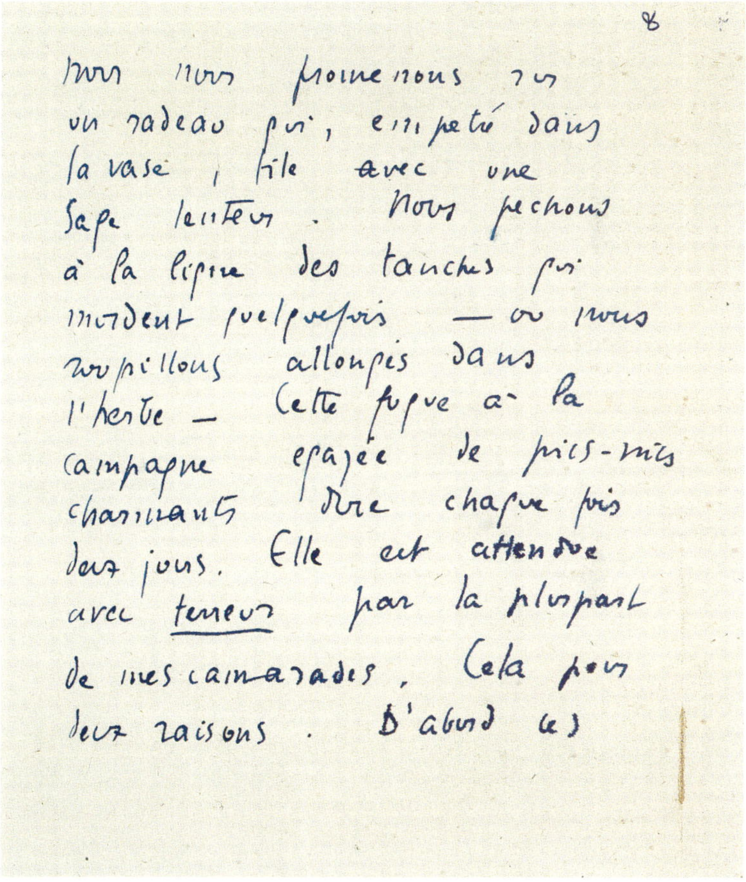
8

nous nous promenons sur un radeau qui, empêtré dans la vase, file avec une sage lenteur. Nous pêchons à la ligne des tanches qui mordent quelquefois — ou nous roupillons allongés dans l'herbe — Cette fugue à la campagne égayée de pics-nics charmants dure chaque fois deux jours. Elle est attendue avec terreur par la plupart de mes camarades. Cela pour deux raisons. D'abord ces

Links: Antoine de Saint-Exupéry im Herbst 1922 als Flugschüler in Avord.

Rechte Seite: Unveröffentlichter Brief von seiner Mutter und an sie, vermutlich aus Avord, 1922.

In der Handschrift von Marie de Saint-Exupéry:

Mein Kind,

ich bin äußerst betrübt. Es ist jetzt schon drei Wochen her, dass du abgereist bist und dass ich von dir kein Lebenszeichen erhalten habe. Ich verdiene es jedoch, besser behandelt zu werden. Ich setze dich davon in Kenntnis, dass ich nicht mehr schreiben werde, aber ich bin voller Kummer.

Mama

In der Handschrift von Antoine de Saint-Exupéry:

Meine kleine Mama,

ich gebe Ihnen mein Ehrenwort, dass ich Ihnen geschrieben habe. Ich wartete sogar voller Ungeduld auf Ihre Antwort, weil ich meinem Brief eine Anzahl von Holzschnitten beigefügt hatte, zu denen ich begierig Ihre Meinung hören wollte. Der Brief war voller Details. Ich bin sehr traurig über den Schmerz, den Sie empfunden haben mussten, als Sie mich so gleichgültig glaubten. Doch können Sie mir nicht den Vorwurf machen, Mama, ich würde Sie seit einem Jahr ohne Neuigkeiten lassen!
Ich habe Ihnen diesen Morgen geschrieben, aber soeben erhalte ich Ihren Brief. Ich kann gar nicht sagen, wie sehr es mich traurig macht, dass Sie so etwas glauben konnten. Und zudem bin ich wegen meiner verlorenen Holzschnitte untröstlich. Da es an dem Ort, wo ich mich befinde, kein Papier gibt, ich Ihnen aber so schnell wie möglich schreiben will, benutze ich Ihren Brief. Verzeihen Sie mir dies. Ich umarme Sie in zärtlicher Liebe,

Ihr ergebener Sohn

»Ich bin so traurig«

Ob die Postzustellung tatsächlich nicht funktionierte oder ob Saint-Exupéry zu einer Notlüge griff – manches Mal kam zwischen Mutter und Sohn auch Verstimmung auf. In diesem Fall handelt es sich um das einzigartige Beispiel eines Briefs von Marie de Saint-Exupéry mitsamt der Antwort ihres Sohnes, die dieser auf dasselbe Blatt schrieb, ihre Schrift teilweise überdeckend. Trotz der beiderseitigen Verärgerung wird spürbar, welchen großen Wert beide auf den regelmäßigen Briefkontakt legten.
In einer testamentarischen Verfügung beschloss Marie de Saint-Exupéry, dass die Briefe, die sie von ihrem Sohn erhalten hatte, nach ihrem Tod dem Französischen Nationalarchiv vermacht werden sollten. Dort werden sie bis heute aufbewahrt. Es ist jedoch gut möglich, dass noch nicht alle Briefe aufgefunden wurden – selbst wenn die dicken Dossiers über 640 Einzelblätter von 185 Briefen enthalten. Diese Briefe schrieb Saint-Exupéry zwischen 1910 und 1944 an seine Mutter, wobei besonders viele aus der Zeit zwischen 1910 und 1930 stammen.

131

Ma petite maman

6/4/29

Je vous donne ma parole d'honneur que je vous ai
écrit. J'attendais même votre réponse avec
impatience parce que j'avais joint à ma lettre
tout un lot de gravures sur bois et que je
mon enfant
désirais anxieusement votre avis — Elle était
pleine de détails. Je suis si triste de la peine
J. suis excessivement peinée. voilà
que vous avez eue en me croyant si indifférent
3 semaines que tu es parti, et que tu
vous ne pouvez tout de même pas, maman, me
ne me donnes pas signe de vie —
faire ce reproche depuis un an, de vous laisser
J. mérite pourtant mieux que cela,
sans nouvelles !
J. te préviens que je n'écrirai plus, mais
Je vous ai écrit ce matin mais je
j'ai du chagrin
reçois cette lettre à l'instant je ne peux
maman
pas ne pas vous dire combien je suis triste
que vous ayez cru cela. Et puis cela me
désespère de savoir mes gravures perdues —
Faute de papier au lieu où je suis et pour vous
écrire plus vite j'emploie votre lettre pardonnez
le moi — Je vous embrasse tendrement
votre fils respectueux Tony

»Sie haben ungemein viel für uns getan«

In seiner Kindheit beendete Saint-Exupéry seine Briefe an die Mutter häufig mit der Formulierung: »Geliebte Mama, ich würde Sie gerne wiedersehen.« Auch als Erwachsener bekundete er in seinen Briefen häufig seine große Zuneigung zu seiner Mutter, wie in diesen Zeilen, die er 1921 aus Casablanca schrieb. Dieser Beweis eines besonders innigen Verhältnisses zwischen Mutter und Sohn widerlegt eindrücklich die zahlreichen Kritiker, welche aus seinen brieflichen Äußerungen nicht viel mehr herauslesen können als die ständige Bitte um Geld, die stets wiederholte Klage, nicht bei seiner Familie sein zu können, und das alles geprägt von einem wehleidigen Ton, sobald von den Schwierigkeiten des Lebens (Schule, Studium, Herzensangelegenheiten oder Beruflichem) die Rede ist.

Saint-Exupérys Lob auf die mütterliche Liebe findet einen Nachhall in einem Brief von 1930: »Sie müssen sich immer sagen, dass von allen zärtlichen Neigungen die Ihre mir die kostbarste ist und dass ich in schweren Stunden in Ihre Arme zurückkehre. Und dass ich Ihrer häufig bedarf, wie ein kleines Kind. Und dass Sie für mich ein großer Schatz des Friedens sind und dass Ihr Bildnis mir Halt gibt.«

[Ich habe etwas Hervorragendes in der Wochenzeitschrift gelesen und schicke Ihnen *Meine Tochter und ich.*] Es wird Ihnen gefallen.
Mama, dieser Artikel hat mein Herz gerührt. Sie haben ungemein viel für uns getan, und ich habe es Ihnen immer so schlecht gedankt. Ich war egoistisch und ungeschickt. Ich war Ihnen in keinster Weise die Stütze, die Sie benötigt hätten. Mir scheint, dass ich jeden Tag ein wenig mehr lerne, Sie besser zu kennen und zu lieben. Es ist letztendlich wahr, die »Mama« ist die einzige wirkliche Zuflucht der armen Menschen.
Aber warum schreiben Sie mir nicht häufiger? Es ist trostlos, so ungeduldig auf das Postschiff zu warten und nichts zu erhalten. Ich habe diesen Morgen sechs Landungen hingelegt, die ich für meisterhaft halte ... Theoretisch folge ich einer vorbestimmten Flugbahn, aber jedes Mal wage ich mich ein wenig weiter fort und schwänze die Vorschriften.
Ich überwache den Bau zweier Villen, die am Morgen bei Sonnenaufgang rosa schimmern – aus kaum 100 Meter Höhe – auch drehe ich [meine Kurven über einem Haus, das ganz blau ist, über seinem Garten und seinem Dach – man meint, eine kleine Oase zu sehen. Ich warte auf die Sultane aus Tausendundeiner Nacht, die kommen werden, um das schöne grüne Wasser zu schöpfen, aber zu dieser Stunde schläft noch alles ...]

Rechte Seite: Auszug aus einem Brief Saint-Exupérys an seine Mutter.

vous aimerez cela —

Maman cet article m'a navré le cœur. Vous avez tout fait pour nous et je l'ai toujours si mal reconnu. J'ai été égoïste et maladroit. Je n'ai pas du tout été l'appui dont vous avez besoin. Il me semble que chaque jour un peu j'apprends à vous connaître et à vous aimer mieux. Tout de même c'est vrai, la "maman" est le seul vrai refuge des pauvres hommes.

Mais pourquoi ne m'écrivez vous plus? C'est terrible d'attendre si impatiemment le bateau et ne rien recevoir —

J'ai fait ce matin six atterrissages que j'estime des chefs d'œuvre.... Chaque jour je fais un trajet déterminé mais chaque fois je me hasarde un peu plus loin et fais l'école buissonnière.

Je vais surveiller la construction de deux villas qui le matin sont roses au lever du soleil — à cent mètres de haut à peine. Je fais aussi de

Meine liebe Mama,

danke für die Postanweisung. Ich bin unsäglich wütend, weil Doktor Rivière mich nicht abreisen lassen will. Meine Leber ist noch nicht vollständig abgeschwollen. Ich werde ihn Samstag wiedertreffen und gelobe alles mögliche, damit ich davonkomme (von Rivière, mit der Leber). Ich habe von Vichy die Nase voll. Es herrscht hier eine unangenehme Hitze, und die Behandlung macht mich ganz dumpf. Was rühmte ich mich meiner gewitzten und ausgelassenen Intelligenz, hier aber bin ich zu keinem einzigen Wortspiel fähig. Didi kann in Frieden schlafen, ihr Pierre hat ein Obdach.
Ich gehe nicht einmal mehr ins Theater, so entmutigt bin ich. Die Loge ist ein sanftes Schwitzbad. Ich mache den ganzen Tag nichts anderes als trinken, dösen und seufzen. Meine trübe Stimmung nagt an mir. Ich wollte eine Erzählung schreiben: Es hat gerade zu einer einzigen Zeile gereicht. Und die ist der Titel. Und der ist noch nicht einmal besonders originell, er lautet: »Erzählung«.
Die Pferderennen waren sensationell, so sagt man. Ich habe bei den St. Poulot große Entrüstung hervorgerufen, weil ich darauf verzichtete, mich dort braten zu lassen. Es lässt mich völlig gleichgültig, irgendwelche Gäule wie aufgefädelt hintereinander hergaloppieren zu sehen. Wenn sie wenigstens alle gleichzeitig ins Ziel kämen, das wäre beeindruckend und man würde kein Geld verlieren. Aber es gibt immer welche, die zu spät dran sind. [...]

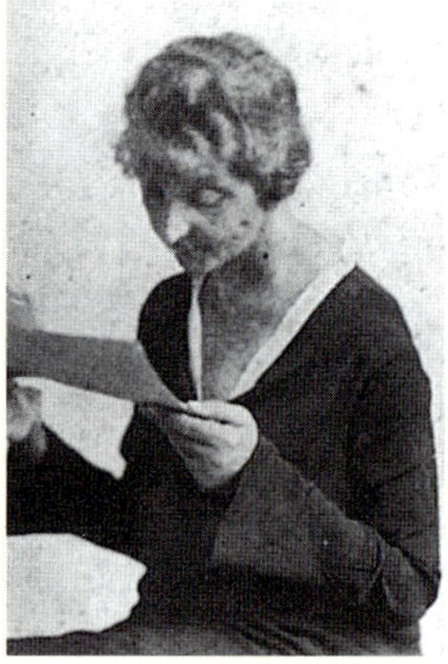

Links: Marie de Saint-Exupéry, um 1927.

Rechte Seite: Auszug aus einem unveröffentlichten Brief an seine Mutter aus Vichy.

»Ich habe von Vichy die Nase voll«

Der Müßiggang und die Länge des Kuraufenthaltes in einem Thermalbad scheinen Saint-Exupéry im Sommer 1923 wenig behagt zu haben. Aufgrund von Problemen mit seiner Leber hatten ihm die Ärzte zu einer Behandlung in Vichy geraten. Zur Freude seiner heutigen Leser versuchte er sich durch das Briefeschreiben abzulenken. In grellen Farben schildert er die Zerstreuungen einer Gesellschaft, die in Luxus und Langeweile lebt und deren Horizont nicht weiter reicht als bis zur Ziellinie eines Pferdewettrennens.

Ohne seine Verlobte Louise de Vilmorin verging der Sommer für Saint-Exupéry ganz offensichtlich in quälender Langsamkeit, und auch mit seinen schriftstellerischen Plänen schien er nicht voranzukommen. In seinem Brief zeichnete er ein bissiges Porträt seiner Umgebung, doch konnte dies sein Missvergnügen an Vichy kaum beheben.

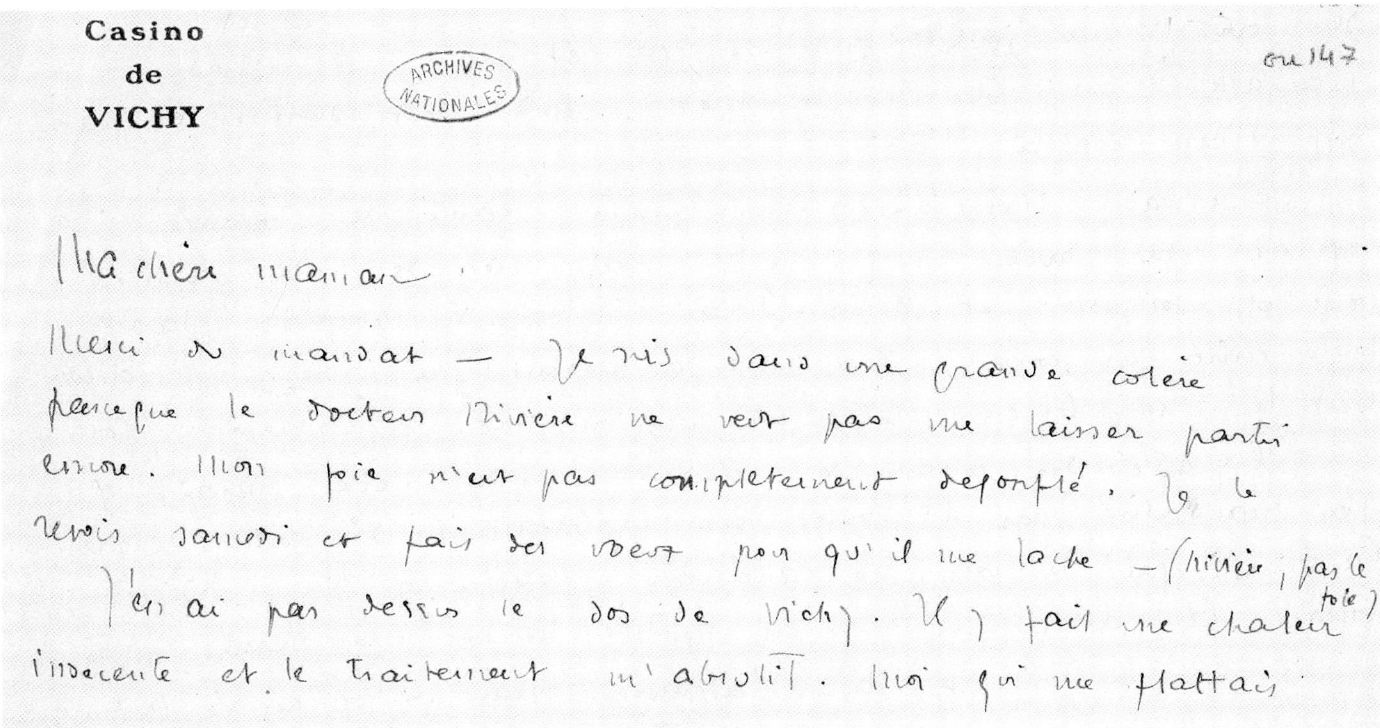

Casino
de
VICHY

ou 147

Ma chère maman.

Merci du mandat — Je suis dans une grande colère parceque le docteur Rivière ne veut pas me laisser partir encore. Mon foie n'est pas complètement dégonflé. Je le revois samedi et fais des voeux pour qu'il me lâche — (Rivière, pas le foie)

J'en ai par dessus le dos de Vichy. Il y fait une chaleur indécente et le traitement m'abrutit. Moi qui me flattais

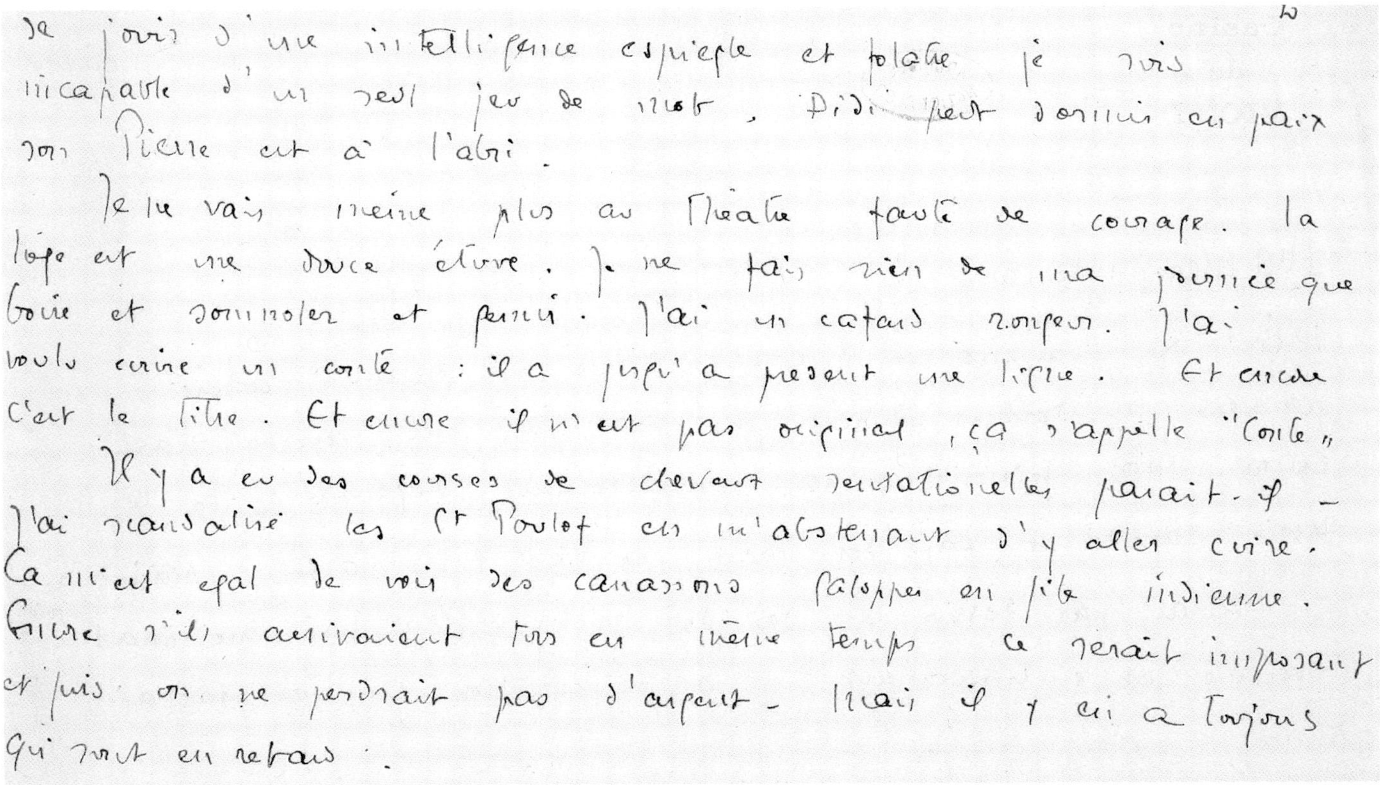

de jouir d'une intelligence espiègle et folâtre je suis incapable d'un seul jeu de mot. Didi peut dormir en paix son Pierre est à l'abri.

Je ne vais même plus au Théâtre faute de courage. La loge est une douce étuve. Je ne fais rien de ma journée que boire et sommeiller et pisser. J'ai un cafard rongeur. J'ai voulu écrire un conte : il a jusqu'à présent une ligne. Et encore c'est le titre. Et encore il n'est pas original, ça s'appelle "Conte".

Il y a eu des courses de chevaux sensationnelles paraît-il — J'ai scandalisé les Ct Poulot en m'abstenant d'y aller courir. Ça m'est égal de voir des canassons galopper en file indienne. Encore s'ils arrivaient tous en même temps ce serait imposant et puis on ne perdrait pas d'argent. Mais il y en a toujours qui sont en retard.

[Ich habe nie] verstanden, und ich werde nie verstehen, dass die Leute sich über die anderen immer Geschichten erzählen müssen, die im Übrigen keinerlei Wahrheit mehr enthalten, weil sie entstellt sind. Man lebt nur einmal, und das ist schon schwierig genug, muss man sich dadurch auch noch das Leben verderben? Ich finde, das lohnt nicht. Meine kleine Mama, ich weiß, dass Sie für Consuelo in Saint-Maurice die sanftmütigste aller Mütter waren. Und dafür bin ich Ihnen unendlich dankbar. Ich weiß auch, dass es Ihnen schwer fällt zu glauben, ich wolle mich aus Ihrem Herzen stehlen. Aber, meine kleine Mama, wenn ich Ihnen nicht geschrieben habe, erhielt niemand einen Brief von mir. Sie [sind mir immer so nah. Ich denke an Sie, wenn es mir schlecht geht, wenn ich traurig bin, wenn ich allein bin.]

»Sie waren für Consuelo die sanftmütigste aller Mütter«

Räumliche Trennungen brachten es in früheren Zeiten mit sich, dass persönliche Rechtfertigungen, selbst in den heikelsten Dingen, schwarz auf weiß zu Papier gebracht werden mussten. Saint-Exupéry sah sich daher gezwungen, seiner Mutter diesen langen Brief zu schreiben, in dem er versucht, ihr seine eigene Sicht der Dinge zu übermitteln. Er verwendete darauf viel Sorgfalt und Überzeugungskraft, auch wenn er wusste, dass es letztlich vergeblich sein würde. Die Meinungsverschiedenheiten sind für ihn belanglos, solange sie im Wesentlichen den oberflächlichen Gesellschaftsklatsch betreffen, der Marie de Saint-Exupéry zu Ohren gekommen war. Saint-Exupéry, der zu jenem Zeitpunkt als Flieger in Marokko stationiert war, brauchte sich davon wenig berührt zu fühlen. Doch verhielt sich dies anders, sobald Fragen der Moral und der grundsätzlichen Lebensführung betroffen waren. Auf Marie de Saint-Exupérys offenkundigen Vorwurf, er treibe sich mit den falschen Leuten herum, die auf ihn einen schlechten Einfluss ausübten, antwortet ihr Sohn mit großer Gelassenheit: »Ich weiß nicht, was Sie beunruhigt. Was ich denke und fühle, meine Haltung dem Leben gegenüber, das können Sie aus meinen Büchern erfahren. [...] Warum nur sind Sie so beunruhigt und gequält, was Ihren Sohn betrifft, der Sie verehrt und der ein perfekter Gentleman ist, und warum nur müssen Sie sich in Ihrer Einsamkeit mit Gedanken quälen, die nichts als Gespenster sind? Ich möchte Sie so gerne beruhigen.«

Oben: Consuelo und Antoine mit dem Hund Youki in Saint-Maurice-de-Rémens. In der Mitte Marie de Saint-Exupéry, rechts Gabrielle d'Agay.

Rechte Seite: Auszug aus einem unveröffentlichten Brief Antoines an seine Mutter, Casablanca, August 1931.

compris et je ne comprendrai jamais que les gens se racontent les uns sur les autres des histoires qui ne signifient d'ailleurs plus rien parce qu'elles sont déformées. On ne vit qu'une fois, difficilement, et il faut ainsi se gâter la vie ? Ça n'est pas la peine.

Ma petite maman je sais que vous avez été pour Consuelo à St Maurice la plus douce des mères. Et de cela je vous suis infiniment reconnaissant. Je sais aussi que vous avez de la peine de croire que je m'éloigne de votre cœur. Mais ma petite maman quand je ne vous écrivais pas, personne non plus n'avait de lettres. Vous

Geliebte Mama, Didi, Pierre, ihr alle, die ich so liebe, aus tiefstem Herzen, was wird aus euch, wie geht es euch, wie lebt ihr, was denkt ihr? Er ist so, so traurig, dieser lange Winter.
Und doch hoffe ich so sehr, dass Sie mich in einigen Monaten vor deinem (Ihrem) Kaminfeuer in die Arme schließen können, meine kleine Mama, meine alte Mama, meine zärtliche Mama; ich hoffe, ich kann Ihnen dann alles sagen, was ich denke, alles mit Ihnen bereden, wobei ich Ihnen so wenig wie möglich widerspreche …, Ihnen zuhöre, wenn Sie zu mir sprechen, die Sie immer Recht haben in allen Dingen des Lebens …
Meine liebe kleine Mama, ich habe Sie lieb.

Antoine

Links: Antoine de Saint-Exupéry, 1944.

Rechte Seite: Brief an seine Mutter vom 5. Januar 1944.

»Meine kleine Mama, meine alte Mama …«

Als sich Saint-Exupéry Ende 1943 in Algier aufhielt, erfuhr er von Paul Dungler, dem Chef der Résistance im Elsass, dass dieser vorhatte, bald nach Frankreich zurückzukehren. Dies wurde Dungler sofort durch einen von General de Gaulle und dem Résistance-Führer Jacques Soustelle unterzeichneten Befehl untersagt, doch die Amerikaner und insbesondere Colonel Hyde unterstützten ihn. Saint-Exupéry ging sofort auf Dunglers Vorschlag ein, für ihn einige Briefe nach Frankreich mitzunehmen.
Dieser auf den 5. Januar 1944 datierte Brief erreichte Marie de Saint-Exupéry im Laufe des Januar. Es handelte sich um eine der letzten Nachrichten, die sie von ihrem Sohn erhielt. Sein letzter Brief an sie gelangte erst im Juli 1945 in ihre Hände – ein ganzes Jahr nachdem Saint-Exupéry von seinem letzten Aufklärungsflug nicht mehr zurückgekehrt war. Lange Zeit weigerte sie sich, an seinen Tod zu glauben.
Marie de Saint-Exupéry lebte damals bereits in Cabris, wo sie ein kleines Haus gekauft hatte, dem sie als Verehrerin des Heiligen Franziskus von Assisi den Namen »Les Fioretti« gab. Hier starb sie im Februar 1972, im Alter von 92 Jahren.

Maman chérie, Didi, Pierre vous tous que j'aime tellement, du fond de mon cœur, que devenez vous, comment allez vous, comment vivez vous, comment pensez vous? Il est tellement, tellement triste ce long hiver!

Et cependant j'espère si fort être dans vos bras dans quelques mois, ma petite maman, ma vieille maman, ma tendre maman, au coin du feu de votre cheminée, à vous dire tout ce que je pense, à discuter en contredisant le moins possible… à vous écouter me parler, vous qui avez eu raison dans toutes les choses de la vie..

Ma petite maman je vous aime.

Antoine

Aéroplace de Cap Juby

009456 --8 AOÛ 1928
Répondu le

Rapport concernant le dépannage du BRGT 232

Monsieur Riguelle s'étant posé en panne le 18 Juillet, par suite d'une rupture de bielle, à 30 km sud de Juby, monsieur Dumesnil, son coéquipier, revint nous avertir de cette panne avant de tenter d'atterrir à proximité, il ne lui semblait pas y avoir de terrain propice, puis repartir.

L'insécurité de la région étant complète et un capitaine d'aviation espagnol ayant été capturé il y a quelques mois et gardé prisonnier seize jours à 12 km seulement de Juby j'ai immédiatement formé et expédié une caravane de secours, tandis que l'on me préparait un avion. Après retour de MM Dumesnil et Riguelle, que je croisai en l'air, ces maures assurèrent deux jours la garde du 232. Coût 187 Pts pour chameaux, chevaux et vivres.

Oben: Bericht über die Reparatur des Flugzeugs BRGT 232, Juli 1928.
Rechte Seite: Schlafender Pilot in der Wüste neben seinem verunglückten Flugzeug.

Die Wüste und die Einsamkeit

»Man dringt nicht ins Innerste der Wüste vor,
wenn man vom Lärm der Städte erfüllt ist.«

Seine erste Begegnung mit der Wüste hatte Saint-Exupéry während seines Militärdienstes. Von August bis Dezember 1921 war er in Marokko stationiert, um dort seine Pilotenausbildung abzuschließen. Die Wüste und ihre endlosen Sanddünen zu sehen, war einer seiner großen Träume. Doch er war enttäuscht: »Wenn Sie glauben, dass es den Geist nährt, auf 13 Kieselsteine und zehn Grasbüschel zu schauen.« Nach sechs Monaten kehrte Saint-Exupéry mit seinem Flugschein als Militärpilot in der Tasche nach Frankreich zurück. Er hatte keineswegs vor, sich in dieser Wüstengegend, in der er, abgesehen von den Abstechern nach Rabat und in die Altstadtviertel von Casablanca, ein tristes und eintöniges Leben führte, noch einmal längere Zeit aufzuhalten.

Saint-Exupéry konnte zu diesem Zeitpunkt noch nicht ahnen, dass die Wüste ihn nicht mehr loslassen sollte. Im Oktober 1926 trat er in die Fluggesellschaft Compagnie Latécoère ein, zunächst als Mechaniker, dann als Pilot. Er wurde auf der Strecke von Casablanca nach Dakar eingesetzt und musste auf seinen Postflügen erneut die Wüste überqueren. Schon bei einem seiner ersten Flüge zwang ihn ein Motorschaden zu einer Notlandung auf der endlos weiten Sandfläche. Seine Kameraden, die aufbrachen, um nach Hilfe zu suchen, ließen ihn am Flugzeug zurück. Mit zwei Pistolen ausgerüstet, sollte er die Postfracht bewachen. Er verbrachte seine erste Nacht ganz allein unter dem Sternenhimmel mitten in der Wüste. Saint-Exupéry war umgeben von den tausend Geräuschen der nächtlichen Sahara. Diese Erfahrung, die in ihm auf eine große Sehnsucht traf, sollte ihn für immer prägen. Sie findet sich in mehreren seiner Schriften wieder: als kurze, in wenigen Worten erwähnte Anekdote in einem Brief an seine Mutter, in einer ausführlicheren Schilderung in einem Brief an seinen Freund Henry de Ségogne, sodann in einem Artikel der Literaturzeitschrift *Marianne* vom November 1932 und schließlich in ausgearbeiteter literarischer Form als Kapitel VI seines Romans *Wind, Sand und Sterne.*

Während eines ganzen Winters versuchte Saint-Exupéry diese Wüste für sich zu zähmen, die ihm zunächst als ein feindliches Terrain erschien. »Der Sand ist trügerisch, man glaubt, er sei fest, und dann versinkt man in ihm.« Die Wüste, so schien es ihm, enthüllt sich in ihrer wahren Natur nur denjenigen, die dafür empfänglich sind, dann aber offenbart dieser »Feind« allmählich sein tatsächliches Wesen. Der abgestürzte, in unendlichen, schweigenden Weiten verlorene Flieger könne sich dann den »Glückseligkeiten der Erinnerung« hingeben, die glücklichen Stunden seiner Kindheit wachrufen, in denen er sich bei Moisi geborgen fühlte, der alten Gouvernante seiner Kindheit, der Hüterin der Alltagsrituale. »Meine Sahara, die Erinnerung an meine alte Nährfrau hat dich verwandelt durch und durch!«

Als Postenchef des Flugplatzes von Cap Juby in der Wüste von Mauretanien führte Saint-Exupéry 18 Monate lang das asketische Leben eines Wüstenbewohners. Cap Juby war zu jener Zeit eine spanische Enklave, deren Fort wie ein Fremdkörper zwischen der Wüste und dem Ozean aufragte. Zwischen den spanischen Häftlingen, die in dem Fort als Wachmann-

Illustrationsskizze für ***Der kleine Prinz.***

schaften stationiert waren, und den Mauren, die sich gegen die spanische Besatzung auflehnten, nahm Saint-Exupéry als einziger Franzose eine besondere Stellung ein und übte dort den »Beruf eines Fliegers, eines Botschafters und eines Forschers« aus. Dem Schweigen und der Einsamkeit ausgesetzt – die Postflugzeuge landeten nur einmal in der Woche, die Versorgung mit Nahrungsmitteln erfolgte einmal pro Monat durch ein Schiff –, verfiel Saint-Exupéry allmählich dem Zauber und den Überlieferungen einer Kultur der Stille. Er begann sich für die mauretanischen Wüstenbewohner und ihre Sprache zu interessieren und bemühte sich darum, ihre Sitten und Gebräuche kennen zu lernen. »Jeden Tag kommt der Marabu, um mir Arabisch-Unterricht zu geben. Er lehrt mich schreiben. Und ich kann mich schon etwas verständlich machen. Ich lade Maurenhäuptlinge zu mondänen Tees ein. Und sie bitten mich ihrerseits zu einer Tasse Tee in ihr Zelt, zwei Kilometer tief im aufständischen Gebiet, wo noch niemals ein Spanier gewesen ist. Und ich werde mich noch weiter vorwagen.«

Saint-Exupéry ließ sich von der Wüste, deren Weite und Stille zur Nachdenklichkeit anregen, immer stärker verführen: »Gewiss, die Sahara ist unabsehbar weit, nur ein eintöniger Sand – oder genauer, da die Dünen selten sind –, ein kieselreicher Strand. Man badet da dauernd im Wesen der Langeweile. Indessen bauen ihre unsichtbaren Gottheiten ein Netz von Richtlinien, Neigungen und Zeichen, eine geheimnisvolle und lebendige Muskulatur. Es gibt keine Einförmigkeit mehr. Alles nimmt Richtung an. Eine Stille gleicht nicht mehr der anderen.« Als er nach 18 Monaten eines Lebens in mönchischer Einsamkeit, das ganz den Postflugzeugen

Rechte Seite: Illustrationsskizze für *Der kleine Prinz.*

gewidmet war, nach Frankreich zurückkehrte, hatte er »ein kleines Werk, von dem er nicht genau weiß, was er davon halten soll« in seinem Gepäck. Auf jeden Fall aber war er froh, die Wüste gegen Paris einzutauschen.

Doch er kehrte ziemlich unverhofft dorthin zurück. »Die Wüste? Einmal war es mir beschert, bis zum Herzen der Wüste vorzudringen. Auf einem Langstreckenflug nach Indochina blieb ich 1935 im Sande stecken. Damals meinte ich, nicht lebend davonzukommen.« Saint-Exupéry und sein Mechaniker André Prévot kletterten aus dem Cockpit und brachen zu Fuß auf, um irgendwo Menschen oder einen rettenden Brunnen zu finden. Drei Tage lang irrten sie durch die Wüste. Als sie am Ende ihrer Kräfte waren und sich bereits dem Tode nahe fühlten, rettete sie ein Beduine. In *Wind, Sand und Sterne* erzählt Saint-Exupéry von seinem Flugzeugabsturz und den darauf folgenden Tagen.

In jeden literarischen Text von Saint-Exupéry ist die Erfahrung der Wüste, die ihn so entscheidend prägte, eingeflossen, sei es in wenigen Zeilen oder über ganze Kapitel hinweg. Sie sollte mit Saint-Exupérys Leben als Schriftsteller und Pilot eng verbunden bleiben. So ist es auch kein Zufall, dass die Handlung seiner zwei bedeutendsten Werke sich in der Wüste abspielt, jenem magischen Ort, in dem er »tausend Meilen von jeder bewohnten Gegend entfernt« zu einer Art Heiterkeit fand: »Ich habe die Wüste immer geliebt. Man setzt sich auf eine Sanddüne. Man sieht nichts. Man hört nichts. Und währenddessen strahlt etwas in der Stille.« Durch diese unwirtlich erscheinende Gegend aber zieht der kleine Prinz seines Wegs. Das Märchen, das von der Begegnung zwischen ihm und einem einsamen, verlorenen Piloten erzählt, wurde eines der meistgelesenen Bücher der Nachkriegszeit. Wieder einmal sollte der Zauber der Wüste wirken …

Saint-Exupérys letztes Werk *Die Stadt in der Wüste,* das ursprünglich den Titel *Der Kaid* tragen sollte und von ihm selbst scherzhaft »mein posthumes Buch« genannt wurde, begann er in der ersten Fassung mit dem Satz: »Ich war ein Beduinenherrscher und kehrte zu den Meinen zurück«. Ganz offensichtlich hatten die Aufenthalte in der Sahara Saint-Exupéry dazu angeregt, die Wüste als Schauplatz seiner Reflexionen zu wählen. *Die Stadt in der Wüste* gleicht einem biblischen Gesang, vorgetragen von einem jungen Mann, der anfangs den Ratschlägen seines Vaters lauscht und später selbst zum Stammesfürsten wird. Das zentrale Thema dieses Buchs sind Fragen von Herrschaft und Machtausübung.

Das Leben in der Wüste bot für Saint-Exupéry eine existenzielle Erfahrung der Einsamkeit, wie sie auch Flüge über die unermesslichen Weiten menschenleerer Landschaften in ihm wachriefen.

»›Wo sind die Menschen?‹, fuhr der kleine Prinz endlich fort. ›Man ist ein bisschen einsam in der Wüste …‹

›Man ist auch bei den Menschen einsam‹, sagte die Schlange.«

»Wo sind die Bananenstauden und die Kokosnusspalmen meiner Träume?«

Da Saint-Exupéry unbedingt Luftwaffenpilot werden wollte, meldete er sich während seiner Militärzeit in Straßburg als Freiwilliger für eine Stationierung in Marokko.
Seine Abreise, die zunächst für Mitte Juni 1921 festgesetzt war, verschob sich um einige Wochen. Als er sich schließlich Ende Juli nach Nordafrika einschiffte, sah er der Reise, den neuen Erfahrungen in einem fremden Land und dem ersehnten Berufsziel des Piloten voller Erwartung entgegen. Doch auf seine Ankunft folgte bald die Enttäuschung: Er hatte sich die unendliche Weite der Sandwüste erträumt und fand sich nun in der landschaftlich reizlosen Umgebung von Casablanca wieder, einer steinigen Ebene voller trauriger, großer Kakteen. Wo war die Wüste mit ihren Luftspiegelungen, ihren Oasen? Was sollte er mit dieser Landschaft ohne richtige Farben anfangen, in der nichts lebte und sich bewegte – außer den wilden Kötern, die mit der Nase im Dreck herumstreunten? »Das Grün fehlt mir«, schrieb er an seine Mutter, »das Grün ist Nahrung für die Seele, das Grün sorgt für die Sanftheit der Sitten und den Seelenfrieden. Wenn es an dieser Farbe des Lebens mangelt, dann wird man schnell hart und böse.«

Meine kleine Mama,

es ist unglaublich, wie viel man hier arbeitet! Ich habe noch keinen Fuß in ein Flugzeug gesetzt und verbringe meine Tage damit, bei Ebbe im Meer Krabben zu fischen. Die Piloten sind frei wie die Luft, und da wir nicht in die Stadt kommen – sie ist zu weit weg – spielen wir Schach, schlafen wir, spielen Razzia auf der Suche nach Feigen in den arabischen *douars* – Zeltdörfern – und nehmen erholsame Bäder im Meer. Es ist hier unendlich viel frischer als in Frankreich.
Ich glaube nicht, dass die Temperatur jemals 30 °C übersteigt. Eine leichte und frische Brise weht die ganze Zeit.
Die Landschaft ringsum ist wüstenartig und felsig. Das »bled« ist eine Ebene, die genau derjenigen um Carnac gleicht.
Wo sind die Bananenstauden und die Kokosnusspalmen meiner Träume? Vielleicht werde ich sie finden, wenn ich weiter ins Landesinnere vordringe. Außer Tanger (ideal) und Rabat (reizend) ist die Landschaft, die ich gesehen habe, hässlich. Sie setzt sich im Zweifelsfall aus einer Kneipe, der [unverständliches Wort] Eisenbahn und Steinen zusammen. Von Zeit zu Zeit trifft man auf einen kleinen Esel, der die Last eines Elefanten trägt. Auf dieser Last sitzt ganz oben ein Araber. Und dahinter heroisch eine verschleierte Frau, die wie ein Adjutant einhermarschiert. Ich würde gerne per Briefwechsel weitere Lektionen nehmen, doch wahrscheinlich sehen Sie sich dazu nicht im Stande. Aber könnten Sie mir wenigstens die drei ersten Bände des Luftfahrtlehrgangs von Brazzi [aus Ihrer Buchhandlung in Lyon] zuschicken lassen?

Rechte Seite: Auszug aus einem unveröffentlichten Brief Saint-Exupérys an seine Mutter, Casablanca, 1921.

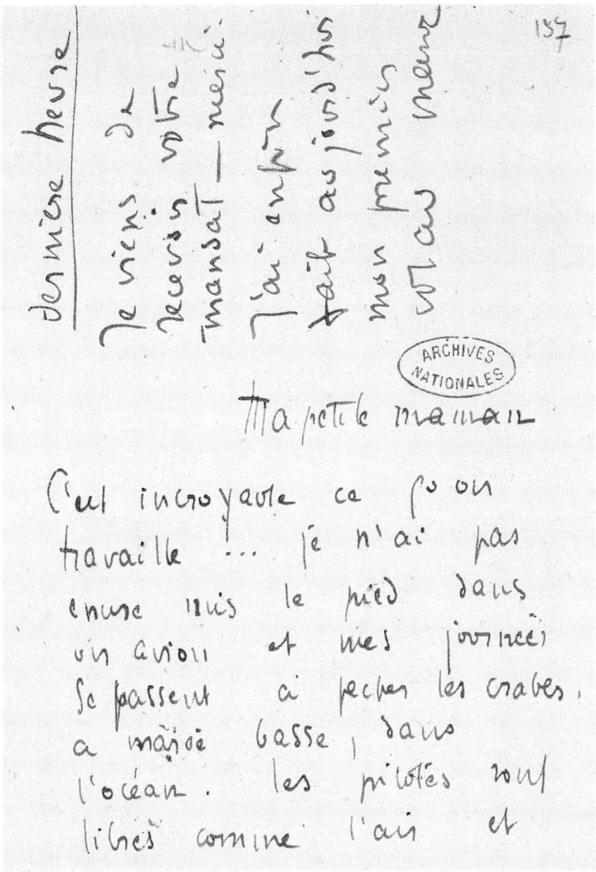
dernière heure
Je viens de recevoir votre mandat — merci —
J'ai enfin fait aujourd'hui mon premier vol au Maroc

157

ARCHIVES NATIONALES

Ma petite maman

C'est incroyable ce qu'on travaille ... je n'ai pas encore mis le pied dans un avion et mes journées se passent à pêcher les crabes, à marée basse, dans l'océan. Les pilotes sont libres comme l'air et

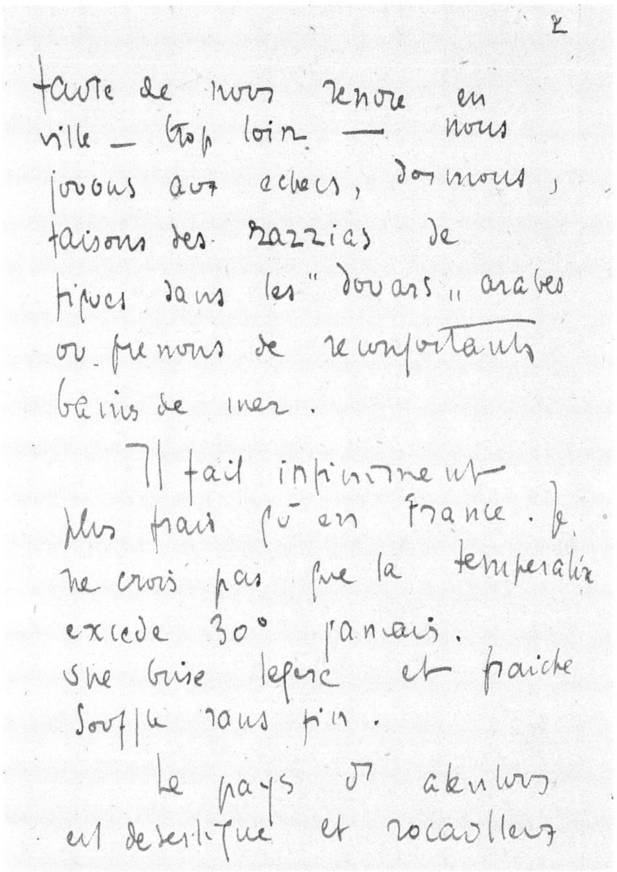
2

faute de nous rendre en ville — trop loin — nous jouons aux échecs, dormons, faisons des razzias de figues dans les "douars" arabes ou prenons de réconfortants bains de mer.

Il fait infiniment plus frais qu'en France. Je ne crois pas que la température excède 30° jamais. Une brise légère et fraîche souffle sans fin.

Le pays d'alentour est désertique et rocailleux

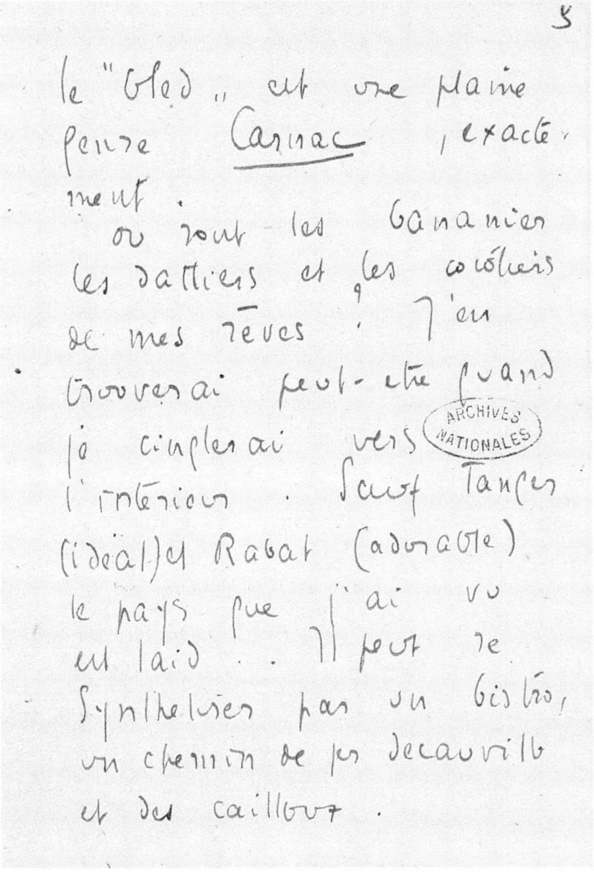
3

le "bled" est une plaine genre Carnac, exactement.

Où sont les bananiers les dattiers et les cocotiers de mes rêves? J'en trouverai peut-être quand je cinglerai vers l'intérieur. Sauf Tanger (idéal) et Rabat (adorable) le pays que j'ai vu est laid. Il peut se synthétiser par un bistro, un chemin de fer decauville et des cailloux.

ARCHIVES NATIONALES

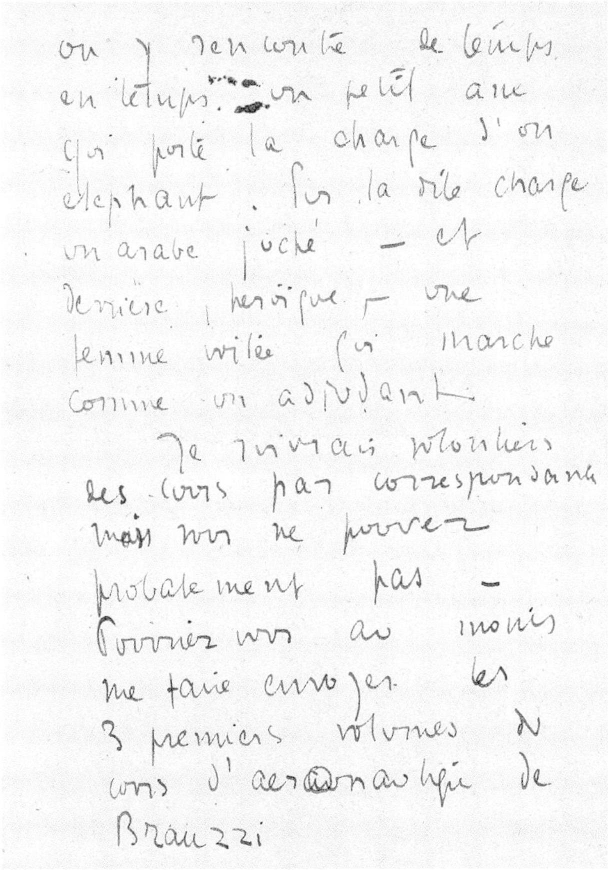
On y rencontre de temps en temps un petit âne qui porte la charge d'un éléphant. Sur la dite charge un arabe juché — et derrière, héroïque — une femme voilée qui marche comme un adjudant.

Je suivrais volontiers des cours par correspondance mais vous ne pouvez probablement pas — Pourriez-vous au moins me faire envoyer les 3 premiers volumes du cours d'aéronautique de Brauzzi

Oben: Karawane in der Wüste. Fotoaufnahme während der Dreharbeiten zu *Südkurier*, 1936.

Rechte Seite: Auszug aus einem unveröffentlichten Brief Saint-Exupérys an seine Mutter, Casablanca, 1921.

Nur eine Sache gefällt mir hier – und das sind die Sonnenaufgänge. Sie haben einen theatralischen Verlauf. Zuerst baut sich aus der Nacht ein gigantisches Bühnenbild aus violetten und schwarzen Wolken auf, das immer deutlicher wird und den Horizont einnimmt. Dann steigt dahinter das Licht auf, hinter einer schwarzen Rampe aus Samt ein zweiter Raum voller Klarheit. Dann die Sonne – eine rote Sonne, von einem Rot, wie ich es nie zuvor gesehen habe. Nach wenigen Minuten des Aufsteigens verschwindet sie hinter einer chaotischen Wolkendecke. Sie scheint eine Grotte durchquert zu haben. Ich habe hier *Die Heimkehr* gefunden, es war zum Totlachen, als ich das Stück las, und ich erinnerte mich dabei lebhaft an unseren Abend im Athénée. Meine kleine Mama, wie fern das alles ist. Sie sollten es sich kaufen, man muss auch allein lautstark lachen und es schon gesehen zu haben,
hilft der Fantasie auf die Sprünge.
Mama, wenn Sie mir die Einwilligung für das Studium an der École universelle erteilen, werde ich selbst dorthin schreiben, denn es gibt so viele Details zu erfragen.

Die Sonnenaufgänge

Einige Wochen später war Saint-Exupéry besserer Stimmung: Er begann wieder zu fliegen. Wenn er am frühen Morgen startete, erfreute er sich am Farbenspiel der Wolken und an der Sonne, die allmählich die Landschaft unter ihm erleuchtete. Die ganze Magie, die *Der kleine Prinz* ausstrahlt, ist in diesen wenigen Sätzen schon spürbar.
Saint-Exupéry erhielt schließlich seinen militärischen Flugschein sowie das Fliegerabzeichen mit der stolzen Inschrift: »Die Flügel tragen dich, der Stern leitet dich, die Krone wartet auf dich.« Sein neuer Rang ermöglichte es ihm, sich als Reserveoffiziersschüler zu bewerben. Er reiste nach Rabat, um dort eine zentral gestellte Prüfung in Allgemeinwissen abzulegen, die er mit knapper Not bestand, als letzter seines Jahrgangs. Auch Marc Sabran traf er dort wieder, den er noch aus seiner Zeit als Internatsschüler der Villa Saint-Jean kannte. Er besichtigte mit ihm die arabische Altstadt von Rabat. Die Jahreszeit hatte inzwischen gewechselt und »Marokko, dieses grässliche Hinterland, hat sich in frisches Grün gekleidet, mit weiten, schimmernden Wiesen.«

est-ce Robert,

Robert (?) de Curel le frère de l'amie de Monot —

Il a déjà d'ailleurs cassé un appareil, mais rien —

Il n'y a qu'une chose qui me plaise ici ce sont les ~~couchers~~ levers de soleil. Ils se développent théâtralement. D'abord sort de la nuit un décor gigantesque de nuages violets et noirs qui se précisent et s'installe sur l'horizon. Puis de la lumière monte derrière une rampe noire ~~[illegible]~~ révélant tout un second plan plein de clartés — Alors ~~monte~~ le soleil — un soleil rouge, rouge comme je ne l'ai jamais vu — Après quelques minutes d'ascension il disparaît derrière un plafond chaotique. Il semble avoir traversé une grotte —

J'ai trouvé ici "Le Retour" et tout en riant à en mourir j'ai revu notre soirée à l'Athénée — ma petite maman, comme c'est loin. Vous devriez l'acheter, on rit tout seul très fort et le comique ne [illegible] aide ~~au~~ l'imagination —

Maman, si vous me donnez l'autorisation pour l'école universelle j'écrirai moi-même ~~à~~ à cause d'un tas de détails à donner —

Oben: Sanddünen in der Wüste. Fotoaufnahme während der Dreharbeiten zu *Südkurier* (1936).

Rechte Seite: Auszug aus einem unveröffentlichten, per Luftpost an Charles Brun adressierten Brief, März 1927.

Sehr geehrter Herr Brun,

wahrscheinlich fragen Sie sich, ob ich überhaupt noch unter den Lebenden weile … Aber kurze Zeit nach Ihrem Besuch, bei dem ich Ihnen »Manon, die Tänzerin« gezeigt habe, wurde ich nach Toulouse zur Luftfahrtgesellschaft Latécoère einberufen. Vorerst werde ich als Pilot auf den Strecken in Spanien und Marokko eingesetzt und befinde mich im Augenblick im Süden, 6000 Kilometer von Paris entfernt.
Ich fliege regelmäßig von Dakar zum Cap Juby. Es handelt sich dabei um einen kleinen Flug von 2000 Kilometern, der 1500 Kilometer lang über die französische und außerfranzösische Sahara führt. Und es ist schon ein ziemlich merkwürdiges Gefühl, sich stundenlang über einem feindseligen Land in der Luft zu befinden und über Stämmen, deren Haupteigenschaft nicht gerade die christliche Nächstenliebe ist. Aber Sie können sich nicht vorstellen, wie sehr ich dieses Leben voller Abenteuer liebe. Ich hatte zwei Mal mitten in der Wüste einen Maschinenschaden, aber ich konnte [von meinem Begleitpiloten] wieder aufgesammelt werden, [denn über diesen Gebieten fliegen wir immer mit zwei Flugzeugen und wenn es eine Landemöglichkeit gibt, dann werden wir vom Kameraden gerettet.]

»Ich hatte zwei Mal mitten in der Wüste einen Maschinenschaden«

Antoine de Saint-Exupéry wurde am 5. Juni 1923 aus dem Militärdienst entlassen. Im April 1925 musste er nochmals für zwei Wochen in Orly zum Reservedienst einrücken. Danach unternahm er Flüge für die Compagnie Aérienne Française. Am 23. Juni 1926 erwarb er seinen Flugschein für den öffentlichen Transportverkehr und trat am 14. Oktober 1926 in die Fluggesellschaft Latécoère mit Sitz in Toulouse ein. 1927 wurde er dort auf der Flugstrecke Toulouse-Casablanca-Dakar eingesetzt.
Einem französischen Bekannten, den er länger nicht mehr getroffen hatte, erzählte Saint-Exupéry begeistert von seiner neuen beruflichen Tätigkeit und den unendlichen Weiten der Sahara; er schilderte die Begegnungen mit den Mauren, berichtete davon, wie enttäuscht er von Dakar sowie ganz allgemein von den Senegalesen gewesen sei, und erwähnte auch eine völlig neue sportliche Betätigung: »Meine größtes Vergnügen – denn ich habe viel Freizeit – ist es, nach Mauretanien aufzubrechen und einige Tage bei den Mauren zu verbringen. Ich war sogar wie Tartarin auf Löwenjagd, denn davon gibt es mehr als genug.«

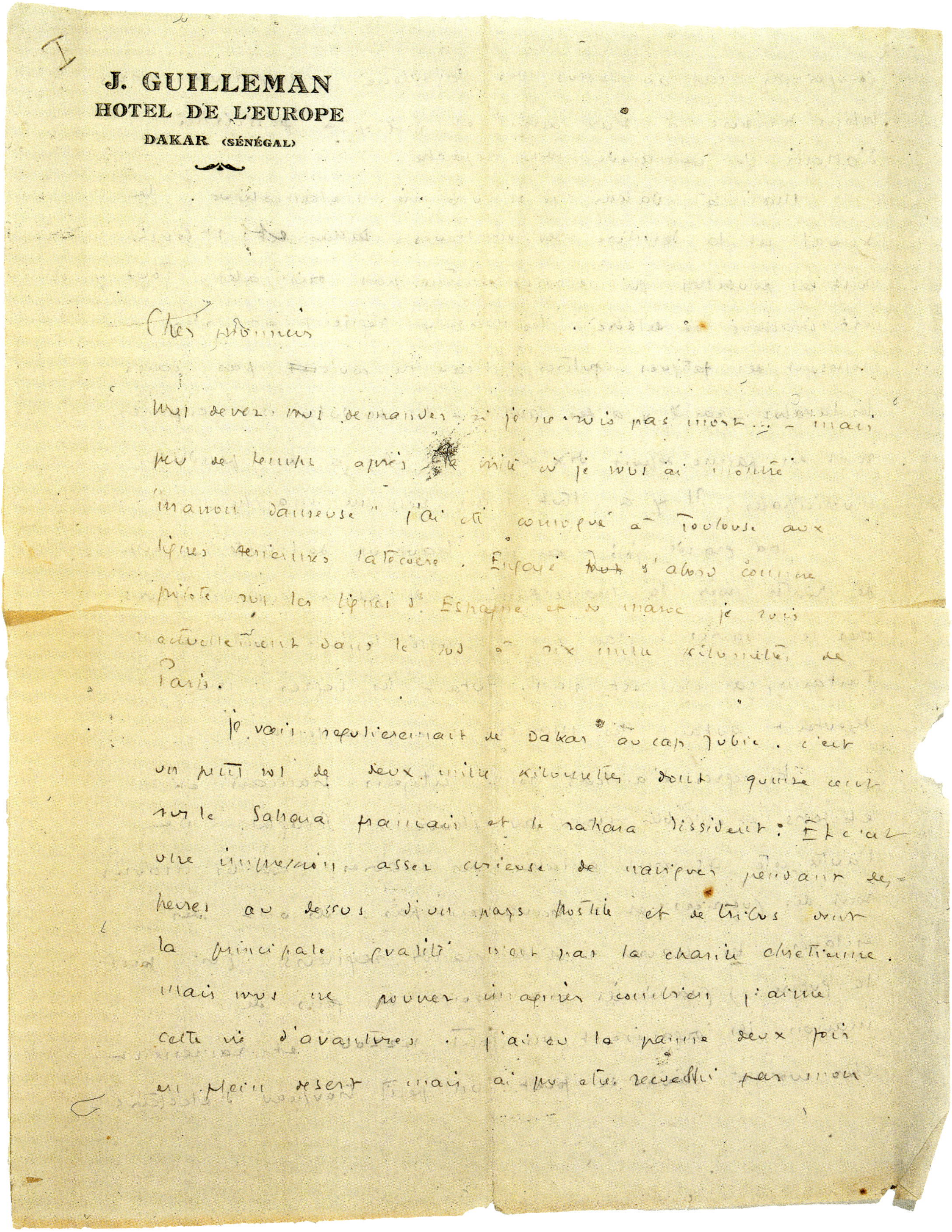

J. GUILLEMAN
HOTEL DE L'EUROPE
DAKAR (SÉNÉGAL)

Cher Monsieur

Vous devez vous demander si je ne suis pas mort... — mais peu de temps après la visite où je vous ai montré "Manon danseuse" j'ai été convoqué à Toulouse aux lignes aériennes Latécoère. Engagé d'abord comme pilote sur les lignes d'Espagne et du Maroc je suis actuellement dans le sud à six mille kilomètres de Paris.

Je vais régulièrement de Dakar au cap Juby. C'est un petit vol de deux mille kilomètres dont quinze cent sur le Sahara français et le Sahara dissident. Et c'est une impression assez curieuse de naviguer pendant des heures au dessus d'un pays hostile et de tribus dont la principale qualité n'est pas la charité chrétienne. Mais vous ne pouvez imaginer combien j'aime cette vie d'aventures. J'ai eu la panne deux fois en plein désert mais ai pu être recueilli par mon

Rechte Seite: Auszug aus *Wind, Sand und Sterne.* Kapitel über die Wüste.

»Wir waren in einer eisernen Landschaft gefangen«

Die existenziell bedrohliche Situation eines Flugzeugunfalls und die Gefahren der Wüste sind die wichtigsten Themen in Saint-Exupérys Roman *Wind, Sand und Sterne*, dem mehrere Zeitschriftenartikel vorausgingen. Der gewählte Auszug etwa wurde 1936 in *Paris-Soir* veröffentlicht.

Zwar wird deutlich, wie sehr das Leben der Protagonisten durch die feindselige Wüstenlandschaft ringsum bedroht ist, doch vergisst Saint-Exupéry darum nicht seine Liebe zur Sahara. So beginnt der Textabschnitt mit folgenden Worten: »Ich habe die Sahara immer sehr geliebt. Ich habe in ihr Nächte in einem traumartigen Zustand verbracht. Ich bin in ihrer ausgedehnten Helligkeit aufgewacht, inmitten der Wellen, die der Wind hier wie auf dem Meer hervorbrachte.«

Der Boden war völlig mit einer Schicht glänzender schwarzer Kiesel bedeckt, die wie Metallschuppen aussahen. Alle Hügelkuppen rundum blitzten wie Harnische. Wir waren nicht nur in eine steinerne Welt geraten; wir waren in einer eisernen Landschaft gefangen. Kaum waren wir über die erste Kette hinaus, als sich schon eine zweite, ebensolche zeigte, glänzend und schwarz. Wir ließen im Gehen die Füße schleifen, um Spuren zu hinterlassen, die unserer Rückkehr zum Leitfaden dienen sollten. Wir gingen der Sonne entgegen. Gegen jede Vernunft hatte ich nämlich beschlossen, scharf nach Osten zu marschieren. Denn eigentlich hätte ich überzeugt sein müssen, dass wir jenseits des Nils waren. Wettervoraussage und Flugzeit sprachen dafür. Aber ich hatte in aller Morgenfrühe einen kleinen Vorstoß nach Westen gemacht und dabei einen völlig unerklärlichen Widerstand verspürt. Daraufhin ließ ich den Westen für den nächsten Tag. Den Marsch nach Norden hatte ich mir für den Augenblick ganz aus dem Kopf geschlagen, obwohl er zum Meer geführt hätte. Und noch am dritten Tage, als wir in halbem Fieberwahn beschlossen, unser Flugzeug endgültig zu verlassen und bis zum Zusammenbrechen geradeaus weiterzugehen, wandten wir uns nach Osten, genauer nach Ostnordost. Wir handelten dabei gegen alle Vernunft und Berechnung. Aber nach unserer Rettung mussten wir entdecken, dass uns keine andere Richtung je zur Heimkehr verholfen hätte. Nach Norden zu würden wir bei unserer Erschöpfung das Meer niemals erreicht haben. Wenn es auch unsinnig erscheint, will es mir bis heute scheinen, dass ich diese Richtung bei dem völligen Mangel an Anhaltspunkten, die unsere Wahl bestimmen konnten, nur deshalb wählte, weil mein Freund Guillaumet in den Anden sich in diese Richtung gerettet hatte, während wir ihn so sehr suchten. Für mich war sie dadurch halb unbewusst zur Richtung des Heils geworden. Nach fünfstündigem Marsch veränderte die Landschaft ihr Gesicht. Ein Sandstrom schien in einem Tale dahinzufließen, und dieses Flussbett nahmen wir zum Wege. Wir schritten kräftig aus, denn vor der Nacht mussten wir so weit kommen wie möglich und wieder zurückkehren, wenn wir nichts entdeckten. Plötzlich durchfuhr es mich siedend, dass ich jäh stehenblieb:
»Prévot! Unsere Spuren!«

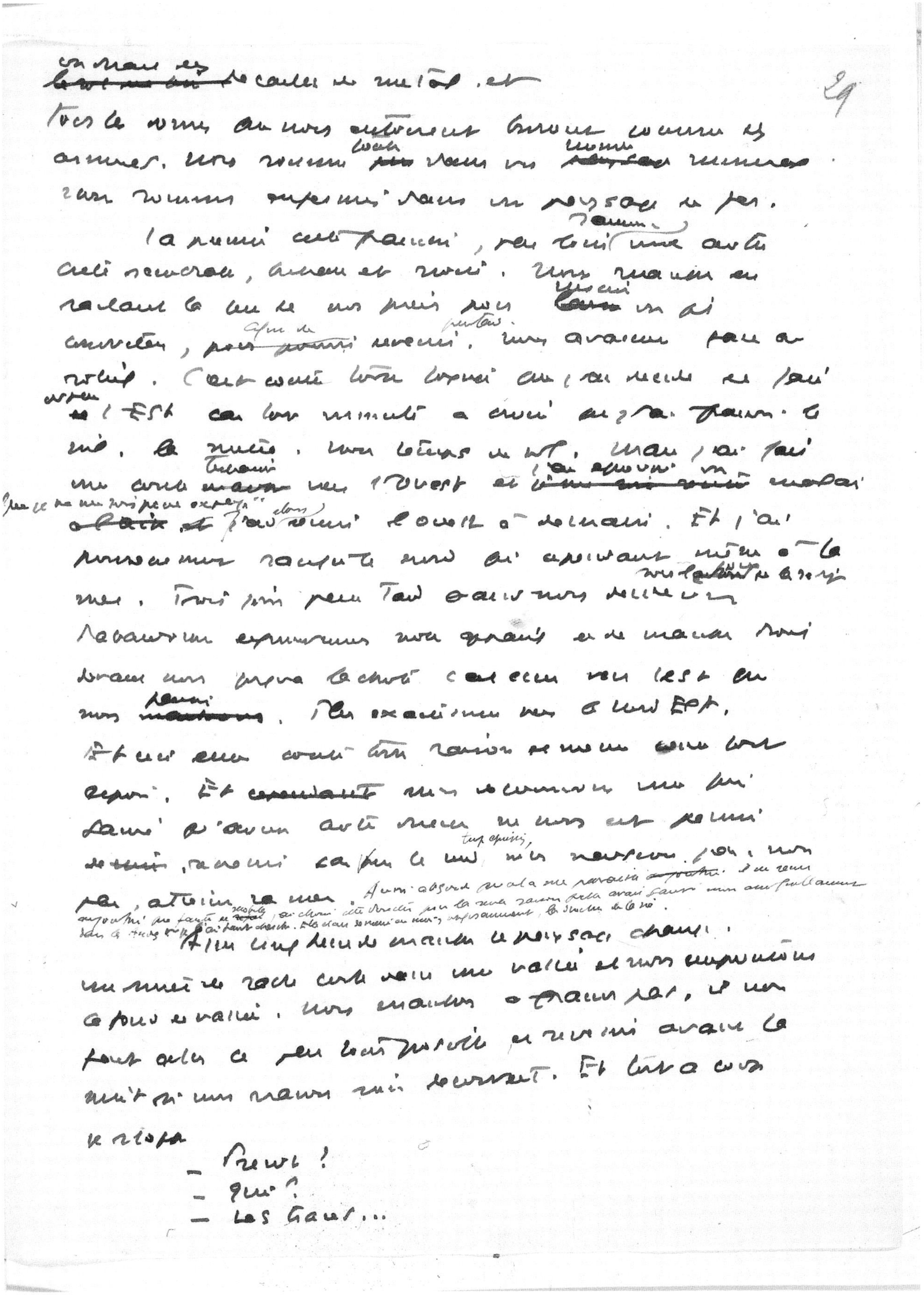

Könnten Sie bitte meinem Führer zwei Guineen bezahlen. Ich habe kein Geld in der Landeswährung bei mir.
Nach einem fünftägigen Fußmarsch fast ohne einen einzigen Tropfen Wasser, in der Wüste, sind wir, mein Mechaniker und ich, in einer kleinen Oase angelangt.
Man will uns mit Kamelen zu Ihnen bringen, aber wir haben nicht mehr die Kraft für einen solchen Transport. Dürfen wir Ihre überaus große Freundlichkeit bemühen und Sie darum bitten, uns so bald wie möglich mit dem Auto oder mit dem Boot zu holen? Unser Führer wird Ihnen erklären, wo wir sind.

Antoine de Saint-Exupéry

Vielen Dank im Voraus.

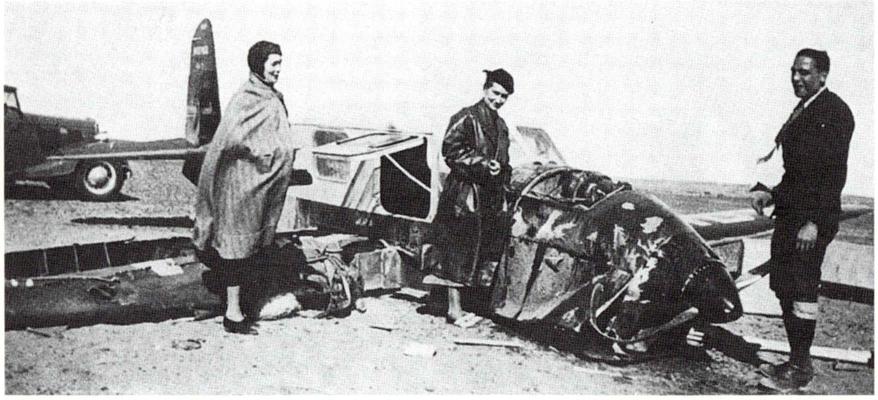

Oben: Madame Raccaud vor dem Wrack des Flugzeugs.

Rechte Seite: Unveröffentlichte Nachricht an Madame Raccaud, 1936.

»Wir sind in einer kleinen Oase angelangt«

Nach seinem Flugzeugabsturz am 30. Dezember 1935 in der Libyschen Wüste war Saint-Exupéry mit seinem Mechaniker Prévot von einer Beduinenkarawane aufgefunden und gerettet worden. Er schickte daraufhin diesen Brief, notiert auf die Rückseite seiner Flugkarte von Libyen, an Madame Raccaud, die Gattin des schweizerischen Ingenieurs Émile Raccaud, der in Ouadi-Natroum – mitten in der Wüste zwischen Alexandria und Kairo – eine Fabrik leitete. Durch den langen Fußmarsch völlig erschöpft, nicht mehr fähig, sich im Sattel eines Kamels zu halten, bat er um Hilfe. Dass er auch ein Boot als Transportmittel vorschlägt, ist ein weiterer Hinweis auf seinen Erschöpfungszustand, denn er musste wohl im Delirium geglaubt haben, schon die Süßwasserseen vor sich zu sehen, die am Nildelta zu finden sind.
Madame Raccaud schickte sofort einen Wagen, um den in der Wüste gestrandeten Piloten mit seinem Kompagnon holen zu lassen, und schlug den beiden vor, sich in ihrem Haus einige Tage von den Strapazen zu erholen. Doch Saint-Exupéry hatte es eilig, nach Kairo zu kommen, um von dort aus nach Frankreich zu telefonieren und seine Angehörigen zu benachrichtigen. Als hätte ihm das Schicksal in jenen Tagen noch nicht genug mitgespielt, erlitt das Fahrzeug auf der Strecke eine Panne. Die letzten fünf Kilometer bis Kairo musste er zu Fuß zurücklegen.

Pourriez vous payer mon guide
2 guinées. je n'ai point le
change du pays.

Après cinq jours de
marche sans presque une goutte
d'eau, dans le désert, nous
venons d'aboutir mon
mécanicien et moi dans
un petit oasis.

On nous emmène chez
vous par chameau mais nous
n'avons plus la force de
supporter ce mode de transport.
Pourrons nous compter sur votre
très grande obligeance et vous
demander de nous recueillir
le plus tôt possible en auto
ou canot :

votre guide vous expliquera
où nous sommes

Antoine de Saint Exupéry

Nous vous remercions d'avance

Links: Illustration von André Derain zu *Die Stadt in der Wüste.*

Rechte Seite: Auszug aus dem Manuskript von *Die Stadt in der Wüste.*

Bei den Salzminen

Diese Manuskriptseite stammt aus dem ersten Teil von *Die Stadt in der Wüste.* Saint-Exupéry hatte bereits 1936 mit der Niederschrift dieses umfangreichen, mehr philosophischen denn literarischen Textes begonnen. Während seines Aufenthalts in den Vereinigten Staaten setzte er die Arbeit daran fort und nahm das Manuskript auch mit, als er sich 1943 mit den amerikanischen Truppen nach Nordafrika einschiffte. Es handelte sich demnach um ein unfertiges, von seinem Autor nicht mehr für eine druckfertige Fassung überarbeitetes Werk, das am 1. März 1948 unter dem Titel *Citadelle* im Pariser Verlag Gallimard erschien. Die Textgrundlage bildete ein Typoskript, das zu früheren Zeitpunkten von einer Sekretärin erstellt worden war. Nachdem diese Fassung später mit dem wieder aufgetauchten, unvollständigen Originalmanuskript verglichen werden konnte, das recht schwer zu entziffern war – selbst für Saint-Exupéry stellte dies eine gewisse Schwierigkeit dar, wenn er daraus diktierte – erschien 1959 im Club des Libraires de France eine verbesserte Neuauflage. Die Aufnahme des Werks in der literarischen Öffentlichkeit fiel nicht gerade wohlwollend aus. Schon die Freunde des Schriftstellers hatten sehr verhalten reagiert, als Saint-Exupéry ihnen Auszüge daraus vortrug. Als nun das gewaltige Opus in seiner gesamten Länge vorlag, waren die Kritiken streng, um nicht zu sagen vernichtend. Erst als André-A. Devaux 1965 eine nuancierte Studie zu dem Text vorlegte, bemühten sich die Interpreten um ein ausgewogeneres Verständnis.

Das war bei den Salzminen. Und die Menschen versuchten dort mehr schlecht als recht zwischen den Mineralien zu überleben, denn dieser Ort war allem Leben feindlich. Die Sonne lastete schwer und brannte, und der Schoß der Erde, dem kein klares Wasser entsprang, gab nur Barren von Salz preis, die das Wasser verdorben hätten, wenn die Brunnen nicht ohnehin versiegt gewesen wären. Die Männer, die mit ihren gefüllten Wasserschläuchen von anderswo gekommen waren, begannen zwischen der Sonne und dem steinigen Salz hastig zu arbeiten. Mit ihren Hacken schlugen sie die durchsichtigen Kristalle ab, welche Leben und Tod bedeuteten. Dann zogen sie wieder fort, wie durch eine Nabelschnur mit den glücklichen Böden und fruchtbaren Wassern ihrer Heimat verbunden.
Die Sonne dort war unerbittlich, hart und blank wie eine Hungersnot. Und immer wieder stießen die Felsspitzen durch den Sand, die Salzminen mit ihren Gesteinsschichten aus Ebenholz umrahmend, die hart wie schwarzer Diamant waren und an deren Kämmen die Winde vergebens nagten. Derjenige aber, welcher die uralten Traditionen dieser Wüste einst erschuf, hatte alles für eine lange Dauer und viele Jahrhunderte vorausbedacht. Das Gebirge würde verwittern, von der Zeit mit unendlicher Langsamkeit glatt geschliffen, die Männer würden das Salz abbauen, die Karawanen würden Wasser und Lebensmittel herbeibringen, um die Sklaven dieser Arbeit zu erquicken …

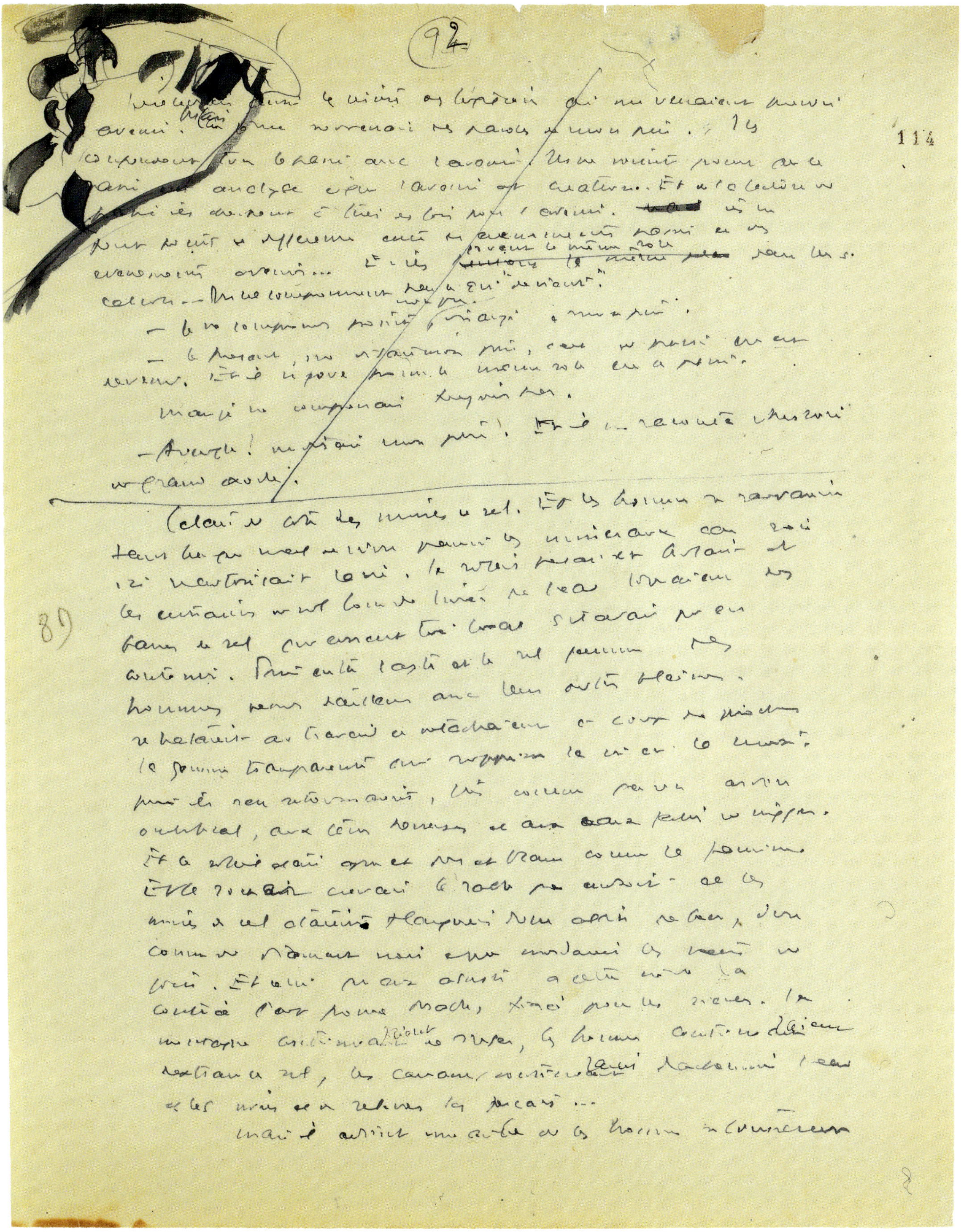
92
114

Oben: Illustrationsskizze für *Der kleine Prinz.*
Rechte Seite: Selbstporträt von Antoine de Saint-Exupéry, um 1940.

Saint-Exupéry, der Erfinder und Zauberer

»Eine Zivilisation gründet sich nicht
auf den Gebrauch, den sie von ihren Erfindungen
macht, sondern allein auf die Kraft, die sie zu
diesen Erfindungen treibt.«

Von Saint-Exupérys ersten Heldentaten, die von seinem Talent als Techniker und Erfinder zeugen, berichtet seine ältere Schwester Simone. In ihren Memoiren *Fünf Kinder in einem Park* erzählt sie von den verschiedenen Experimenten, die ihr jüngerer Bruder anstellte, um die Leistung seines Fahrrads zu verbessern. Eines Tages habe er dem Pfarrer sogar einen Plan vorgelegt, um das Fahrrad mit einem Benzinmotor auszustatten. Kolben, Ventile, Pleuelstangen, Benzintank – an alles war gedacht. Doch der Pfarrer hielt das Vorhaben des kleinen Jungen für zu gefährlich. Antoine begann daraufhin mit der Konstruktion eines Fahrrads mit Segel und hoffte, sich mit Hilfe des Windes und kräftigem Strampeln in die Lüfte zu erheben. Aber auch die Idee mit dem Motor vergaß er nicht ganz. Doch als es ihm gelang, einen alten Motor aufzutreiben, montierte er ihn nicht mehr an das Fahrrad, sondern beschloss, daraus eine automatische Bewässerungsanlage für seinen Gemüsegarten zu fabrizieren, um das Gemüse dann an seine Tante zu verkaufen und damit das eigene Taschengeld aufzubessern. Sein Experiment wäre beinahe tragisch geendet. Denn der Motor explodierte, und ein Metallsplitter verletzte Antoines jüngeren Bruder an der Augenbraue.

Saint-Exupéry hatte die begabten Hände eines Bastlers und Zauberkünstlers. Während seines Militärdienstes in Straßburg brachte ein Kamerad ihm einige Kartentricks bei, die er mit außerordentlichem Geschick erlernte und beherrschte. Später konnte er damit in geselligen Runden stets Aufmerksamkeit erregen. Für Saint-Exupéry, der von Natur aus eher schüchtern war, erwies sich dies als probates Mittel. Die ihn noch so erlebt haben, erzählen alle die gleiche Szene. Um sich aus seiner Verlegenheit zu befreien, zog Saint-Exupéry aus seiner Hosentasche ein Kartenspiel, mischte die Karten, legte sie vor sich auf den Tisch und sagte mit seiner leisen Stimme: »Wählen Sie eine Karte!«

Von diesem Augenblick an herrschte Magie.

Saint-Exupérys Hände waren nicht nur unabdingbar, um seine Gedanken schriftlich festzuhalten. Sie halfen ihm auch, seinen Beruf als Pilot vollkommener zu beherrschen. Als er 1924 für das Unternehmen des Lastwagenherstellers Saurer zu arbeiten begann, wurde er zunächst einige Monate lang in den Werkstätten eingesetzt, um mit der Technik der Lastwagen ganz vertraut zu sein, bevor man ihn als

Saint-Exupéry erläutert im Offizierskasino von Athiès-sous-Laon eine seiner technischen Erfindungen, März 1940.

Verkäufer in die zentralfranzösische Provinz schickte. Auch als Saint-Exupéry im Oktober 1926 in die Fluggesellschaft Latécoère eintrat, begann seine Pilotenschulung dort zunächst in den Reparaturwerkstätten. Die Geschicklichkeit seiner Hände hatte für ihn eine große Bedeutung. »Ich habe einen Kameraden, dem wurden die Hände verbrannt. Ich will nicht, dass mir die Hände verbrennen. Ich schaue sie an und habe sie gern. Sie können schreiben, Schuhe zubinden, Opern improvisieren … Und zuweilen nehmen sie Gesichter gefangen. Ein Gesicht.«

Saint-Exupérys allgemeine Neugierde schloss auch die Naturwissenschaften ein. Er trug stets kleine Notizbücher bei sich, in denen er seine Reflexionen zu allen möglichen Fragen und Themen niederschrieb: zu Politik, Wirtschaft, Gesellschaft, Wissenschaft und Religion. Diese Aufzeichnungen, erstmals 1975 unter dem Titel *Carnets* (*Hefte*) veröffentlicht, belegen die außerordentliche Vielfalt der geistigen Interessen ihres Urhebers. So kann es auch nicht besonders erstaunen, dass Saint-Exupéry zwischen Dezember 1934 und März 1940 in Frankreich zehn Patentanmeldungen auf technische Erfindungen hinterlegte. Alle diese Patente beziehen sich auf das Flugwesen. Ganz offensichtlich wurde Saint-Exupéry dabei von dem Bedürfnis geleitet, bestimmte Motorendefekte und andere technische Fehler auszuschalten, die ihm als Pilot während seiner Flüge wider-

RÉPUBLIQUE FRANÇAISE.

MINISTÈRE DE LA PRODUCTION INDUSTRIELLE ET DU TRAVAIL.

DIRECTION DE LA PROPRIÉTÉ INDUSTRIELLE.

BREVET D'INVENTION.

Gr. 6. — Cl. 4. N° 861.203

Perfectionnements aux moyens de contrôle des moteurs en vol par un appareil indicateur unique.

M. Antoine de SAINT-EXUPÉRY résidant en France (Seine).

Demandé le 22 juillet 1939, à 10h 2m, à Paris.
Délivré le 22 octobre 1940. — Publié le 4 février 1941.

[Brevet d'invention dont la délivrance a été ajournée en exécution de l'art. 11 § 7 de la loi du 5 juillet 1844 modifiée par la loi du 7 avril 1902.]

Sur un avion multimoteur, les instruments de contrôle de la marche des moteurs mis à la disposition des mécaniciens sont trop nombreux pour être tous placés ou répétés sur la planche de bord. En rassemblant sur un seul indicateur le maximum de renseignements utiles à ce contrôle, il devient possible de disposer cet indicateur unique sur la planche de bord du pilote.

Le but de la présente invention est de fournir une méthode permettant de réaliser un tel indicateur, grâce auquel il est possible soit de contrôler individuellement pour chaque moteur le fonctionnement de l'allumage et le réglage de l'avance à l'allumage, soit de contrôler la synchronisation des différents moteurs.

Dans son principe, le dispositif comporte la combinsaion des éléments suivants : un oscillographe cathodique, du type à déviation permanente circulaire ; des générateurs d'excitation polyphasée convenant audit tube, chacun des moteurs de l'avion comportant un tel générateur rendu solidaire en rotation avec le moteur correspondant ; des connexions électriques, avec commutateurs, permettant d'appliquer aux plaques de déviation radiale les tensions des rampes de bougie d'un ou de plusieurs moteurs.

L'invention sera mieux comprise au moyen des figures ci-jointes et de la description s'y rapportant, lesquelles en fournissent, à titre d'exemple non limitatif, un mode de réalisation et d'utilisation.

On connaît un type d'oscillographe cathodique dans lequel sous l'effet de tensions ou de courants polyphasés appliqués aux organes déflecteurs usuels le faisceau cathodique décrit la surface d'un cône, et sa trace sur l'écran fluorescent un cercle. Le faisceau cathodique passe dans l'entrefer d'un système déflecteur supplémentaire comportant deux pièces conductrices concentriques dont les surfaces en vis-à-vis sont coniques ; sur ce déflecteur supplémentaire sont appliquées les tensions correspondant au phénomène à analyser, l'effet d'une tension sur ce déflecteur se traduisant par une modification du rayon de l'image cathodique. Si la tension appliquée est de durée brève par rapport à la période de révolution du faisceau cathodique elle se traduit par une pointe sur la trace circulaire du faisceau, cette pointe pouvant être dirigée vers le centre ou vers l'extérieur, suivant le sens de la tension appliquée. La figure 1 montre l'aspect du diagramme ainsi obtenu.

Suivant l'invention, on associe un oscil-

Prix du fascicule : 10 francs.

Patentanmeldung Saint-Exupérys vom 22. Juli 1939 für die »Verbesserung der Kontrollmöglichkeiten eines Motors während des Flugs mittels eines einzigartigen Anzeigeapparats«.

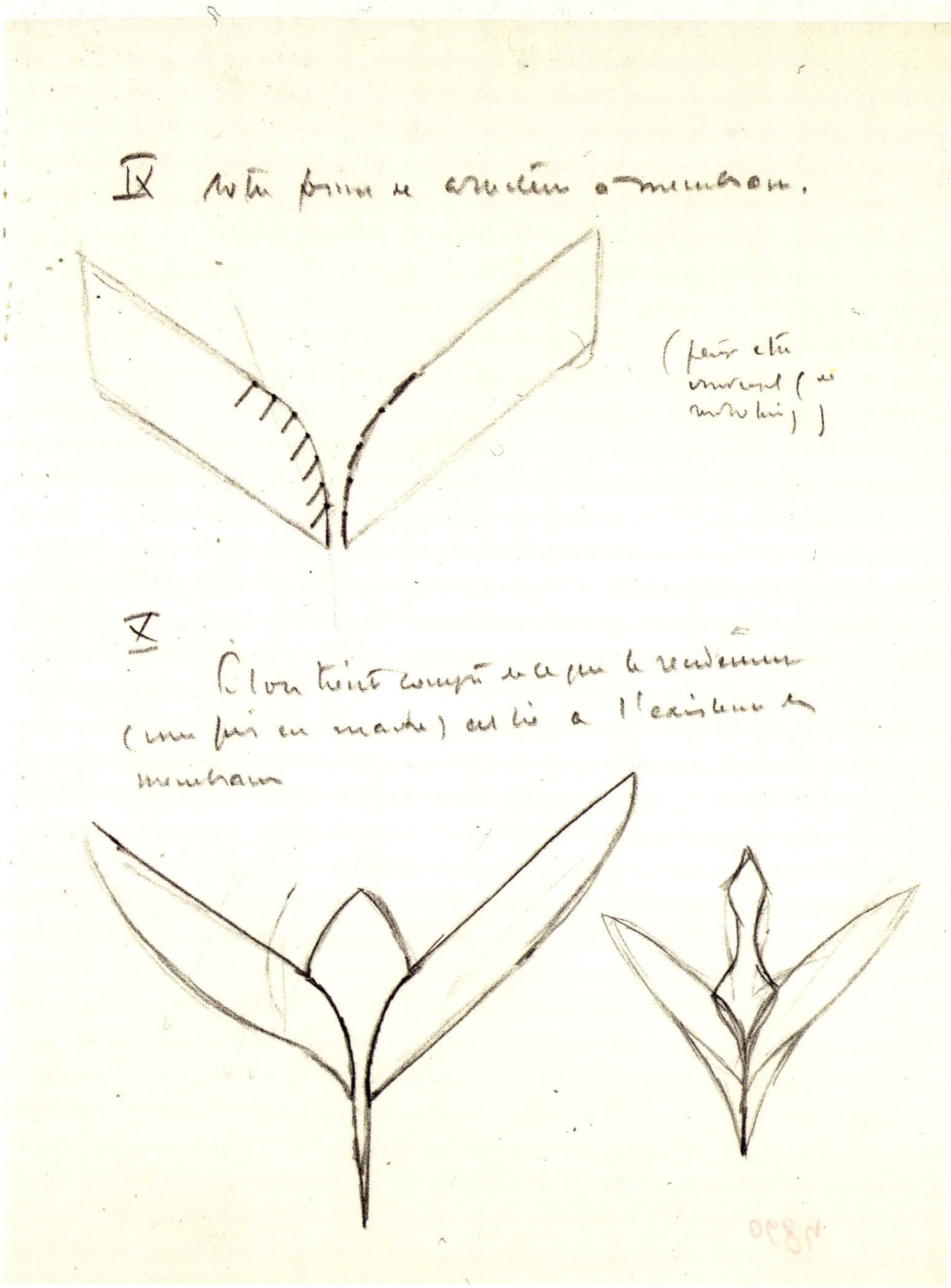

Zwei Entwurfsskizzen für einen Torpedo.

fahren waren. Keines dieser Patente wurde in Frankreich umgesetzt, doch einige wurden nach dem Zweiten Weltkrieg in den Vereinigten Staaten realisiert.

Eine außerordentlich bemerkenswerte Erfindung Saint-Exupérys war ein Verfahren, das heute den Namen DME (Distance Measuring Equipment) trägt und von ihm am 19. Februar 1940 – mit einem Zusatz vom 7. März 1940 – als Patent angemeldet wurde. Dieser Entfernungsmesser, mit dem heute alle Flugzeuge ausgestattet sind, war 1940 noch unbekannt. Saint-Exupéry hatte eines der Grundprinzipien der Radartechnik zur Anwendung gebracht.

Während Saint-Exupérys Aufenthalt in Orconte im Winter 1939/40 besuchte ihn der bedeutende französische Physiker Fernand Holweck. Auch Léon Werth war bei diesem Treffen zugegen: »Nun hätte man schon ein miserabler Beobachter sein müssen, um nicht zu bemerken, dass Professor Holweck diesen Physiker, der eigentlich nicht vom Fach war, ganz und gar ernst nahm … So habe ich an diesem Tag eine gelehrte Diskussion über die Ölkühlung in extremen Höhen zu hören bekommen.«

Unmittelbar nach seiner Ankunft in New York nahm Saint-Exupéry im Januar 1941 Kontakt mit dem amerikanischen Kriegsministerium auf, um der Luftwaffe einige Patentvorschläge zu unterbreiten, die sich auf die Verbesserung der Navigationssysteme bezogen haben dürften, doch die Gespräche führten zu keinem Ergebnis.

In dem New Yorker Milieu fühlte sich Saint-Exupéry nicht sehr wohl, er hasste die Untätigkeit und verbrachte seine Zeit damit, für seine Freunde knifflige mathematische Aufgaben auszudenken. Das Problem des Pharao, das er schon 1935 niedergeschrieben hatte, ist ein Klassiker geblieben. Denis de Rougemont schreibt in seinem Tagebuch von ihm: »Was mich häufig beschäftigt hat … war die Sache mit der Atomkraft. Saint-Ex hat mir als erster die Möglichkeiten der Kernspaltung auseinander gesetzt, die ihm Juliot-Curie enthüllt hatte. Schon 1942 erzählte er mir von Versuchen, die kurz vor dem Krieg in der Sahara vorgesehen waren; die Planer hätten jedoch Befürchtungen gehegt, diese Experimente könnten ihrer Kontrolle entgleiten, so dass die Erde durch eine Kettenreaktion in die Luft gejagt werden würde.« Dies wird durch Äußerungen Jean Renoirs aus dem Jahr 1941 bestätigt: »Er brachte allem, was mit der Atombombe zu tun hat, das lebhafteste Interesse entgegen und erzählte uns, man habe schweres Wasser aus Frankreich fortgeschafft, damit es nicht den Deutschen in die Hände fiele. Er schien sehr auf dem Laufenden zu sein.«

Saint-Exupéry hatte stets einen wachen Geist und versuchte unablässig, neue Ideen durch Experimente zu überprüfen. So konnte es geschehen, dass sein New Yorker Verleger vergebens an seiner Wohnungstür klingelte. Da er selbst einen Schlüssel besaß, betrat er nach kurzem Zögern die Wohnung. Aus dem Badezimmer waren Wassergeräusche und missmutige Ausrufe zu hören. Leicht verlegen kam der Verleger näher – um zu seiner großen Überraschung Saint-Exupéry vor der Badewanne knien zu sehen, in der er die Geschwindigkeit eines Floßes auf einem wechselweise kalten oder warmen Wasserstrahl untersuchte.

Während der Vorbereitung der Alliierten auf ihre Gegenoffensive und die geplante Landung in der Normandie schlug Saint-Exupéry vor, die Soldaten mit individuellen Hubschraubern auszurüsten, die keinen Lärm machen würden, da sie ohne Motor waren. Nach Beratungen mit Robert Boname, dem nach New York emigrierten ehemaligen Chef der technischen Dienste bei der Air France verwarf er den Plan, denn die erforderlichen Rotorenblätter wären zu lang und zu schwer gewesen, um von einem einzigen Mann getragen werden zu können.

Die Hubschrauber faszinierten Saint-Exupéry seit jeher. Davon berichtet auch Jean Gérard Fleury, ein alter Kollege aus der Compagnie Latécoère: »Es gab eine Phase, in der er aus Papier Rotorenblätter wie für Hubschrauber ausschnitt, deren Größe je nach seinen Berechnungen variierte. Er warf sie aus dem Fenster, um ihre Tragfähigkeit zu überprüfen.« Viele Jahre später, als sich Saint-Exupéry 1944 wieder der Gruppe 2/33 angeschlossen hatte, reiste er nach Neapel, um dort General Eaker, den Befehlshaber der amerikanischen Mittelmeertruppen, persönlich um Erlaubnis zu bitten, wieder ein Flugzeug des Typs Lightning fliegen zu dürfen. Aus dem letzten Stockwerk des Hauses, in dem er sich eingemietet hatte, ließ er zum großen Vergnügen der Kinder einen selbst gebastelten Hubschrauber nach dem anderen aus dem Fenster fliegen.

Saint-Exupéry verstand es, durch ungewöhnliche Kenntnisse und Fähigkeiten zu überraschen – als Musiker, der beim Klavierspiel Orangen auf die Tasten legte, um eine Melodie à la Erik Satie erklingen zu lassen, als Zauberer, der seine Freunde mit Kartentricks zu unterhalten wusste, und als Erfinder, von dem Théodore von Karman, Spezialist für Aerodynamik im US-Kriegsministerium, sagte: »Ich habe soeben Besuch von Antoine de Saint-Exupéry erhalten, der mir seine Ideen zur Aerodynamik dargelegt hat. Diese Ideen sind außerordentlich neu und könnten in unserer Wissenschaft zu beträchtlichen Umwälzungen führen.«

Eine undatierte Zeichnung Saint-Exupérys.

Links: Die schreibende Hand Saint-Exupérys.

Rechte Seite: Brief von Saint-Exupéry an seine Mutter vom 11. Juni 1910.

Meine liebe Mama,

ich habe mir einen Füller gemacht. Ich schreibe Ihnen damit. Er schreibt sehr gut. Morgen ist mein Geburtstag. Onkel Emmanuel hat gesagt, er will mir eine Uhr zum Geburtstag schenken. Also könnten Sie ihm vielleicht schreiben, dass morgen mein Geburtstag ist. Am Donnerstag ist eine Wallfahrt zu Notre-Dame-du-Chêne. Ich gehe mit dem Gymnasium. Es ist sehr schlechtes Wetter. Es regnet die ganze Zeit. Mit allen Geschenken, die ich bekam, hab ich mir einen sehr hübschen Altar gebaut.
Leb wohl!
Liebste Mama, ich möchte Sie so gern wiedersehen.

Antoine

Morgen ist mein Geburtstag.

»Ich habe mir einen Füller gemacht«

Seit dem 7. Oktober, in seinem fünften Schuljahr, besuchte Antoine de Saint-Exupéry das Jesuitenkolleg Sainte-Croix in Le Mans. Die Klasse unter Leitung von Monsieur Erragne zählte zwölf Schüler, unter denen Antoine bei Schuljahresende den neunten Platz innehatte. Dies schien ihn nicht sonderlich zu stören, genauso wenig wie er sich über die Strafen beklagte, die er aufgrund seiner mangelnden Disziplin regelmäßig über sich ergehen lassen musste.
Schon in sehr frühen Jahren war Antoine sehr erfinderisch und außerdem ein begabter Bastler. So machte es ihm besonders viel Spaß, an einer damals erst seit kurzer Zeit käuflichen Erfindung herumzuschrauben: dem Tintenfüller. Saint-Exupérys ehemaliger Mitschüler Jean-Marie Lelièvre erinnerte sich später, dass diese Füller englischer und vor allem amerikanischer Herkunft die sehr passende Aufschrift »fountain pen« trugen und Tintenkleckse auf den Fingern, den Hausaufgaben – oder auf den Briefen – zurückließen, wenn sie frisch gefüllt waren.
Witzigerweise begann der zukünftige Schriftsteller den Brief an seine Mutter – übrigens den ersten aus dieser Korrespondenz noch erhaltenen – mit dem Satz: »Ich habe mir einen Füller gemacht«.

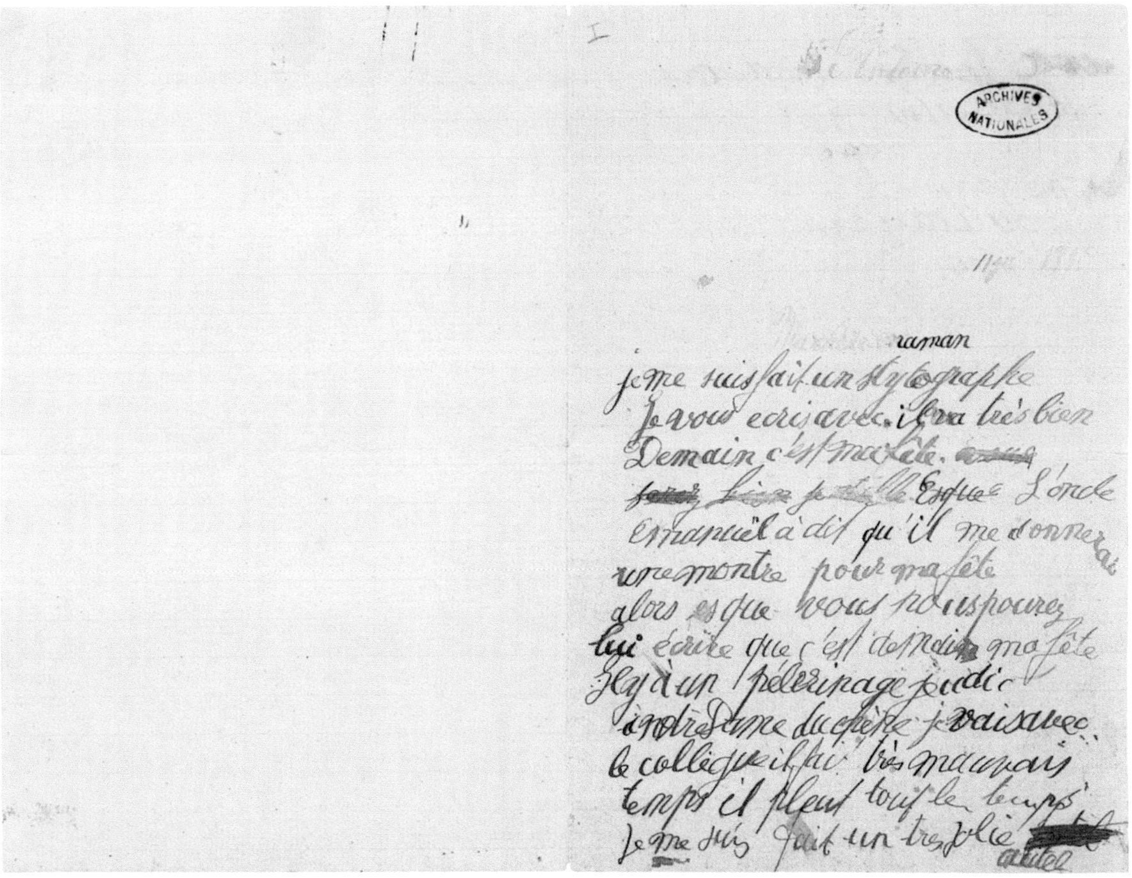

maman

je me suis fait un stylographe
je vous ecris avec. il va très bien
Demain c'est ma fête.
Esque L'oncle
emmanuël a dit qu'il me donnerai
une montre pour ma fête
alors esque vous ne pourez
lui écrire que c'est demain ma fête
Il y a un pélerinage jeudi
à notre Dame du chêne je vais avec
le collège il fai très mauvais
temps il pleut tout le temps
je me suis fait un tres jolie autel

avec toutes les cadeaux
qu'on m'a donné
Adieu
maman cherie je
voudrais bien vous
revoir

Antoine

c'est ma fête demain

Ein Pharao beschließt, eine riesige, massive Stele in Form eines rechtwinkligen Parallelepipeds errichten zu lassen, deren Höhe gleich der Diagonalen ihrer Grundfläche ist. Es sollen dafür ausschließlich Steine verwendet werden, die als Kuben von 10 cm Seitenlänge behauen sind.
Er erteilte einer bestimmten Anzahl von Beamten den Auftrag, dass jeder von ihnen den gleichen Anteil der genau berechneten Menge an Material für den Bau der Stele herbeischaffen solle. Dann starb er.
Zeitgenössische Archäologen fanden nur ein einziges dieser Materiallager. Sie zählten dort 348 960 150 Steinblöcke.
Sie wussten nichts von den anderen Lagern, außer dass die gesamte Zahl der Lager aus mystischen Gründen eine Primzahl darstellte.
Diese Entdeckung ermöglichte ihnen jedoch, die Maße der geplanten Stele genau zu berechnen, und zu beweisen, dass es nur eine einzige mögliche Lösung gab. Tun Sie es ihnen gleich!
N. B.
A) Da dieses Problem auf keine numerische Suche abzielt, geben wir hier, um Ihnen die ermüdende Fronarbeit zu ersparen, die Zergliederung von 348 960 150 in Primzahlen an, nämlich:

2. 35. 52, 7. 11. 373

B) Eine Lösung mittels mühsamer empirischer Methoden zählt nicht.

• Lösung des Problems siehe S. 000

I. – I. – Die notwendige und hinreichende Bedingung, damit die Formel $a^2 + b^2 = c^2$ für die GANZEN ZAHLEN wahr ist, ist gegeben, wenn die Zahlen a, b, c wie folgt definiert sind:

$a = 2\,p\,m\,n$
$b = p\,(m^2 - n^2)$
$c = p\,(m^2 + n^2)$

Lehrsatz, der von Saint-Exupéry vorgegeben worden war.

II. – Wir wissen, dass gegeben ist:

a, b, c = 348 960 150 x x (1) = kx
$a^2 + b^2 = c^2$ (2)
a, b, c ganze Zahlen (3)
x Primzahl (4)

III. – Man kennt: a, b, c = $2\,p^3\,m\,n\,(m^2 + n^2)(m^2 - n^2) = kx$
Daraus lässt sich ableiten, dass:
x = 2, denn x ist eine Primzahl.

IV. – Wir wissen, dass:
k = 348 960 150 = 2. 35. 7. 11. 373 mit dem Ausdruck p3 m n (m + n) (m - n) (m2 + n2) davon ausgehend, dass p2 nur 33 sein kann, wird die folgende Tabelle aufgestellt:
2. 35. 52. 7. 11. 373

18	25	7	11	373	
	9	50	7	11	373
	9	25	14	11	373
	9	25	7	22	373
	9	25	7	22	746

Gefunden werden soll

m. n. M + n, et m – n.

was nur möglich ist, indem:
11 + 7 = 18   25 – 19 = 7
(Linie 1)

Schließlich ist gegeben: p = 3
m = 18 – 2. 32
n = 7
folglich: m + n = 25
m – n = 11
$m^2 + n^2 = 373$

V. – Und schließlich:
a = 6. 18. 7 = 75,6 m
b = 3 (182 – 72) = 82,5 m
c = 3 (182 + 72) = 111,9 m

Unten: Zeichnung von Saint-Exupéry.

Rechte Seite: Einband von *Problème du Pharaon*, Edition Ælberts, Lüttich 1957.

Das Problem des Pharao

Während eines Aufenthalts in Kairo hatte Saint-Exupéry 1935 die Pyramiden besichtigt. Dies brachte ihn auf die Idee, das »Problem des Pharao« zu verfassen. Wie aus Erzählungen seiner Freunde hervorgeht, liebte er es, seiner Umgebung knifflige mathematische Aufgaben vorzulegen. Sein Lieblingsrätsel war die hier gestellte Frage. Saint-Exupéry hatte nie vor, diese Rechenspielerei in irgendeiner Form zu veröffentlichen. Dennoch gab Pierre Ælbert 1957 in Lüttich eine kleine broschierte Auflage von 51 Exemplaren heraus.

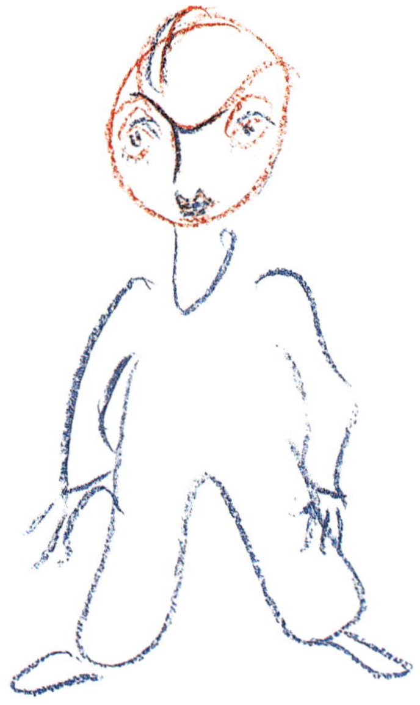

Saint-Exupéry
PROBLÈME DU
PHARAON

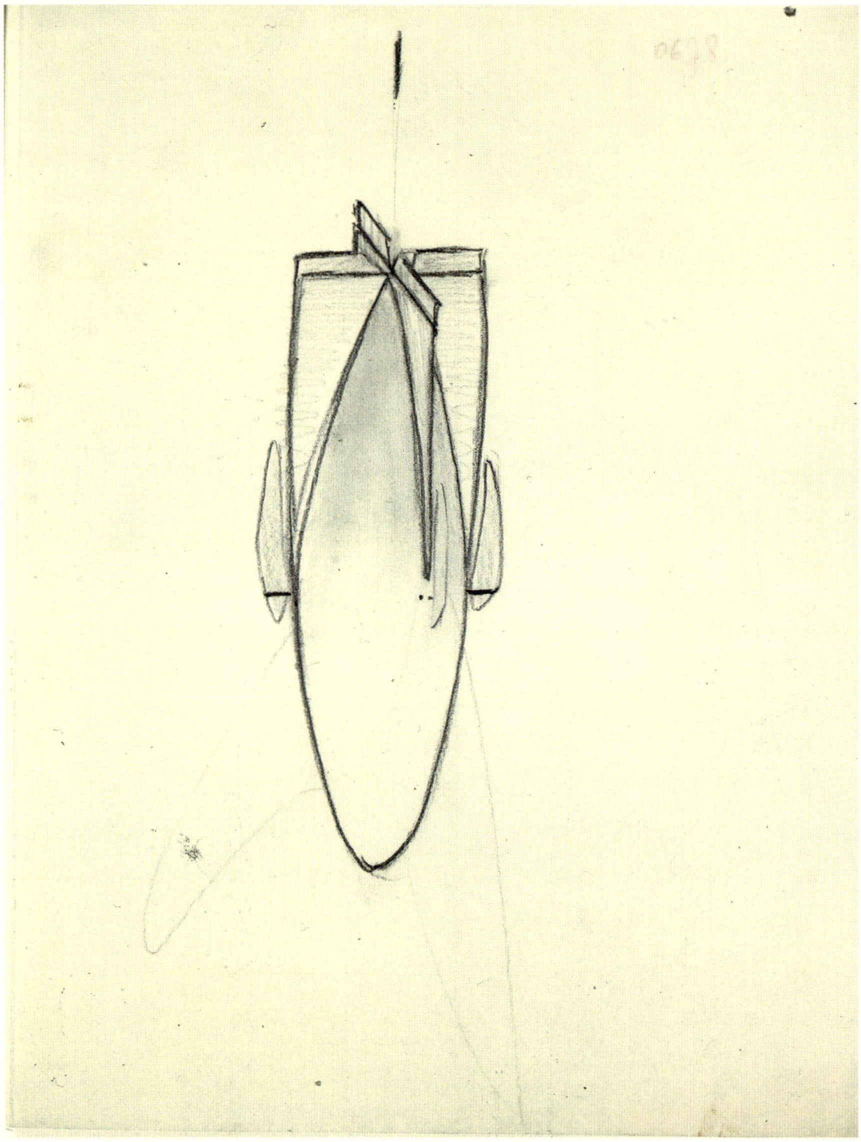

Links: Entwurfsskizze für die neuartigen Tragflächen.

Rechte Seite: Erste Seite der *Wissenschaftlichen Untersuchungen über die Aeronautik.* Typoskript von Saint-Exupéry. Die Patentanmeldung erfolgte für ein »Lufttorpedo«.

Über die Aeronautik

Zwischen 1934 und 1940 hinterlegte Saint-Exupéry im französischen Institut National de la Propriété Industrielle ein Dutzend Patentanmeldungen. Am 28. November 1939 ließ er dort unter dem Pseudonym Max Ras das Patent auf einen »Torpille aérienne« (Lufttorpedo) registrieren. Die Abbildungen zeigen das Typoskript sowie einige Zeichnungen.

Bei zahlreichen Gelegenheiten ist es notwendig, die Fallgeschwindigkeit fester Körper abzubremsen. Die Luftwaffe kann sich vor die Aufgabe gestellt sehen, die Kämpfenden mit Wasser, Lebensmitteln und Munition zu versorgen. Zudem gibt es Torpedo-Modelle, bei denen es vorteilhaft ist, sie mit verminderter senkrechter Geschwindigkeit auf dem Boden auftreffen zu lassen.
Zum Verlangsamen verwendet man in der Regel Fallschirme.
Da der Produktionskostenpreis für diese Art von Tragflächen extrem hoch ist, kann es von Interesse sein, zu untersuchen, ob sie sich durch eine einfache, drehende Tragfläche ersetzen lassen, zumal die Fertigung solcher Vorrichtungen extrem einfach ist.
Eine Ausstattung mit drehender Achse, mit Kugellager oder Kugelgelenken ist in der Tat hierfür nicht notwendig. Während es hingegen bei einem Menschen von Bedeutung ist, dass er im Fall weder einer schnellen Rotation noch den damit zusammenhängenden Zentrifugalkräften ausgesetzt ist, so stellt sich dieses Problem bei festen Körpern nicht. Ob sie sich mitsamt ihrer Tragfläche, von der sie herabhängen, um die eigene Achse drehen, spielt keine Rolle.
Anbei finden Sie eine bestimmte Anzahl solcher drehender Tragflächen, die aus einfachem Papier gefertigt wurden und belegen sollen, dass es genügt, an beiden Enden einer horizontalen Achse jeweils eine kleine Blechplatte anzubringen, um eine perfekt ausgeglichene Tragfläche zu erhalten. Wenn man berücksichtigt, dass die tolerierbaren Fallgeschwindigkeiten ziemlich hoch sein können, sogar wenn es sich um Munition oder um Wasserbehälter handelt, und dass die Oberfläche einer solchen drehenden Tragfläche, bei gleicher Ausrichtung, sehr viel geringer ist als die eines Flügels oder eines Fallschirms, wenn man zudem bedenkt, dass die Stabilität des Systems ohne Zuhilfenahme irgendeiner Versteifung allein durch die Zentrifugalkraft gewährleistet ist, dann ist damit der Beweis erbracht, dass eine solche Vorrichtung zugleich leicht, ökonomisch und Platz sparend sein kann.
Um den Beginn der Drehbewegung zu gewährleisten, welche dazu tendiert, eine Annäherung der Flächen an die Horizontale nach sich zu ziehen, genügt es, dass irgendeine Kraft, im Falle des Papiers die Kraft einer Torsion, die beiden Flächen darin hindert, während des Falls in der Senkrechten zu bleiben. Die Torsion verwandelt sich aufgrund des Luftwiderstands in ein Drehmoment, was wiederum aufgrund der Zentrifugalkräfte bewirkt, dass die Blechplatten in eine annä-

Il est nécessaire dans de nombreuses circonstances de frêner la vitesse de chute d'objets matériels. L'aviation peut en effet avoir pour mission de ravitailler des combattants en eau en vivres ou en munitions. Il est enfin des modèles de torpilles qu'il est avantageux de déposer au sol à vitesse verticale réduite.

Le frein couramment utilisé est le parachute.

Etant donné le prix de revient extrêmement élevé d'un tel mode de sustentation, il peut être intéressant d'étudier son remplacement par une simple voilure tournante, en tenant compte de l'usinage extrêmement simple d'un tel dispositif. Il est en effet inutile de prévoir un matériel de dédaxe tournant, de rotule ou de roulement à billes. Si en effet dans le cas de la sustentation d'un homme il importe d'éviter à cet homme une rotation rapide et les forces centrifuges qui en découlent cet inconvénient ne se pose pas s'il s'agit d'objets matériels. Peu importe si ces objets tournent avec leur voilure sustentatrice.

Nous vous remettons ci-joint un certain nombre de ces voilures tournantes réalisées en simple papier, destinées à prouver qu'il suffit de cendres et de replier une plaque de tôle de part et d'autre d'un axe horizontal pour obtenir une voilure parfaitement équilibrée. Si l'on tient compte de ce que les

hernd horizontale Ebene gebracht werden. Der theoretische Gleichgewichtszustand stellt den Zielpunkt wie die Grenze der Parallelität mit dieser horizontalen Ebene dar. Wenn nämlich die Platten tatsächlich die Horizontale erreicht haben, lässt der Drehmoment nach, die Geschwindigkeit nimmt ab und damit auch die Zentrifugalkraft, was zu einer Wölbung der beiden Flächen nach oben führt, welche wiederum einen erneuten Anstieg des Drehmoments bewirkt. Bei gleicher Menge verbrauchter Energie erweist sich die Perforation einer Metallplatte als umso einfacher, je höher die Geschwindigkeit des Projektils ist. Was mit der Struktur der Materie zu tun hat. Es mag deshalb als vorteilhaft erscheinen, bei hoher Anfangsgeschwindigkeit ein Projektil von geringer Masse auszustoßen, das selbst von geringer Anfangsgeschwindigkeit ist. Jedoch wird es – bei schnell [anwachsendem Verhältnis von Oberfläche zu Volumen, während das Volumen ein Projektil von geringer Masse abschwächt, vor allem wenn es mit hoher Anfangsgeschwindigkeit ausgestoßen wird – schnell durch den Luftwiderstand abgebremst. Es mag deshalb interessant erscheinen, ein Projektil so zu konstruieren, dass es sich an der Aufschlagstelle in eine sekundäre Feuerwaffe verwandelt, welche eine geringe Masse von sehr hoher Anfangsgeschwindigkeit freisetzt.

In der Tat gilt es zu berücksichtigen, dass in zahlreichen Fällen die Länge der Perforation im Vergleich zur Tiefe eine geringe Rolle spielt. Wenn sich beispielsweise in der Wand eines Zylinders ein Loch befindet, und sei es nicht größer als ein Nadelöhr, so wird der Zylinder innerhalb weniger Sekunden durch ein Festfressen des Kolbens beschädigt sein. In gleicher Weise ist auch die Wahrscheinlichkeit, dass ein Benzintank sich entzündet, unabhängig von der Stelle der Perforation. So wie auch an sich unbedeutende Verletzungen eine Mannschaft in zahlreichen Fällen außer Gefecht setzen können. Man könnte versucht sein, ein Projektil zu entwickeln, welches sich an der Aufschlagstelle in eine Art bewegliches Geschütz verwandelt, das seinerseits infolge der Zündung einer Schießpulverpatrone ein Projektil von geringer Reichweite ausstößt. Doch dabei trifft man auf die beiden folgenden Probleme:

a) Damit der Verlauf wie erwünscht stattfindet, muss er innerhalb einer sehr kurzen Zeitspanne nach der mittels eines Kontakts erfolgten Zündung der Sprengstoffkammer ablaufen. Selbst eine sehr rasche Zündung und Verbrennung des Pulvers erfordert jedoch mehr Zeit, als zur Verfügung steht.

b) Wenn man beabsichtigt, eine beträchtliche Energie ins Innere der Masse zu übertragen, dann gilt es, eine Schießpulverpatrone von ziemlicher Größe zu installieren, was zu einem anderen Problem führt.

Aber es kann genauso einen Versuch wert sein, ganz einfach auf das Projektil von leichterem Material einen Teil der Bewegungsenergie der Masse insgesamt zu übertragen. Sofern diese Masse der Flügel ist und die Masse des Projektils von der geringen Größe m zu Tausend ist und sofern ich lediglich ein Hundertstel der Bewegungsenergie des schweren Ganzen hernehme, um sie auf das leichte Projektil zu übertragen, dann behaupte ich, dass ich bei diesem eine Anfangsgeschwindigkeit hervorrufen kann, die zehnmal höher als jene des Ganzen im Augenblick des Aufpralls ist.

Diese Bewegungsenergie stellt eine beträchtliche Energiequelle dar, denn es genügt, davon ein Hundertstel zu entnehmen, um eine Anfangsgeschwindigkeit zu erzielen, wie man sie kaum zu erhoffen wagt. Es kann möglicherweise aufschlussreich sein, folgende apparative Anordnung zu konzipieren und zu prüfen: Der vordere Teil des Projektils besteht aus einem leichten Material, das von einer Achse durchbohrt und von einem Zylinder umfasst wird.

c) Der fragliche Zylinder, aus einem festeren Material, soll uns als Energiereservoir dienen. Wenn nun ein sekundäres Projektil an der rückseitigen Öffnung der Achse platziert wird, so wie es in der Seele eines Gewehrs platziert würde, und wenn zwischen dem Kopf des Projektils p und der Innenwand des Zylinders eine Kammer mit einer flüssigen Substanz oder mit einer Substanz gefüllt wird, die infolge von Kompression flüssig wird (z. B. Blei), so ist klar, dass in dem Augenblick, in dem die Nase des Projektils durch die Oberfläche des Ziels blockiert wird, die Masse des Zylinders, die sich noch weiter nach vorne schiebt, die Flüssigkeit aus der Explosionskammer drückt. Wenn wir nun, um für einen elastischen Abzug zu sorgen, in diese Kammer eine Luftblase eingeschlossen haben, diese Luftblase aber aufgrund der Drehung des Projektils im Zentrum der Zentrifugalkraft gehalten wurde, da die schwere Flüssigkeit danach strebt, eine so weit wie möglich von der Drehachse entfernte Position einzunehmen, wird es zuallererst diese Luftblase sein, welche in die Seele des sekundären Geschützes gedrückt werden wird und so genau die ballistische Rolle spielen wird, die auch ein Abfeuern mittels Pulver erfüllt hätte.]

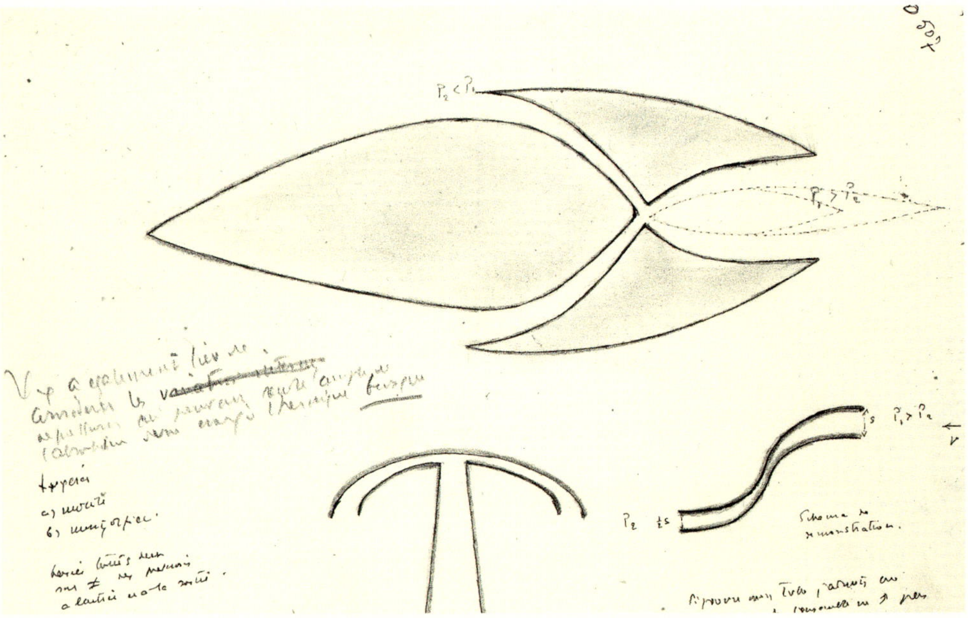

Oben: Entwurfsskizze für die neuartigen Tragflächen.

Rechte Seite: Zweite Seite der *Wissenschaftlichen Untersuchungen über die Aeronautik.* Typoskript von Saint-Exupéry.

vitesses de chute tolérables peuvent être assez élevées même s'il s'agit de munitions ou de réserve d'eau, et de ce que la surface de la voilure tournante est, pour une même sustentation, très inférieure à celle d'une aile ou d'un parachute, en tenant compte enfin de ce que la rigidité du système est assurée, sans l'intervention d'aucune poutre, par la simple force centrifuge, on constate avec évidence qu'une telle réalisation peut être à la fois légère, économique et peu encombrante.

Pour assurer la rotation initiale qui tendra à incliner les plans au voisinage du plan horizontal il suffit qu'une force quelconque (force de torsion dans le cas du papier, tende à empêcher les deux plans de demeurer, durant la chute, dans un même plan vertical. La force de torsion, par l'effet de la résistance de l'air, se transforme en couple de rotation, et ce couple de rotation, à son tour, par l'effet des forces centrifuges qui l'entraînent, tend à ramener les plaques de tôle dans le voisinage du plan horizontal. L'état d'équilibre théorique limite et tend le parallélisme avec ce plan horizontal. Si en effet les tôles sont horizontales le couple de rotation disparaît, la vitesse décroît et donc la force centrifuge, ce qui entraîne un fléchissement des deux plans vers le haut, lequel fléchissement, à son tour, entraîne un accroissement du couple de rotation. A énergie dépensée égale la perforation d'une plaque de métal est d'autant plus aisée que la vitesse du projectile est plus élevée. Ce qui tient à la constitution de la matière. Il peut donc sembler avantageux d'émettre à haute vitesse initiale un projectile de faible masse qu'un projectile de masse élevée à vitesse initiale faible. Cependant, le rapport surface à volume crois-

Links: Einband des *Carnet I* von Saint-Exupéry.

Rechte Seite: *Carnet I*, Nr. 1.

Einige allgemeine Vorstellungen

Die Aufzeichnungen in seinen *Carnets* ermöglichten es Saint-Exupéry, seine Gedanken zu philosophischen oder wissenschaftlichen Themen festzuhalten. Er tat dies in ungeordneter, skizzenhafter Form, ohne Bezug zu privaten Gefühlen oder Erlebnissen, wie dies für ein Tagebuch typisch gewesen wäre. Auch finden sich dort keine existenziellen Erwägungen. Es handelt sich vielmehr um Kommentare zu Fragen der Politik, der Psychoanalyse, der Soziologie, der Wirtschaft, der Biologie, der Religion und der Metaphysik. Manche Passagen sind spürbar ein Widerhall seiner Gespräche mit zeitgenössischen Naturwissenschaftlern. Sechs solcher *Carnets* sind aus Saint-Exupérys Nachlass überliefert. Sie umfassen in etwa den Zeitraum von 1935 bis 1940.

Ich kann den Menschen nicht begreiflich machen, wie bequem es für sie wäre, wenn sie eine Sprache hätten. Ich kann Leuten, die vor Descartes gelebt haben, nicht begreiflich machen, wie klar ihnen die Welt erschiene, wenn sie sich gewissen Begriffen unterordneten.
Jedoch begreifen sie, welche Macht in der Ordnung der natürlichen Phänomene liegt, und sie haben den Namen Wissenschaft für die Ausarbeitung einer Sprache erdacht, von der Descartes sie gelehrt hat, dass sie sich als nützlich erweisen könnte. Diesbezüglich erkennen sie, dass unterschiedliche Blickwinkel genügen, um in der Welt Ordnung und Unordnung zu schaffen, und dass die Ordnung nur eine Form der Sprache ist. Was die Natur betrifft, so begreifen sie, dass der Mensch zu Erkenntnis fähig ist. Doch kein Descartes (außer Marx) hat sie gelehrt, dass es sich hierbei um eine weitaus allgemeinere Wahrheit handelt und dass der Mensch auch den Menschen verstehen kann.
Die ökonomischen und sozialen Widersprüche werden von den Menschen als absolut und unumgehbar betrachtet und tatsächlich sind sie es in der Ordnung der Sprache, die von ihnen gesprochen wird. Ich kann den Menschen etwas beweisen – und sie folgen mir –, aber ich kann ihnen nicht begreiflich machen, inwieweit diese Beweisführung nur möglich geworden ist aufgrund bestimmter Blickwinkel, welche allgemeine Vorstellungen sind (MV??, MV, der Bazillus, die Sonne als Mittelpunkt, die sozialen Klassen, die Naturwissenschaften etc.). Ich kann ihnen nicht begreiflich machen, dass es in der Natur keinerlei Ordnung gibt, sondern ausschließlich im Menschen, oder genauer gesagt, dass es der Mensch ist, der die Ordnung in der Natur schafft und dass die erste Entdeckung darin bestand, in ihm den Glauben daran zu erwecken.
Das System, das ich vorschlage, wird letztlich nicht auf eine Ansammlung von Erfindungen hinauslaufen: Ich [kann den Menschen nicht begreiflich machen, dass es niemals eine Erfindung gibt (Entdeckung eines zu Grunde liegenden Gesetzes). Der Mensch entdeckt in der Wissenschaft gewissermaßen seine eigene Göttlichkeit.]

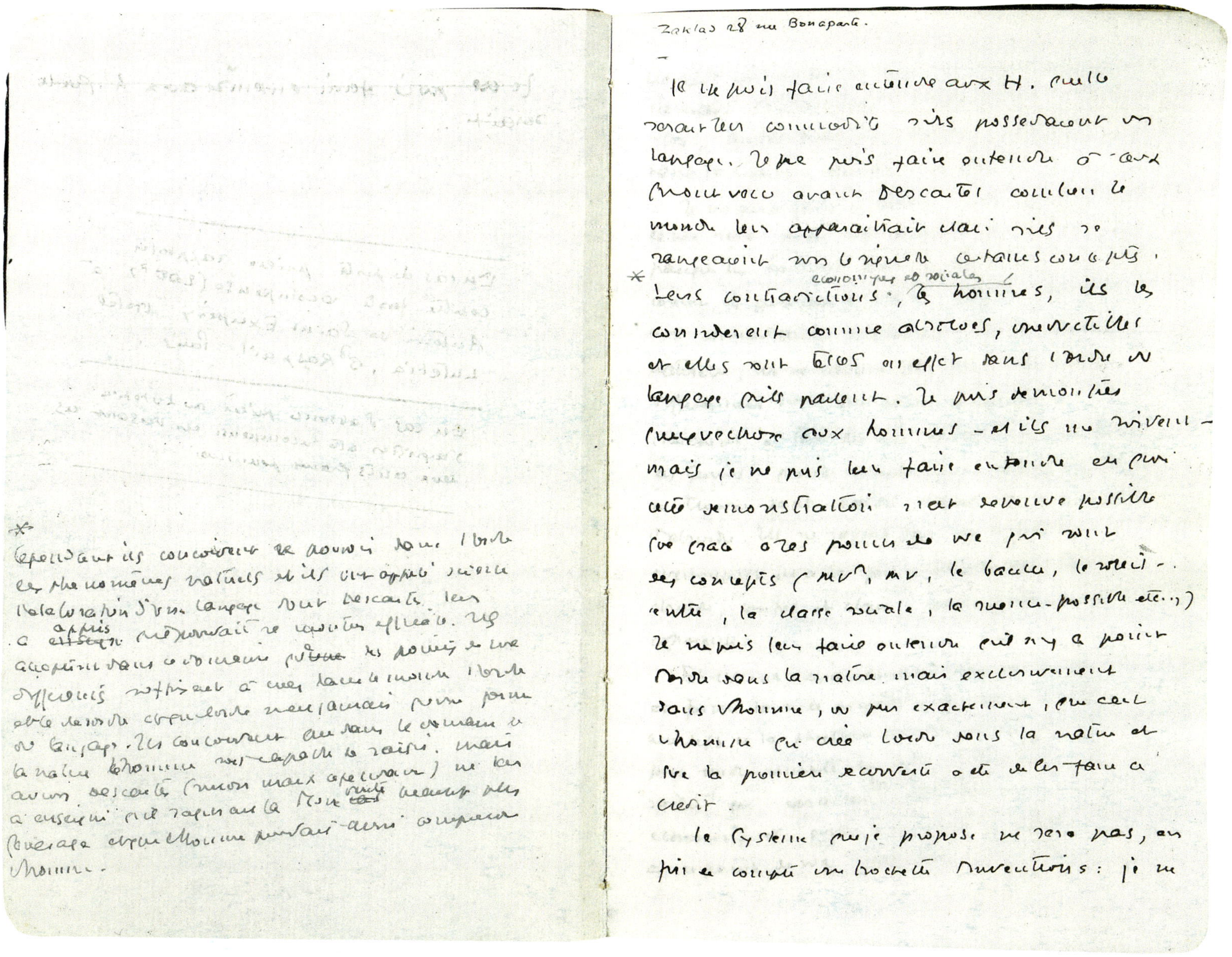
[illegible]

*Cependant ils concevaient le pouvoir dans l'ordre des phénomènes naturels et ils ont appris [illegible] l'élaboration d'un langage sous Descartes. [illegible] l'homme. [illegible]

[illegible] 28 rue Bonaparte.

Je ne puis faire entendre aux H. [illegible] qu'ils possédaient un langage. Je ne puis faire entendre [illegible] aux hommes avant Descartes combien le monde leur apparaissait clair qu'ils se rangeaient [illegible] certains concepts.

* Leurs contradictions économiques et sociales, les hommes, ils les considèrent comme absolues, inévitables et elles sont telles en effet dans l'ordre de langage qu'ils parlent. Je puis démontrer quelque chose aux hommes – et ils me suivent – mais je ne puis leur faire entendre en quoi cette démonstration n'est seulement possible [illegible] ces concepts ([illegible], [illegible], [illegible], le [illegible]-rente, la classe sociale, la [illegible] etc...) Je ne puis leur faire entendre qu'il n'y a point ordre dans la nature mais exclusivement dans l'homme, ou plus exactement, que c'est l'homme qui crée l'ordre dans la nature et que la première [illegible] a été de les faire y croire.

Le système que je propose ne sera pas, au prix de compter une brochette d'inventions: je ne

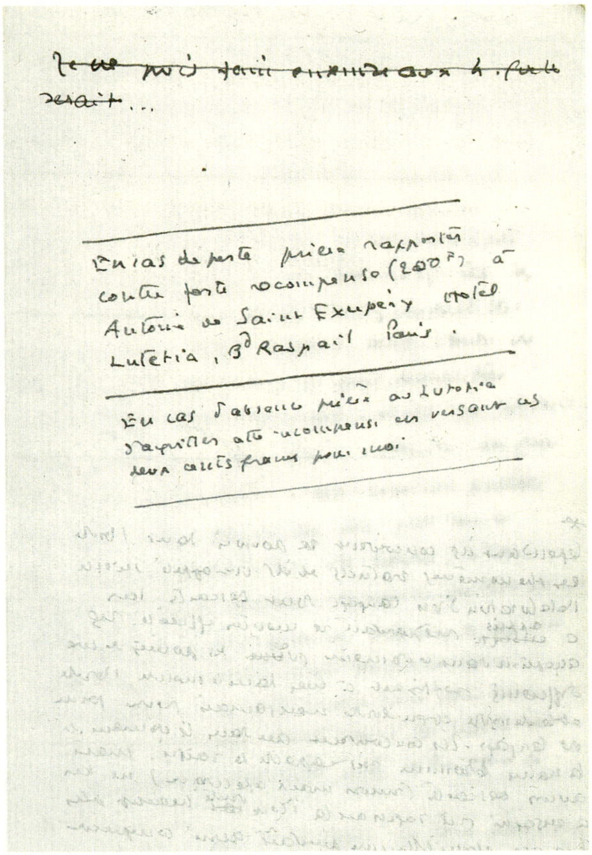
En cas de perte prière rapporter contre forte récompense (200 F) à Antoine de Saint Exupéry Hotel Lutetia, Bd Raspail Paris.

En cas d'absence prière au Lutetia

Links: **Links:** Vermerk Saint-Exupérys, in dem er um Zusendung des *Carnet* bittet, falls er es verloren haben sollte.

Rechte Seite: *Carnet I*, Nr. 17.

»Man bräuchte eine andere Sprache«

Sich mit dem Universum der *Carnets* von Saint Exupéry zu befassen, kommt beinahe dem unberechtigten Eindringen in seine geistige Privatsphäre gleich, in seine geheime innere Welt. Denn zu Lebzeiten hätte der Schriftsteller der Veröffentlichung dieser Notizen niemals zugestimmt. Indessen ermöglichen es die *Carnets*, die erstmals posthum 1953 erschienen und 1975 nochmals ausführlich editorisch überarbeitet wurden, den Schriftsteller, Philosophen und Menschen Antoine de Saint-Exupéry besser kennen zu lernen sowie all seine Zweifel und Gewissheiten, die Entwicklung seiner Gedanken und die Entstehung seiner Werke nachzuvollziehen.

Aber war meine Vorstellung, mein mm', etwas anderes als r^t, die Analogie von Paracelsus? Und ist die Wissenschaft nicht aus dem Glauben an die Wirkkraft der Analogie, an die Universalität des menschlichen Geistes geboren (unpassendes Wort, man müsste sagen: daran, dass der Mensch das Ebenbild Gottes ist).
War nicht Descartes Beitrag eine Methode, um die »analogen Punkte« verlässlich bestimmen zu können?
Meine Vorstellungen sind rein empirisch. Durch ihre Wirksamkeit werden sie begründet. Nicht empirisch, sondern willkürlich. Ich beweise weder $1/r^t$ noch irgendein Axiom. Aber eine Wechselwirkung erfolgt insofern, als dass ich sie erneut beweise (Sophismus), oder, wenn man so will, dass die Natur sie mir zeigt (per definitionem).
Aber auf welchem Weg hat Descartes, [dieser Hellsichtige], sie so wirksam gemacht? Alles ist Synthese, mehr oder weniger, und niemals gleich Null. Systeme der Eigenbrötler: Es mangelt ihnen niemals an Beweisen, jedoch sind diese unfruchtbar, das ist das einzige Kriterium.
Wenn ich auf die wachsende Komplexität der heutigen Wissenschaft stoße, spüre ich, wie die Wissenschaft immer schwieriger wird.
Und doch war sie noch viel schwieriger, als das Studium der Natur in Angriff genommen wurde, welche auf andere Weise für die damals übliche Sprache widersprüchlich und verworren war.
Man bräuchte eine andere Sprache.
Es gibt überhaupt keine bürgerlichen Vorstellungen, denn wie wären sie gesät worden? Außer Hitler spräche von Moral und von Liebe, was ihn lächerlich gemacht hätte. Und wie könnte es ohne die Saat der Religion menschliche Beziehungen geben, die in keiner Weise auf Gewalt und Erpressung gegründet wären?

Häufig sind die Textstellen im Original schwer zu entziffern, was angesichts der Umstände, unter denen sie verfasst wurden, nicht weiter erstaunt. Denn Saint-Exupéry schrieb seine Gedanken meistens in wenig komfortabler Umgebung auf, im Auto oder sogar im Flugzeug.

Mais mon concept, mon $\frac{mm'}{r^2}$ était-il autre chose que l'analogie de Paracelse ? Et la science n'est-elle pas née de la croyance à la vertu de l'analogie à l'[universalité] de l'esprit humain (mot impropre, il faudrait dire : à ce que l'homme est l'image écrite.)

Ce que Descartes a appelé avec la raison une méthode pour choisir valablement les notions analogues ?

— Ils sont seulement empiriques, nos concepts. Nous le sont leurs efficacités que les fondent. Non empiriques mais arbitraires. Je ne démontre plus $\frac{1}{r^2}$ ni aucun axiome. Mais l'interaction est telle que je les redémontre (sophisme) ou, si l'on veut, que la nature me les montre (par définition)

— Mais pourquoi rend Descartes, ou Newton, les a-t-il rendus tellement efficaces ?

— Dialectique synthèse plus ou moins et jamais refaire nulle. Systèmes mécaniques : ils ont toujours pas mal de preuves. Mais imparfaits, voilà le seul critère.

— Quand je me heurte à la complexité de la science contemporaine je sens la science devenir difficile.

Et cependant elle devrait nous aider quand on a abordé celle de la nature qui était autrement contradictoire et confuse pour le langage alors parlé.

Il faudrait un nouveau langage ?

— Nous avons inventé de concepts utiles ou assez moins seraient-ils ensemencés ? A moins que Hitler parlât un langage universel. Et le moral est-il devenu capable sans ensemencement de relations humaines qui ne seraient point forcément changé ?

Links: Eigenhändige Zeichnung Saint-Exupérys, die er dem damaligen Oberst Max Gelée überreichte.

Rechte Seite: Mathematisches Rätsel, am 15. Juli 1944 dem Oberst Max Gelée gestellt, mit der Unterschrift von Major de Saint-Exupéry.

Ein rechtwinkliges Parallelepiped, dessen Höhe gleich der Diagonalen der rechtwinkligen Grundfläche ist, setzt sich exakt aus kubischen Würfeln von 1 cm Seitenlänge zusammen.
Die Fläche der rechtwinkligen Grundfläche ist gleich dem Ergebnis von 311 850 geteilt durch eine unbekannte Primzahl.
Es ist die Höhe des Parallelepipeds zu berechnen.

Wenn Colonel Gelée, ehemaliger Schüler der École Polytechnique, mein Problem in weniger als drei Tagen und drei schlaflosen Nächten löst, verpflichte ich mich, ihm meinen Füllfederhalter Parker 51 zum Geschenk zu machen. Wenn er die Lösung nicht innerhalb von drei Tagen findet, wird er mir sechs Päckchen Philip Morris schenken.

Das Problem des Parallelepipeds

Diese mathematische Aufgabe stellte Saint-Exupéry dem späteren General Max Gelée am 15. Juli 1944. Es ist nicht überliefert, wie die Wette ausgegangen ist oder ob die Frist etwa noch verlängert wurde, bevor Saint-Exupéry am 31. Juli 1944 zu seinem letzten Aufklärungsflug aufbrach. Viele Jahre danach erzählte General Max Gelée diese Anekdote aus seiner Freundschaft mit dem Flieger und Schriftsteller, dessen militärischer Vorgesetzter er 1940 in der Fliegerstaffel 2/33 war: »Das letzte Mal habe ich Saint-Exupéry am 15. Juli gesehen. Er war mit einer P 38 nach Villacidro gekommen. Ich weiß nicht mehr, warum, aber an diesem Tag haben wir unsere Wette schriftlich niedergelegt. Dieses Dokument besaß in meinen Augen einen großen Wert, deshalb habe ich es der Luftfahrtschule in Salon vermacht.«

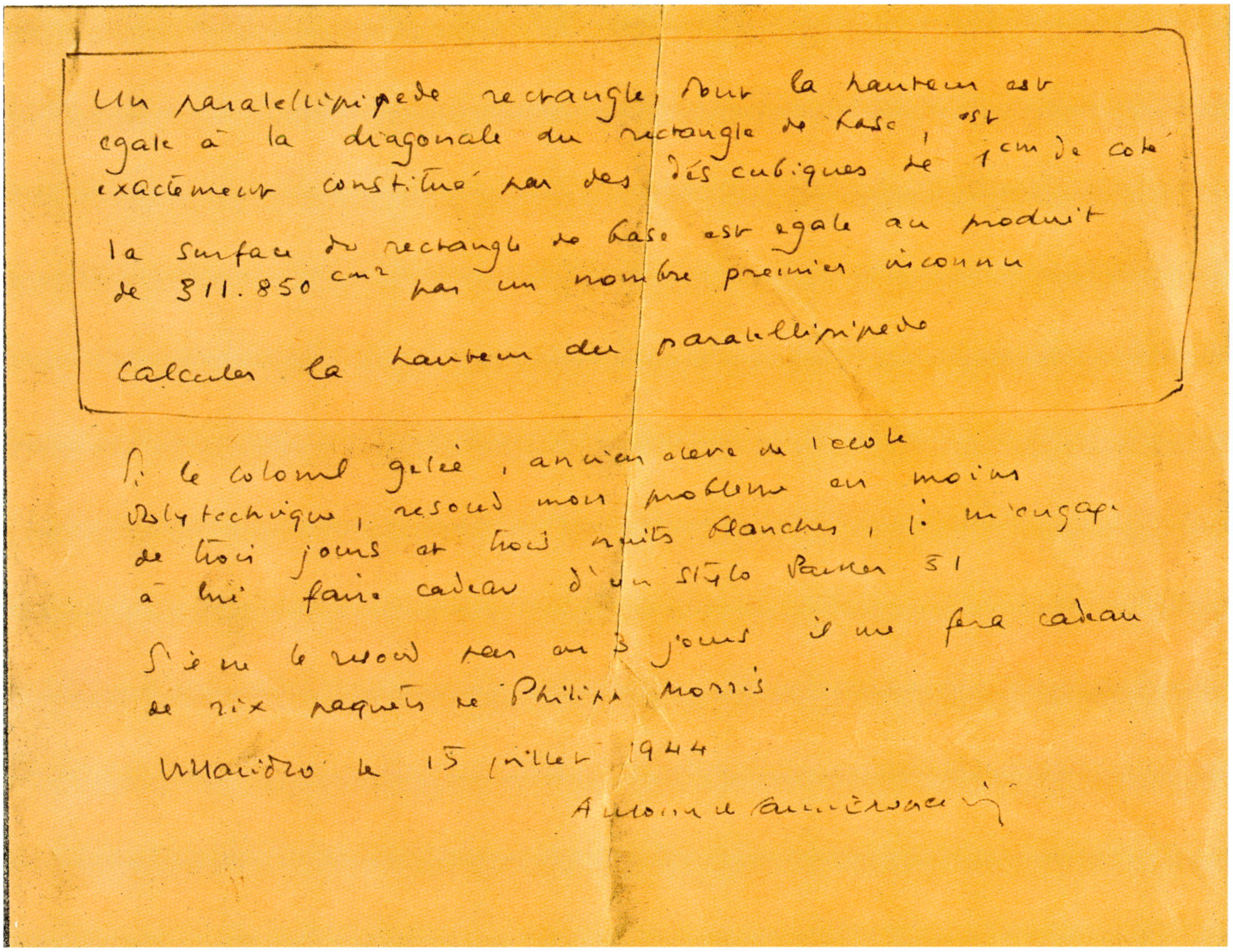

Un parallélipipède rectangle, dont la hauteur est égale à la diagonale du rectangle de base, est exactement constitué par des dés cubiques de 1 cm de coté

la surface du rectangle de base est égale au produit de 311.850 cm² par un nombre premier inconnu

Calculer la hauteur du parallélipipède

Si le colonel Gelée, ancien élève de l'école polytechnique, résoud mon problème en moins de trois jours et trois nuits blanches, je m'engage à lui faire cadeau d'un stylo Parker 51

S'il ne le résoud pas en 3 jours il me fera cadeau de dix paquets de Philipp Morris.

Villacidro le 15 juillet 1944

Antoine de Saint-Exupéry

Oben: Illustration von Bernard Lamotte für *Flug nach Arras.*
Rechte Seite: Saint-Exupéry, fotografiert von John Phillips.

Der Krieg

»Ich ersticke mehr und mehr. Die Atmosphäre dieses Landes ist erdrückend. Mein Gott, worauf warten wir noch? Wenn ich keinen Kampf führe, dann fühle ich mich moralisch krank. Ich habe zu den Ereignissen viel zu sagen. Ich kann dies aber nur als Kämpfender tun und nicht als Tourist. Mich zu Wort zu melden, ist meine einzige Chance.«

Am 4. September 1939, einen Tag nach der Kriegserklärung Frankreichs und Großbritanniens an Deutschland, wurde Saint-Exupéry zur Luftwaffenbasis Francaval in der Nähe von Toulouse einberufen. Er sollte dort Unterricht in Flugnavigation erteilen. Saint-Exupéry lehnte diesen Posten ab. »Man möchte aus mir hier einen Lehrer machen, nicht nur für Flugnavigation, sondern auch für die Führung großer Bomber. Das schnürt mir die Luft ab; ich bin unglücklich und kann nichts weiter tun als schweigen … Sorge dafür, dass ich von hier weg und zu einer Jagdfliegerstaffel komme … Ich finde am Krieg keinen Gefallen, aber zurückzustehen und nicht auch einen Teil des Risikos auf mich zu nehmen, ist mir unmöglich«, schrieb er am 26. Oktober 1939. Einen Monat später, am 26. November, teilte man ihn der Fernaufklärergruppe 2/33 zu, die in Orconte im Département Aisne stationiert war und unter dem Kommando von Hauptmann Schunk stand. Mit seinen Kameraden Luax, Gavoille, Israël, Hochedé, Moreau und Dutertre, die er später zu den Helden seines Romans *Flug nach Arras* machte, absolvierte er Trainingsflüge in Jagdfliegern vom Typ Potez 63.

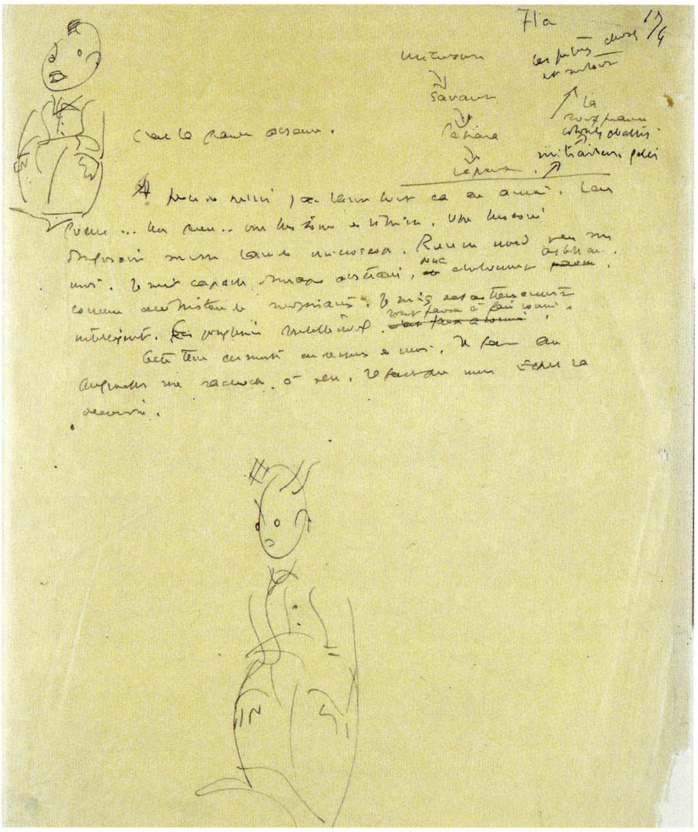

Zeichnung Saint-Exupérys auf einem Notizblatt aus seiner New Yorker Zeit.

Wegen der Kälte blieben die Flugzeuge meistens am Boden. Wurden die Piloten jedoch zu Einsätzen losgeschickt, waren häufig Verluste zu beklagen: »Die Gruppen 1/33 und 2/33 haben, wenn ich mich nicht irre, 11 von 20 oder 25 Besatzungen verloren. Sie sind die Einzigen, die Einsatz zeigten und etwas aufs Spiel setzten. Und das stimmt mich manchmal schwermütig, wenn ich auf meinem Zimmer bin.«

Ende Februar 1940 hielt sich Saint-Exupéry in Marignane auf, um neue Aufklärungsflugzeuge des Typs Bloch 174 steuern zu lernen, welche den Typ Potez ab April ersetzen sollten. Im Frühjahr setzte der Angriff der Deutschen wieder ein. Trotz der Hinweise von Militärbeobachtern, die berichteten, dass sich die deutschen Truppen in der Nähe der französischen Grenze versammelten, reagierte die französische Regierung nicht. Im Mai 1940 zwang der Aufmarsch der Deutschen einen Teil der französischen Bevölkerung zur Flucht: »Ich überfliege also die Straßen, die schwarz sind vom endlosen Strom, der nicht mehr aufhört zu fließen. Die Bevölkerung wird evakuiert, so heißt es.«

Die Aufklärungsflüge der Gruppe 2/33 nahmen an Häufigkeit und Gefährlichkeit zu. Am 22. Mai kehrte Jean Israël von einem Flug, der ihn über Arras führen sollte, nicht mehr zurück. Er wurde von den Deutschen abgefangen und blieb während des gesamten Krieges in einem Kriegsgefangenenlager interniert. Am 23. Mai startete Saint-Exupéry zu einem Aufklärungsflug über Arras, um herauszufinden, ob die Stadt schon von den Deutschen besetzt war. Diese Mission würde den Handlungsrahmen für seinen Roman *Flug nach Arras* bilden. Danach erfolgte der französische Rückzug von Luftwaffenbasis zu Luftwaffenbasis bis nach Bordeaux, wo Saint-Exupéry an Bord eines Flugzeugs vom Typ Farman nach Algier aufbrach. Das Flugzeug war so überladen mit Passagieren und Material, dass es bei der Landung fast abstürzte. Zwischen Deutschland und Frankreich wurde ein Waffenstillstand unterzeichnet; Frankreich wurde in zwei Hälften geteilt, und man entließ die Piloten aus dem Heeresdienst. Saint-Exupéry wollte sich mit diesem Zustand nicht zufrieden geben. Allein eine einzige Nation, so glaubte er, konnte Frankreich noch helfen: die Vereinigten Staaten. Einen Teil des Sommers verbrachte er in Agay bei seiner Familie und schrieb an seinem Opus magnum *Die Stadt in der Wüste*, an dem er schon mehrere Jahre arbeitete. Im Oktober besuchte er Léon Werth, dem er von seinem Vorhaben erzählte, nach Amerika zu reisen und dort um militärische Unterstützung für Frankreich zu bitten. Er reiste nach Lissabon und schiffte sich dort auf der *Siboney* nach New York ein, wo er am 31. Dezember 1940 eintraf.

Saint-Exupéry brauchte das Tätigsein, um leben zu können. In New York geriet er zwischen die Parteigänger des Vichy-Regimes und die Anhänger von General de Gaulle, die ihm gleichermaßen vorwarfen, dass er sich nicht ihren Reihen anschloss.

Saint-Exupéry strebte jedoch nicht danach, einer bestimmten politischen Gruppierung beizutreten, sein dringender Wunsch war es, dass Frankreich diese inneren Streitigkeiten überwinden und zur Eintracht zurückkehren möge, um als Nation möglichst bald wieder an seine ruhmvolle Vergangenheit anknüpfen zu können. Doch zu seiner großen Enttäuschung verstanden die Franzosen in New York diese Botschaft nicht.

Um ihm aus dieser Krise zu helfen, baten ihn seine amerikanischen Verleger, die Geschehnisse in Frankreich vor der Niederlage zu schildern und das Verhalten seines Landes den Amerikanern zu erklären, die nur schwer die Hintergründe der politischen Situation erfassten. Saint-Exupéry folgte diesem Wunsch. Das Buch, das er in Erinnerung an seine Flieger-Kameraden schrieb, die mit ihm kämpften, um ihr Land vor der

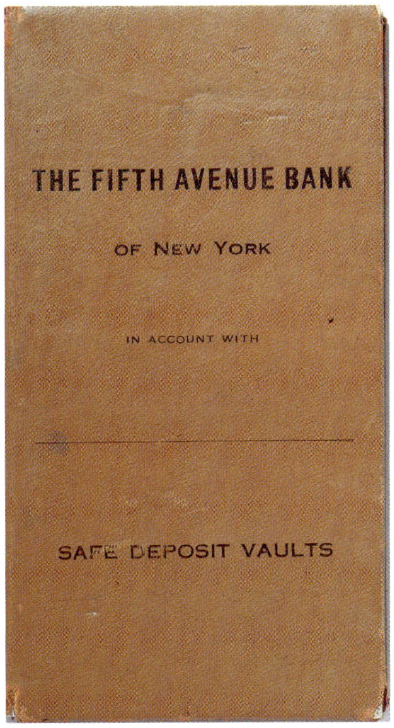

Sparbuch Saint-Exupérys, 1942.

Unten und rechte Seite: Randzeichnungen auf Notizblättern Saint-Exupérys aus seiner New Yorker Zeit.

demütigenden Besatzung durch die Deutschen zu bewahren, trägt den Titel *Pilote de guerre*. Es erschien 1942 und wurde als *Flight to Arras* sofort ins Englische übersetzt. Auch die erste deutsche Ausgabe, *Flug nach Arras*, wurde bereits 1942 in einem Stockholmer Exilverlag veröffentlicht. Das erste Buch der französischen Résistance, wie manche *Flug nach Arras* nannten, wurde in Amerika als Antwort eines Demokraten auf Hitlers *Mein Kampf* aufgefasst. Es stand in den Vereinigten Staaten sechs Monate lang an der Spitze der Bestsellerliste. In Frankreich kam nur eine Auflage von 2000 Stück in die Buchhandlungen und sehr bald verbot die Zensur das Buch.

Nach dem Angriff auf Pearl Harbor im Dezember 1941 und dem Kriegseintritt der Vereinigten Staaten schöpfte Saint-Exupéry wieder neue Hoffnung, insbesondere nach der amerikanischen Landung in Nordafrika im November 1942. Er verfasste einen Aufruf an die Franzosen, der sie zur Vereinigung und zum Dienst unter dem Sternenbanner aufforderte.

Frankreich zuerst wurde am 29. November 1942 im NBC verlesen, außerdem von allen amerikanischen Radiostationen ausgestrahlt, die in französischer Sprache sendeten, und in den nordafrikanischen Zeitungen wurde es abgedruckt. Saint-Exupéry selbst drängte es zur Rückkehr in den Kampf, und er setzte alle Hebel in Bewegung, um sich wieder seiner Fliegerstaffel 2/33 anschließen zu können. Er schiffte sich auf einem Marinekonvoi nach Algerien ein, um in Marokko wieder mit seinen alten Fliegerkameraden zusammenzutreffen. Trotz seines »hohen Alters« – er war damals 44 Jahre alt, während das Durchschnittsalter der Piloten 30 Jahre betrug – lernte Saint-Exupéry, den für Aufklärungsflüge eingesetzten Flugzeugtyp Lightning P 38 zu steuern.

Bei der Rückkehr von seinem zweiten Auftrag setzte er zu einer missglückten Landung an. Er wurde daraufhin vom Dienst als Pilot suspendiert und »zur Verfügung des Oberkommandos« zurückgestellt. Zwischen August 1943 und Mai 1944 hielt sich Saint-Exupéry hauptsächlich in Algier auf, wo er bei dem Arzt Georges Pélissier wohnte. Er schrieb weiter an seiner philosophischen Erzählung *Die Stadt in der Wüste*, die 1948 als unvollendetes Werk posthum veröffentlicht wurde. Saint-Exupéry ertrug es nicht, von den Kampfhandlungen ausgeschlossen zu sein und setzte alles daran, wieder als aktiver Pilot in seine Fernaufklärergruppe 2/33 aufgenommen zu werden. Er wurde mit seinem Gesuch persönlich bei General Eaker in Neapel vorstellig, dem Oberkommandanten der alliierten Luftwaffe im Mittelmeerraum, und erhielt schließlich die Erlaubnis, noch fünf Aufklärungsflüge durchzuführen. Daraufhin schloss er sich wieder seiner Gruppe 2/33 an, die inzwischen in Alghero auf Sardinien stationiert war. Dort machte er die Bekanntschaft von John Philipps, einem Journa-

listen der Zeitschrift *Life*, der für eine Reportage über die amerikanischen Soldaten unterwegs war. Saint-Exupéry verfasste für ihn einen Text, den er am 30. Mai abgab. Erst im August 1944 erschien er in der amerikanischen Presse. In *Brief an einen Amerikaner* bedankte sich Saint-Exupéry bei dem amerikanischen Volk, das seine jungen Soldaten in den Krieg geschickt hatte, um Frankreich zu befreien: »Eure jungen Männer sterben in einem Krieg, der zum ersten Mal in der Weltgeschichte, trotz all seiner Schrecken, eine vage empfundene Liebeserfahrung für sie darstellt. Begeht nicht Verrat an ihnen! Ihnen soll es zukommen, den Frieden zu diktieren, wenn es einmal soweit ist! Auf dass der Frieden ihnen ähnle!« Saint-Exupéry sollte nicht nur fünf, sondern acht weitere Aufklärungsflüge durchführen. Nach seinem letzten Flug am 31. Juli 1944 sollte er von der bevorstehenden Landung der alliierten Truppen in der Provence Mitteilung erhalten, wodurch ihm als Geheimnisträger jeder weitere Flug untersagt worden wäre. Doch er kehrte nicht mehr zurück.

Links: Selbstporträt Saint-Exupérys in einem Brief an Léon Werth, dem er seinen Einsatz in der Fernaufklärungsgruppe 2/33 mitteilt.

Rechte Seite: Handschriftlicher Text vom 11. Februar 1940.

Ich fühlte mich tief bewegt, in der dritten Staffel der Gruppe 2/33 die Jugend des Herzens, das gegenseitige Vertrauen und den Mannschaftsgeist wiederzufinden, die früher, für einige, den ganzen Wert der alten Südamerikalinie ausgemacht haben.
Alles ist hier ähnlich, und ich schätze an der Staffel aus tiefstem Herzen die Kommandeure, die es verstehen, jung zu sein, die erfahrenen Flieger, die es verstehen, einfach zu sein, die Kameraden, die treu sein können, und die Qualität der Freundschaft, die es möglich macht, trotz aller Kriegsgefahren, des schlammigen Geländes und der Unbequemlichkeiten, sich mit so viel Vergnügen am Abend in einer einfachen Holzbaracke um ein leicht melancholisches Grammophon zu versammeln …
Mit meiner ganzen Freude, der 3 anzugehören.

Antoine de Saint-Exupéry

11. Februar 1940

»Meine ganze Freude, der 3 anzugehören«

Unmittelbar nach Kriegsausbruch wurde Saint-Exupéry am 4. September 1939 als Reserveoffizier der Luftwaffe einberufen und zum Militärstützpunkt in Toulouse-Francazal beordert, wo er einer Einheit von Langstreckenbombern als Hauptmann zugeteilt wurde. Als Reporter im Spanischen Bürgerkrieg hatte Saint-Exupéry miterlebt, welche riesigen Zerstörungen durch Bombenabwürfe angerichtet wurden. Deshalb behagte es ihm ganz und gar nicht, für solche Aufträge eingesetzt zu werden. Mit der Unterstützung seines Kommandanten erreichte er es schließlich, in ein Jagdfliegergeschwader versetzt zu werden. Doch musste er dort noch lange gegen die offiziellen Bestimmungen ankämpfen, die aufgrund seines Gesundheitszustandes (seine linke Schulter war praktisch gelähmt) und seines Alters (39 Jahre) seinen Einsatz als Flieger untersagten. Zunächst durfte er nur als Stabsoffizier am Boden seinen Dienst tun.
Saint-Exupéry hatte es schließlich General Davet zu verdanken, dass sein Flugverbot aufgehoben wurde. Zwar erlaubte man ihm auch weiterhin nicht, sich als Jagdflieger an Einsätzen zu beteiligen, doch durfte er nun Aufklärungsflugzeuge steuern. Er wurde der Fernaufklärungsgruppe 2/33 zugeteilt, die 220 Kilometer östlich von Paris in Orconte, zwischen dem Marne-Kanal und Vitry-le-François, stationiert war.

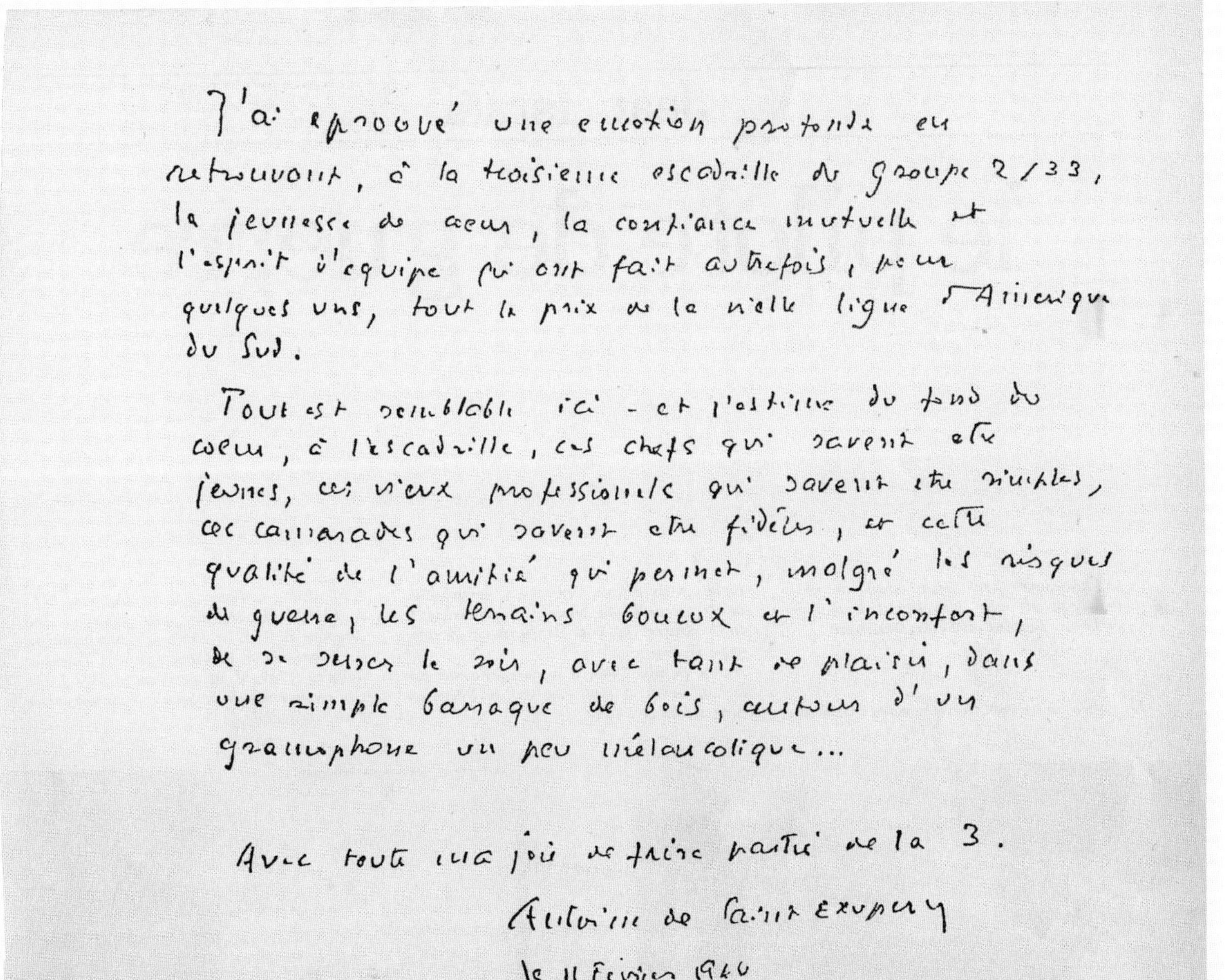

J'ai éprouvé une émotion profonde en retrouvant, à la troisième escadrille du groupe 2/33, la jeunesse de cœur, la confiance mutuelle et l'esprit d'équipe qui ont fait autrefois, pour quelques uns, tout le prix de la vieille ligne d'Amérique du Sud.

Tout est semblable ici – et j'estime du fond du cœur, à l'escadrille, ces chefs qui savent être jeunes, ces vieux professionnels qui savent être simples, ces camarades qui savent être fidèles, et cette qualité de l'amitié qui permet, malgré les risques de guerre, les terrains boueux et l'inconfort, de se serrer le soir, avec tant de plaisir, dans une simple baraque de bois, autour d'un gramophone un peu mélancolique...

Avec toute ma joie de faire partie de la 3.

Antoine de Saint Exupéry

le 11 Février 1944

Links: Antoine de Saint-Exupéry im September 1939.

Rechte Seite: Auszug aus *Flug nach Arras,* Typoskript mit handschriftlichen Korrekturen.

Zusammenbruch und Widerstand

Der Frankreichfeldzug der deutschen Truppen endete am 22. Juni 1940 mit der Unterzeichnung des Waffenstillstands zwischen Frankreich und Deutschland. Frankreich wurde in zwei Zonen unterteilt: Der nördliche Teil stand direkt unter deutscher Besatzung, während der südliche Teil unter Marschall Pétain von Vichy aus regiert wurde. Im November 1942 marschierten die deutschen Truppen auch im Süden Frankreichs ein. Saint-Exupéry, der Ende 1940 in die USA gereist war, wo er zunächst nur einige Wochen bleiben wollte und schließlich bis April 1943 im Exil verweilte, wollte Zeugnis ablegen von den Kämpfen der Soldaten und dem Leiden der Zivilbevölkerung. Er beschloss 1941, darüber einen Roman zu schreiben, und so entstand *Flug nach Arras.* Saint-Exupéry wollte damit auch all jenen Piloten seiner Gruppe 2/33 ein literarisches Denkmal setzen, die in ihren Flugzeugen von den Deutschen abgeschossen worden waren: Hochedé, Alias, Dutertre, Pénicot, Sagon.

[Sicher ist ein Zusammenbruch ein trauriges Schauspiel. Erbärmliche Menschen zeigen sich dabei erbärmlich. Plünderer erweisen sich als Plünderer. Einrichtungen gehen aus den Fugen. Übersättigt von Ekel und Überanstrengung zersetzen sich die Truppen ins Widersinnige. Alle diese Wirkungen gehören zu einer Niederlage, wie die Beulen zur Pest gehören. Doch wenn ein Lastwagen die überfährt, die du liebst, wirst du über ihre Hässlichkeit abfällig reden?] Manche sagten: [»Wir können in einem Jahr die fehlenden vierzig Millionen Franzosen nicht herzaubern. Wir können unsere Getreidefelder nicht in Kohlegruben verwandeln. Wir können nicht auf die Hilfe der Vereinigten Staaten hoffen.] Mit ihrem Anspruch auf Danzig wird uns von den Deutschen die Pflicht auferlegt – nicht Danzig zu retten, das ist unmöglich – aber uns selbst umzubringen, um der Schande zu entgehen. [Was für eine Schande sollte es sein, ein Land zu besitzen, das mehr Korn als Maschinen hervorbringt, und im Verhältnis Eins gegen Zwei zu stehen? Warum sollte die Schande auf uns lasten und nicht auf der Welt?«] Mit dieser Logik hatten sie Recht. Doch war es richtig, auf sie zu hören? Ich bewundere Frankreich dafür, dass es sich durch solche Hinweise nicht vom Opfer abbringen ließ. Ich bewundere Frankreich dafür, dass bei uns der Geist über den Verstand siegte.

[Das Leben sprengt immer die Formeln. Die Niederlage kann sich als der einzige Weg zur Erneuerung erweisen, trotzt aller Hässlichkeiten. Ich weiß wohl, dass ich, um einen Baum zu schaffen, ein Samenkorn zum Verderben verurteile.

Der erste Akt des Widerstandes, kommt er zu spät, ist immer verlustreich.] Aber mit ihm geht das Erwachen des Widerstandes einher. Der Scheideweg der Geschichte kündigt sich in ihm an. [Vielleicht geht aus ihm wie aus einem Samenkorn ein Baum hervor. Frankreich hat seine Rolle gespielt. Sie bestand darin, sich der Vernichtung anheim zu geben, da die Welt, ohne mitzuarbeiten, ohne mitzukämpfen, den Schiedsrichter spielte, und sich eine Zeit lang in Schweigen versinken zu sehen. Wenn es zum Angriff geht, müssen notwendigerweise Männer an der Spitze sein. Sie sterben meistens. Damit aber der Angriff erfolgt, müssen die ersten sterben.]

~~Mais ce miracle nous ne l'attendons plus. Il est trop tard. Nous sommes très sages. Dutertre et moi nous n'espérons aucun miracle.~~

40

Intervalle

Intervalle

~~On se scandalisera surtout de cette débâcle où nous trompons.~~ Mais ~~le role d'une France acceptant de se mesurer avec trois fois plus fort qu'elle-meme, ne pouvait être role de vainqueur.~~ Certes une débacle est triste spectable. Les hommes bas s'y montrent bas. Les pillards se révèlent pillards. Les institutions se délabrent. Les troupes gavées d'écoeurement et de fatigue se décomposent dans l'absurde. Tous ces effets, une défaite les implique comme la peste implique le bubon. Mais celle que vous aimiez, si un camion l'écrase, irez-vous critiquer sa laideur ?

La France en acceptant la guerre a accepté d'etre enlaidie un temps par la défaite. Fallait-il qu'elle refusat la défaite, donc la guerre ?

Certains nous disaient : "Nous ne pouvons pas faire surgir dans l'année les quarante millions de Français qui nous manquent. Nous ne pouvons pas changer notre terre à blé en terre à charbon, nous ne pouvons pas espérer l'assistance des Etats-Unis. Puisque les Allemands revendiquent Dantzig il est de notre devoir non de sauver Dantzig, c'est impossible, mais de mourir pour éviter la honte. Quelle honte y a-t-il cependant à posséder une terre qui forme plus de blé que de machines et à se compter un contre deux ? Pourquoi la honte pèserait-elle sur nous et non sur le monde ?" Ces logiciens avaient raison. Fallait-il les écouter ? J'admire, moi, de la France, que de tels avertissements ne l'aient point détournée du sacrifice. J'admire que l'Esprit, chez nous, ait dominé l'intelligence.

La vie, toujours, fait craquer les formules. La

~~La vie dépasse les formules. La~~ défaite peut se révéler le seul chemin de la résurrection, malgré ses laideurs. ~~du sauvetage~~. Je sais bien que pour créer l'arbre je condamne une graine à pourrir.

Le premier acte de résistance s'il survient trop tard est toujours perdant. Mais il est éveil de la résistance. La bifurcation de l'Histoire datera de lui. Un arbre peut-être sortira de lui comme d'une graine. ~~cette graine~~.

La France a joué son rôle. Il consistait pour elle à se proposer à l'écrasement, puisque le monde arbitrait sans combattre ni travailler, et à se voir ensevelir pour un temps dans le silence. Quand on donne l'assaut, il est nécessairement des hommes en tête. Ceux-là meurent presque toujours. Mais il faut, pour que l'assaut soit, que les premiers meurent.

Links: Illustration von Bernard Lamotte für *Flug nach Arras.*

Rechte Seite: Auszug aus dem Manuskript von *Flug nach Arras.*

Ich überfliege also die Straßen, die schwarz sind vom endlosen Strom, der nicht mehr aufhört zu fließen. Die Bevölkerung wird evakuiert, so heißt es. Das ist schon nicht mehr wahr. Sie evakuiert sich selbst. Es herrscht eine sinnlose Ansteckung in diesem Auszug. Wo wollen sie denn hin, diese Landstreicher? Sie machen sich auf nach Süden, als ob es dort Unterkunft und Nahrungsmittel gäbe, als ob man sie dort liebevoll aufnähme. Dabei gibt es im Süden nur noch zum Brechen volle Städte, wo sie in den Werkshallen schlafen und die Vorräte zur Neige gehen. Wo die Gebefreudigsten allmählich bösartig werden wegen der Verrücktheit dieser Überschwemmung, die sie nach und nach mit der Langsamkeit eines Schlammstroms verschlingt. Eine einzige Provinz ist nicht im Stande, das ganze Frankreich zu beherbergen und zu verpflegen! Wo wollen sie hin? Sie wissen es nicht! Sie marschieren nach gespenstischen Rastplätzen, [denn kaum hat diese Karawane eine Oase erreicht, dann ist schon keine Oase mehr da.]

Die Flucht

Am 13. Mai 1940 überquerten die deutschen Truppen die Maas. Ihr schnelles Vorrücken in Richtung Paris trieb einen Flüchtlingsstrom von zehn Millionen Franzosen auf die Straßen. Als der Hauptmann Antoine de Saint-Exupéry am 23. Mai 1940 mit einem Flugzeug des Typs Bloch 174 vom Flughafen Orly startete, wartete ein Auftrag auf ihn, von dem er nur wie durch ein Wunder zurückkehrte. Er sollte für das Heereskommando »zwischen Arras und Douai die Stellungen der eigenen und der feindlichen Truppen« genau lokalisieren. Das Schauspiel, das sich Saint-Exupéry vom Flugzeug aus bot, die brennende Stadt Arras, die umherirrenden Flüchtlinge, sollte ihn tief erschüttern. Zugleich beschrieb er dieses Erlebnis als innere Umkehr. Angesichts des unermesslichen menschlichen Elends fand er den Glauben an den Menschen wieder und wurde sich seiner eigenen Blindheit bewusst: »Ich entdecke nichts Neues, doch ist mir, als ob ich aus einem Schlaf erwache und wieder erblicke, was ich nicht mehr wahrgenommen hatte.« Er verstand mit einem Mal, dass es darauf ankommt »zu geben, bevor man nimmt, und zu erbauen, bevor man bewohnt«.

Diese Bewusstwerdung bildet die Kernaussage des Romans *Flug nach Arras*, den Saint-Exupéry im amerikanischen Exil verfasste und 1942 in den Vereinigten Staaten wie auch in Frankreich veröffentlichte. »Ich bin sehr froh, durch mein Handeln bis ins Mark beweisen zu dürfen, dass ich reinen Herzens bin«, schrieb Saint-Exupéry 1943.

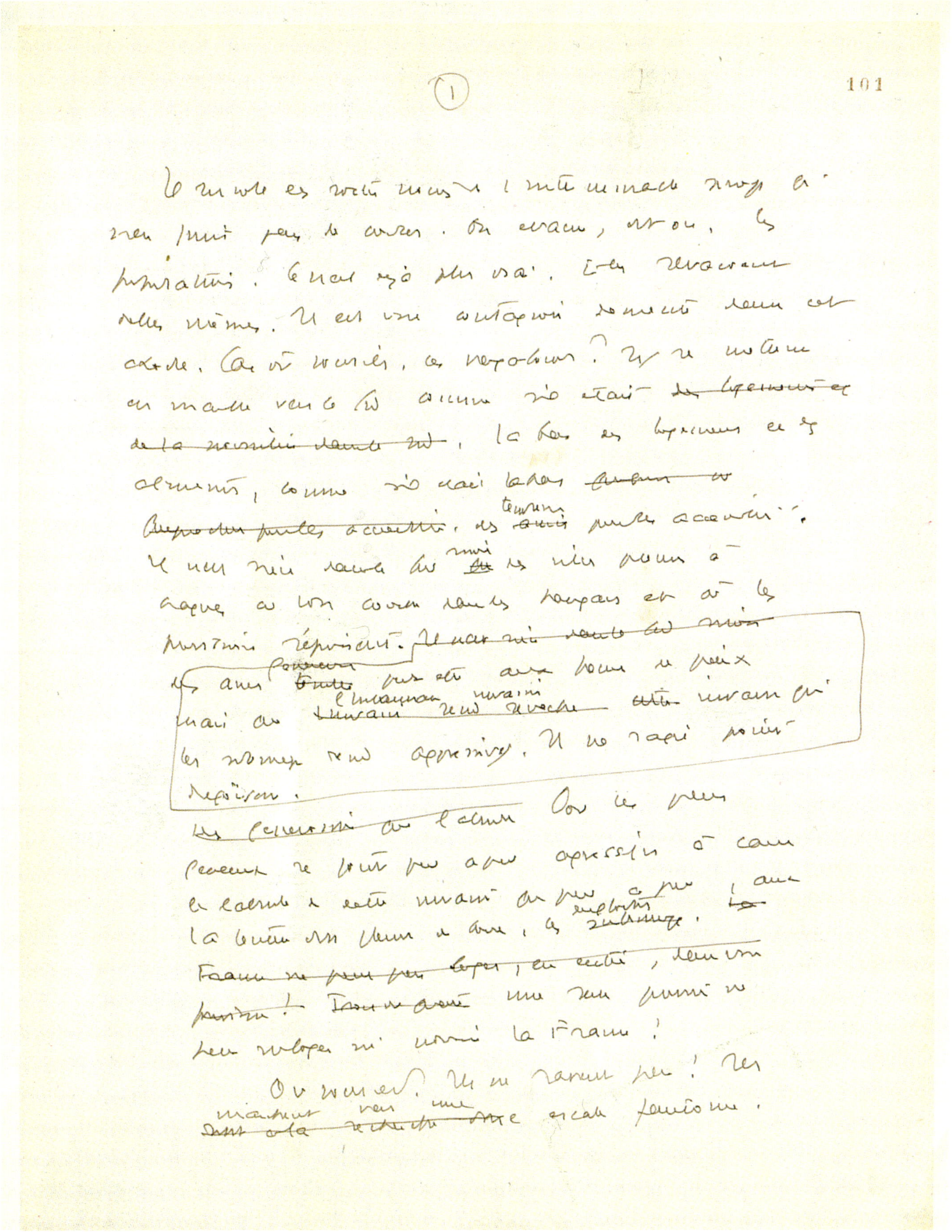

(1)
101

Frankreich zuerst.
Die deutsche Nacht hat sich über das ganze Land gelegt. Eine weitere verlorene Nation, im Dunkel einer Nacht, in der alle Lichter gelöscht sind. Wir werden nicht mehr erkennen können, was wir lieben. Wir werden selbst die Namen der erschossenen Geiseln nicht wissen.

Links: Antoine de Saint-Exupéry spricht seine Rede *Frankreich zuerst* ins Mikrophon des New Yorker Radiosenders NBC.

Rechte Seite: *Frankreich zuerst,* November 1942. Fragment des Entwurfs zu Saint-Exupérys Appell an die Franzosen.

»Frankreich zuerst«

Frankreich zuerst ist ein Aufruf an alle Franzosen, die eigenen Streitigkeiten zu vergessen, um vereint gegen die Deutschen zu kämpfen. Es handelt sich hierbei um die erste öffentliche politische Stellungnahme Saint-Exupérys.
Im Oktober 1942 gelang es den Truppen des englischen Generals Montgomery, die deutschen Einheiten in Libyen zurückzudrängen. Am 23. Januar 1943 wurde Tripolis befreit. Die Landung der alliierten Truppen in Nordafrika am 8. November 1942 führte zum Abbruch der diplomatischen Beziehungen zwischen den Vereinigten Staaten und der französischen Vichy-Regierung, die mit den Deutschen kollaborierte. Aber auch General de Gaulle, der im Exil den französischen Widerstand leitete, zeigte sich empört, weil er in die militärischen Planungen der Alliierten nicht eingeweiht worden war. In diesem historischen Umfeld verlas Saint-Exupéry in der New Yorker Rundfunkanstalt NBC einen Aufruf, der mit den Worten begann: »Frankreich zuerst«. Die englische Fassung wurde am gleichen Tag mit der Überschrift *An open letter to Frenchmen everywhere* in der *New York Times* veröffentlicht; am Tag darauf war der Text auf Französisch in der Zeitung *Le Canada* in Montreal zu lesen. Es folgten weitere Ausstrahlungen durch französischsprachige Radiosender, außerdem wurde der Beitrag in mehreren nordafrikanischen Zeitungen abgedruckt. Saint-Exupéry wollte so viele Franzosen wie möglich erreichen.
Das Manuskriptblatt ist ein Rohentwurf der ersten Sätze des Aufrufs, die später noch korrigiert wurden.

094

D'abord la France.

La nuit allemande ~~a abouti~~ ~~recouvrait~~ ~~le territoire~~ s'est faite sur tout le pays ~~toute terre~~.

Voici une nation se [illegible] perdre dans la nuit tous feux éteints. Nous ne connaissions plus rien de ceux que nous ~~avons tant aimé~~ aimions, nous ignorions jusqu'aux noms des otages ~~qu'a fusillé l'allemagne~~ fusillés. La conscience et le ~~[illegible]~~ confondaient [illegible] ni [illegible] ~~français~~ dans un [illegible] de la bas ~~[illegible]~~ ~~[illegible]~~ à mots couverts, ~~se battaient sous le [illegible]~~ ~~[illegible] notre pays~~ territoire ~~explosé [illegible]~~ la France les [illegible] à son [illegible]. Ce ne sera plus au [illegible] sous la neige.

La neige allemande

Links: Jacques Maritain in den 1930er Jahren.

Rechte Seite: Auszug aus dem Entwurf eines Briefes an Jacques Maritain vom 11. November 1942. Mit einigen Abweichungen vom veröffentlichten Text.

Mein lieber Freund,

ich bin untröstlich über den Schritt, zu dem Sie sich gezwungen sahen. Ich habe vor Ihnen uneingeschränkte Hochachtung. Sie verkörpern in meinen Augen Rechtschaffenheit, Gerechtigkeit, Selbstlosigkeit und Pflichtbewusstsein. Ich fühle mich mit Ihnen auf geistiger Ebene [in absoluter Übereinstimmung]. Ich habe alle Ihre Bücher mit einer Art Liebe gelesen. Auf meine Ehre, dies sage ich nicht, um Ihnen zu schmeicheln. Ich weiß, dass eine so grobe Lobhudelei Sie nur enttäuschen würde. Ich sage dies, weil ich an Sie als Richter eines geistigen Wettkampfs zwischen Ihnen und mir appelliere.
Sie »antworten« mir in einer Zeitschrift, die es aus triftigen Gründen, über die ich nicht streiten will, abgelehnt hat, meinen Artikel zu veröffentlichen. Das war ihr gutes Recht. Doch nun schicken Sie sich an, mich für meine Äußerungen bei Lesern zur Rechenschaft zu ziehen, die nicht wissen können, was ich gesagt habe. Es lässt mich zum Glück ziemlich gleichgültig, dass Sie meine These angreifen. Ich bin nicht im Besitz der Wahrheit. Jeder kann sich in den Schlussfolgerungen seines Verstandes einmal täuschen. Selbst wenn Sie mir vorwerfen würden, ich sei dumm, ließe mich das kalt. Sie haben das Recht zu einer solchen Sichtweise. Aber nun fügt es sich, dass Ihre Person – weil Sie moralisch unanfechtbar sind – in dieser Debatte die Rolle eines geistigen Richters spielen wird, das heißt eines Richters über die Absichten.

An Jacques Maritain

Durch seinen Aufruf *Frankreich zuerst* gelang es Saint-Exupéry nicht, seine Landsleute zu der Eintracht und Versöhnung zu bewegen, die er sich so sehr erhofft hatte. Auch Jacques Maritain verhielt sich ablehnend. Der einflussreiche französische Religionsphilosoph, dessen moralische Stimme damals großes Gewicht hatte, hielt sich ebenfalls in New York auf. In seiner grundsätzlichen Haltung stand er Saint-Exupéry nicht fern, weshalb dieser umso bestürzter war, dass Maritain mit harter Kritik reagierte. Er warf Saint-Exupéry vor, dem Vichy-Regime gegenüber eine zu versöhnliche Haltung einzunehmen, die er nicht gutheißen konnte. Umgekehrt konnte dieser, worin zahlreiche Franzosen in New York es ihm gleichtaten, keineswegs alle Entscheidungen von General Charles de Gaulle befürworten.
Jacques Maritain antwortete auf Saint-Exupérys Appell mit einem Artikel, der am 12. Dezember 1942 in der Exilzeitschrift *Pour la victoire* veröffentlicht wurde. Daraufhin verfasste wiederum Saint-Exupéry, dem die Stellungnahme Maritains vorab von der Redaktion zugesandt worden war, einen offenen Brief an Maritain, in dem er wiederholte, dass die Einheit der Franzosen für ihn die notwendige Voraussetzung für einen zukünftigen Frieden darstellte. Beide Männer, die unterschiedlichen Generationen angehörten, analysierten scharfsinnig die Probleme und Verstrickungen ihrer eigenen Zeit und brachten ihre Argumente mit großer Überzeugungskraft vor. Doch trotz ihres aufrichtigen Bemühens konnten sie zu keinem Einverständnis gelangen.
Das Manuskript, dessen erste Seite hier abgedruckt ist, stellt die erste, bisher unveröffentlichte und an einigen Stellen von der endgültigen Version abweichende Fassung des Briefs an Jacques Maritain dar.

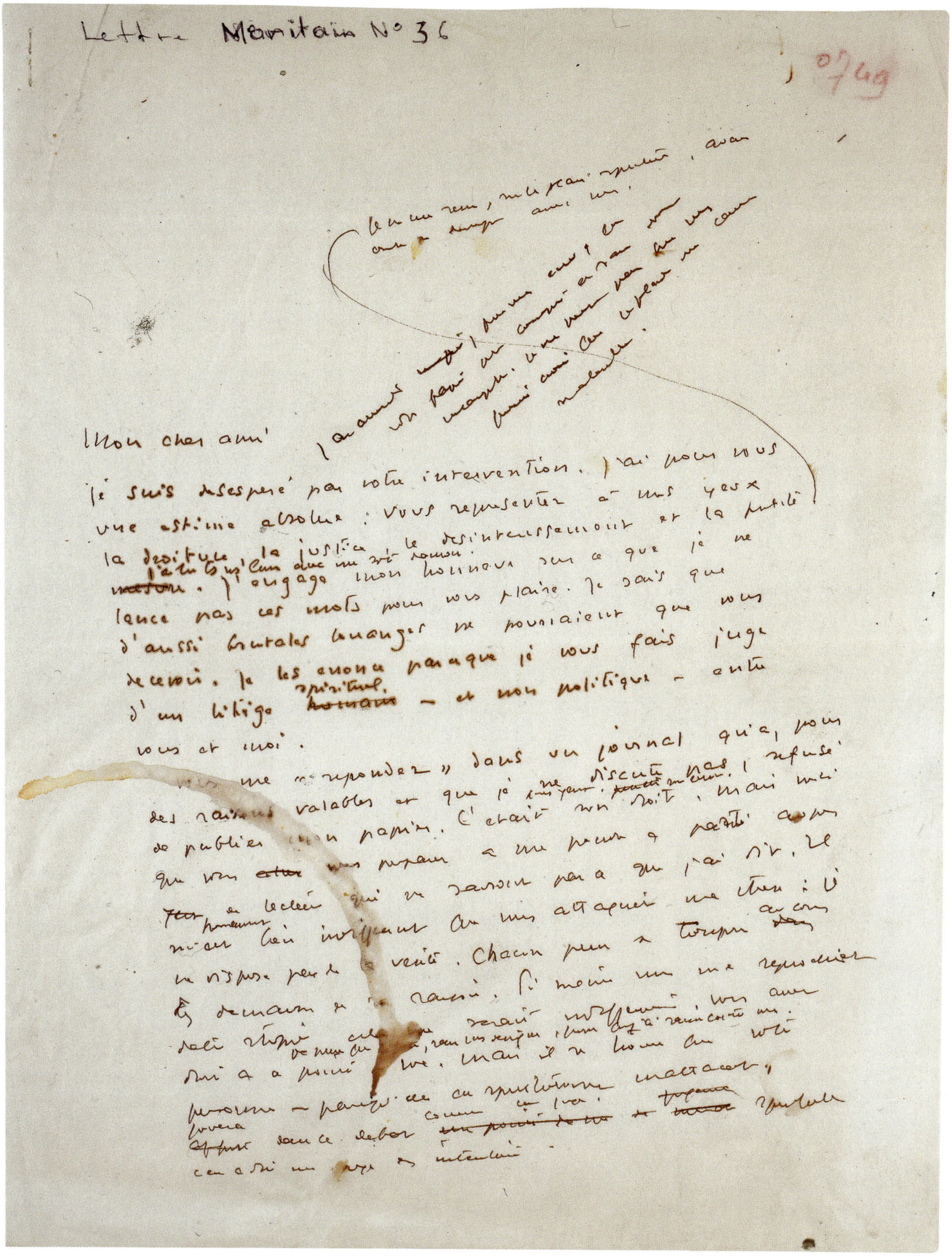
Lettre Maritain N° 36

0749

[illegible]

Mon cher ami

Je suis désespéré par votre intervention. J'ai pour vous une estime absolue : vous représentez à mes yeux la droiture, la justice, le désintéressement et la [illegible] ~~[illegible]~~. J'engage mon honneur sur ce que je ne lance pas ces mots pour vous plaire. Je sais que vous d'aussi brutales louanges ne pourraient que vous décevoir. Je les énonce parce que je vous fais juge d'un litige ~~[illegible]~~ spirituel — et non politique — entre vous et moi.

Vous me « répondez » dans un journal qui a, pour des raisons valables et que je ne discute pas, refusé de publier mon papier. C'était son droit, mais moi [illegible] [illegible] [illegible] [illegible] [illegible] que vous ~~[illegible]~~ [illegible] [illegible] [illegible] ce que j'ai dit. Le ~~[illegible]~~ lecteur qui ne saurait pas ce que j'ai [illegible] [illegible] [illegible] [illegible] [illegible] attaquer [illegible] [illegible] ~~[illegible]~~ [illegible] vérité. Chacun [illegible] [illegible] [illegible] [illegible] raison. [illegible] [illegible] [illegible] [illegible] [illegible] [illegible] serait [illegible] [illegible] [illegible] [illegible] ~~[illegible]~~ [illegible] [illegible] ~~[illegible]~~ [illegible] [illegible] intention.

Links: Randzeichnungen Saint-Exupérys auf dem Manuskriptblatt.

Rechte Seite: Unveröffentlichter politischer Text, dessen Gedanken sich teilweise in einem Brief an André Breton von 1942 wiederfinden.

Aber es kam New York. Da fühlte ich mich gepeinigt. Denn die Franzosen waren die Einzigen, die sich dem Nachschub nach Frankreich widersetzten. Ich traf hier die gleiche alte Demagogie an, die uns schon die Niederlage einbrachte. Es schien mir nicht, dass sie uns diesmal den Sieg einbringen würde.
So liefern die Unbefleckten in den Stunden der Revolution, um zu zeigen, dass sie unbefleckt sind, dem Henker alle ihre alten Freunde aus. Ah! Man wird glauben, dass ich halbherzig bin … Wohlan, ich verurteile alle, die auch nur einmal ein halbherziges Wort geäußert haben. Und um der Leidenschaft willen lässt man die anderen sterben. Doch glaube ich, dass sich die wahre Leidenschaft in den Taten äußert. Ich musste in den Krieg ziehen, weil ich glaubte, in den Krieg ziehen zu müssen. Man hat mich drei Mal versetzt, um mir mein kostbares Leben zu bewahren. Es ist mir drei Mal gelungen, meine Versetzung zu vereiteln. Während der Monate Mai und Juni hat meine Luftwaffengruppe, die 2/33, 17 Piloten von 23 verloren, und obwohl wir uns zu Recht als Verdammte fühlen konnten, habe ich mich geweigert, die Gruppe zu verlassen.
Es war nicht möglich.

Die Franzosen wenden sich gegen Frankreich

Dieses Manuskriptblatt enthält einen Auszug aus einer bisher unveröffentlichten, längeren politischen Polemik Saint-Exupérys, die bereits gewisse Themen vorwegnimmt, die 1942 auch in dem *Brief an André Breton* eine Rolle spielen sollten. Am 31. Dezember 1940 kam Saint-Exupéry mit dem Schiff in New York an. Im Januar 1941 erfuhr er dort, dass er – ohne vorher gefragt worden zu sein – zum Mitglied des Nationalrats in Vichy ernannt worden war. Er lehnte ab. Die *New York Times* griff die Geschichte auf und berichtete von Saint-Exupérys Weigerung, seiner Empörung über dieses Ansinnen und von dem Dementi, das er veröffentlicht hatte. Verschiedene Franzosen, die damals in New York lebten, waren damit nicht einverstanden, darunter der Surrealist André Breton, den Saint-Exupéry seit den 1930er Jahren kannte. Daraufhin entspann sich zwischen beiden eine Polemik, die der Anlass zu Saint-Exupérys Brief an André Breton war.

0480

72a

Mai vint New York. Alors je [illegible]. Car les
Français étaient les seuls qui [illegible] au
ravitaillement la France. Je retournai [illegible]
[illegible] qui nous a volé la [illegible]. Il ne me
semblait pas, cette [illegible] nous valait la
[illegible]. [illegible] comme la
[illegible]. Ainsi les uns, aux heures de [illegible],
[illegible] au
[illegible] tous ceux [illegible]. Ah! on aura [illegible]
[illegible]... Eh bien [illegible] une fois
[illegible] peut être [illegible]. Et nous
[illegible] les autres. [illegible]
[illegible] vrai [illegible] par les actes. J'ai
[illegible] Cormery se fait la guerre pendant [illegible] la guerre.
On m'a [illegible] trois fois pour préserver ma précieuse
existence. J'ai [illegible] la
[illegible]. [illegible]
[illegible], le 2733, a pour [illegible]
[illegible] 23 et [illegible] le droit de nous
considérer comme [illegible].
Ce n'était pas possible. Quand on [illegible] on

Oben und rechte Seite: Zeichnungen Saint-Exupérys auf dem Manuskript von *Südkurier.*

Saint-Exupéry und die Frauen

»Und so warte ich ab, bis ich einem Mädchen begegne, das ziemlich hübsch und ziemlich klug ist, das bezaubernd und unterhaltsam und treu ist und … Ach, ich werde keines finden.«

Unten: **Zeichnung Saint-Exupérys auf der Rückseite eines Manuskriptblatts von** ***Wind, Sand und Sterne.***

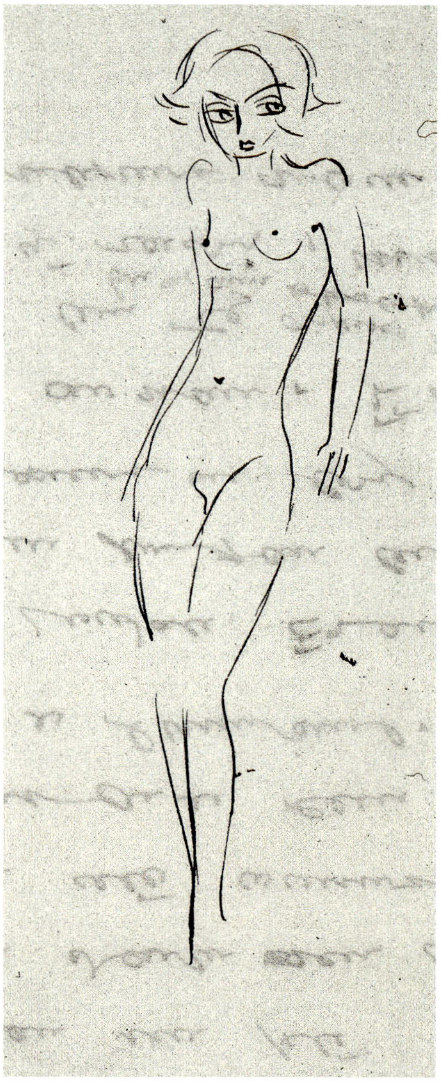

Von seiner frühen Kindheit an herrschten in der Welt des Antoine de Saint-Exupéry die Frauen. Durch den Tod seines Vaters, der an einem Herzinfarkt starb, als der kleine Antoine kaum vier Jahre alt war, verschwand aus dem unmittelbaren Lebensumfeld des Kindes die Symbolfigur männlicher Autorität. In der Folgezeit waren er und seine Geschwister fast ausschließlich von Frauen umgeben: der Mutter, der Tante Tricaud, den Gouvernanten, insbesondere Paula und Moisi, den Dienstmädchen, den Lehrerinnen sowie der Klavierlehrerin Mademoiselle Anne-Marie Poncet. Sie gingen allesamt sehr nachsichtig mit den fünf fantasiebegabten Kindern um und konnten deren Energie nicht bändigen.

Auch Antoines Schwestern übten einen großen Einfluss auf ihn aus: die jüngere Schwester Gabrielle, genannt »Didi«, die er mit dem Stolz eines großen Bruders beschützte, die mittlere Schwester Simone, genannt »Monot«, die ihn als Ältere herumkommandierte, aber voller Einfälle steckte und Antoine gegen die Erwachsenen stets in Schutz nahm, und Marie-Madeleine, genannt »Biche«, die älteste Schwester, die von sehr zarter Gesundheit war.

Hinzu kam noch eine ganze Reihe von Tanten und Cousinen, die sich um Antoine und François kümmerten, als die Brüder in Le Mans zur Schule gingen und ihre Mutter nicht immer bei ihnen bleiben konnte. Umringt von Frauen verbrachte Antoine eine glückliche Kindheit und Jugend.

Bald erlebte er seine ersten Verliebtheiten, die jedoch nur von kurzer Dauer waren: »Ich kann nicht verstehen, wie ich 14 Tage lang, und sei es auch nur ein bisschen, an Jeanne einen Narren gefressen haben konnte. Ich glaube, sie war das erste Mädchen, das sich ein wenig freundlich mir gegenüber benahm und mein schwaches Herz war gleich ganz gerührt davon ...«

Der Wechsel vom ruhigen Leben in der Provinz zum Rhythmus des Pariser Großstadtlebens verlief für Saint-Exupéry mühelos. Seiner Familie verdankte er den Zutritt zu manchen Häusern, insbesondere aber wurde er zum literarischen Salon von Yvonne de Lestrange eingeladen, der Herzogin de Trévise, die ihn in ihrer Wohnung am Quai Malaquais empfing und bereits 1917 in die Pariser Literatenwelt einführte. Sie sorgte sogar dafür, dass er in dem Haus ein Mansardenzimmer erhielt, um dort in aller Ruhe seinen ersten literarischen Versuchen nachgehen zu können. Saint-Exupéry war voller Bewunderung für seine elegante Cousine, der die literarische Begabung ihres jungen Verwandten nicht entgangen war und deren Rat folgend er sich nach einigen Versdichtungen stärker der Prosa zuwandte.

Zu diesem Zeitpunkt gab es auch eine junge Dame der besseren Gesellschaft, die Saint-Exupérys Herz für sich gewonnen hatte. Seine Zuneigung zu ihr reichte so weit, dass er sogar um ihre Hand anhielt und eine Zeit lang als ihr offizieller Verlobter galt. Es handelte sich um Louise de Vilmorin. Eine große Zahl von Verehrern versammelte sich regelmäßig im Palais der Familie Vilmorin in der Rue de la Chaise und wurde von »Loulou«, die an einem Hüftleiden erkrankt war, in ihrem Liegestuhl empfangen. Doch es war Saint-Exupéry, auf den ihre Wahl fallen sollte. War es aufgrund seines literarischen Ehrgeizes, den andere nicht aufzuweisen hatten? Oder war er für sie nur einer jener »Verlobten zum Spaß«, über die Louise de Vilmorin später in einem ihrer Romane schreiben sollte? Als sie ihn fortschickte, kam Antoine jedenfalls nur schwer über das Ende dieser Liebesbeziehung hinweg. Umso mehr als er seinen Traum, Pilot zu werden, aus Rücksicht auf die Familie seiner Braut aufgegeben hatte.

Nach diesem Bruch in seinem Leben erneuerte Saint-Exupéry seinen engen brieflichen Kontakt mit Rinette de Saussine, die er bereits 1918 kennen gelernt hatte, als er zusammen mit ihrem Bruder Bertrand das Pariser Lycée Saint-Louis besuchte. Rinette war einige Jahre älter als er und gehörte zur Clique seiner Cousins, durch die er damals in das Pariser Studentenleben eingeführt wurde; ihr verdankte er auch die Bekanntschaft mit der Familie Vilmorin. Zwischen 1924 und 1927 sollte Saint-Exupéry ihr regelmäßig Briefe schreiben. Er nennt sie seine »erfundene Freundin«, der er von seinen Seelenzuständen berichtet. »Denn vielleicht hänge ich so sehr an Ihnen, weil ich Sie erfinde. Manchmal stimmen Sie allerdings mit Ihrem Bild überein. Jedenfalls nähren Sie es. Und Ihr Musiknachmittag verleiht dieser Freundin, die heute Abend bei mir ist, sehr viel Leben. Sie haben etwas von Offenbach. Sie haben die Farbe der Lampenschirme.« Die Briefe wurden 1953 unter dem Titel *Lettres à l'amie inventée* (*Briefe an eine erfundene Freundin*) veröffentlicht.

Zwischen 1923 und seiner Begegnung mit Consuelo de Suncin 1930 führte Saint-Exupéry das Leben eines unruhigen Junggesellen, der sehnsüchtig darauf wartete, endlich die Frau kennen zu lernen, die ihn glücklich machen würde. An Bekanntschaften mangelte es ihm nicht, denn er übte auf Frauen eine große Anziehungskraft aus. Es umgab ihn die Aura des Piloten, der den Widrigkeiten der Elemente trotzt. Hinzu kam eine gewisse Schüchternheit dieses Mannes von hohem Wuchs, die ihn vor allem im Umgang mit Frauen leicht unbeholfen wirken ließ und ihm einen jungenhaften Charme verlieh. Die Frauen bewunderten ihn. Saint-Exupéry wiederum suchte im Innersten seines Herzens nach einer Frau, die seiner Mutter glich. Er fühlte sich von einer ständigen Unruhe getrieben und glaubte, dass eine geliebte Frau an seiner Seite ihn von seinen Ängsten befreien könnte.

Trotz des starken Wunsches nach einer Seelengefährtin und trotz seines Bedürfnisses, eine Familie zu gründen, die ihm ein Gefühl von

Die Hüterin des Schweins, das für ein Essen in Algier bestimmt ist, 1944.

Geborgenheit vermitteln könnte, fürchtete er sich vor der Alltagsroutine, die ein Eheleben mit sich brächte: »Nur liebe ich nicht die Menschen, die das Glück satt gemacht hat … Man muss etwas unruhig sein, um rings um sich her die Dinge wahrnehmen zu können. Schließlich begegnete er einer Frau, bei der er keine Angst zu haben brauchte, dass das Zusammenleben mit ihr in die Langeweile des Alltags münden könnte. Consuelo Suncin war eine junge Witwe salvadorianischer Herkunft, die sich wie er selbst eine kindliche Spontaneität zu bewahren verstand. Sie war sehr temperamentvoll und wollte wie ein junges Mädchen verwöhnt werden. Die Heirat des leidenschaftlich verliebten Paares ließ nicht lange auf sich warten. Doch darauf folgte eine unlösbar konfliktbeladene Ehe. Die beiden Charaktere unterschieden sich zu sehr, als dass sie es lange miteinander hätten aushalten können, doch genauso wenig ertrugen Saint-Exupéry und Consuelo eine Trennung. Es war eine insgesamt anstrengende Ehe für Saint-Exupéry, der stets vom Ideal einer sanften und verständnisvollen Gefährtin träumte. Doch hatte er endlich eine Frau gefunden, die er so beschützen konnte, wie er dies von den tapferen Rittern in den Büchern seiner Kindheit gelesen hatte. »Es ist schrecklich, wenn man jemanden zurücklässt, der einen braucht wie Consuelo«, schrieb er am 3. Januar 1936 an seine Mutter, kurz nachdem er nach seinem Flugzeugabsturz in der Libyschen Wüste gerettet worden war. Um eine für beide Seiten erträgliche Lösung zu finden, führte jeder Ehepartner bald ein eigenständiges Leben – und sei es nur, um umso heftiger streiten zu können, sobald sie wieder aufeinander trafen.

Vor seiner Abreise nach Argentinien hatte Saint-Exupéry 1929 eine junge, mit einem Industriellen verheiratete Frau kennen gelernt. Sie unterstützte Louise de Vilmorin bei den Lesungen aus dem Romanmanuskript von *Südkurier* und sollte im Leben des Schriftstellers und Piloten eine immer größere Rolle spielen. Sie war das Gegenteil von Consuelo: groß, blond, elegant, feinsinnig, gebildet. Sie würde Saint-Exupéry vor seinen Dämonen beschützen. Aus Argentinien zurückgekehrt und inzwischen selbst verheiratet, erneuerte er die Beziehung zu ihr, die zu einer engen emotionalen Bindung führte – bis zu Saint-Exupérys Tod und noch darüber hinaus. Sie wurde seine Muse. Doch auch Consuelo sollte in Saint-Exupérys Leben immer einen wichtigen Platz einnehmen. Es war für ihn keine Frage einer Entscheidung, die er treffen musste, denn er brauchte sie beide: die kluge, realistische Frau, die ihn in allen Lebenskrisen unterstützte, und die kapriziöse, mädchenhafte Frau, deren männlicher Beschützer er war. Gemeinsam ergaben sie das Bild der idealen Frau. Beide hielten sich so häufig wie möglich in seiner Nähe auf. Nach seinem Flugzeugunfall in Guatemala 1938 wechselten sie sich an seinem Krankenbett ab.

Neben diesen beiden Frauen gab es immer wieder weitere Frauengestalten, welche die Nähe des Schriftstellers suchten – meistens junge Frauen, zu denen er mehr oder weniger platonische Freundschaften unterhielt. Saint-Exupéry schrieb ihnen Briefe, manchmal an mehrere dieser Freundinnen gleichzeitig.

Die Frauen seiner amerikanischen Verleger, Elisabeth Reynal und Peggy Hitchcock, hatten ebenfalls eine besondere Beziehung zu ihm. Sie kümmerten sich um ihn, als er nach New York kam, suchten ihm eine Wohnung und halfen ihm als Dolmetscherinnen, denn Saint-Exupéry weigerte sich, die Sprache Shakespeares zu sprechen, da er seinen Englischkenntnissen misstraute. Auch die Schauspielerin Annabella, die die Titelrolle in dem Film *Anne-Marie* gespielt hatte, traf Saint-Exupéry in den Vereinigten Staaten wieder. Als er 1941 Gast bei Jean Renoir in Hollywood war, verbrachte er unvergessliche Stunden mit ihr. Zusammen tauchten die beiden in die Welt der Märchen von Hans Christian Andersen ein. Mit Silvia Hamilton, der Saint-Exupéry das Manuskript von *Der kleine Prinz* schenkte, das heute in der Pierpont Morgan Library aufbewahrt wird, und Nathalie Paley führte er Briefwechsel, die später von ihren Erben versteigert wurden. Alle diese Frauen, die er in seinen Briefen verewigte und die in seinen Werken – abgesehen von Geneviève in *Südkurier*, Fabiens Ehefrau in *Nachtflug* und der Rose in *Der kleine Prinz* – kaum eine Rolle spielen, haben Saint-Exupérys Leben eine ganz besondere Note verliehen: »Ich habe viele Liebesgeschichten erlebt, wenn man das Liebe nennen kann. Aber ich habe nie die wahren Worte dafür missbraucht. Ich habe nie ›meine Geliebte‹ oder ›mein geliebter Schatz‹ gesagt, weder um zu verführen noch um zu behalten. Ich habe diese Worte nicht mit der Lust vermengt. Es war häufig sogar grausam von mir, sie nicht zu gebrauchen. Sie sind mir in meinem ganzen Leben vielleicht drei Mal über die Lippen gekommen. Selbst wenn ich ein sehr inniges Gefühl empfand, sagte ich mir: ›Ich bin ganz zärtlich gestimmt‹, ich sagte nie: ›Ich liebe‹.«

Oben: Der kleine Prinz gießt die Rose auf seinem Planeten.

Links: Antoine mit seinen Schwestern Simone (links) und Gabrielle (rechts) im Sommer 1923 beim Baden.

Rechte Seite und unten: Brief mit Zeichnungen Saint-Exupérys an seine Schwester Simone.

Oh, meine Schwester,
ich werde dich nicht mit spitzen Vorwürfen verletzen, wie du es jedes Mal machst, wenn mir etwas in der Art zustößt … Auch wenn diese Niederlage schmerzlich ist (wie viele Durchgefallene?). Du hast dich einen Dreck darum geschert: Du bist bestraft worden, das ist die himmlische Gerechtigkeit.
Lass mich dir sagen, dass dein Weg nicht im strengen Zölibat, sondern in den Freuden der Mutterschaft liegt. Denk dir, dass Mama drei große, elegante Engländer als Pensionsgäste bei sich aufnehmen wird, gut gekleidet und [intelligent, die aus einem Land kommen, wo man nicht hinter einer großen Mitgift her ist etc. Komm also her!]
Du kannst dir einen davon angeln. Du bist nicht zu verachten. Du hast Chic, du hast Esprit, wenn du willst, und du bist hübsch, wenn du nicht gerade den Kopf zwischen den Schultern einziehst. Es hat mir jemand (ein Mann) über dich gesagt: »Das ist keine der Frauen, mit denen man nicht gerne schlafen möchte.« Das ist delikat, das ist spontan, das ist voller Taktgefühl.
Also: Heirate einen dieser Engländer … – Einmalige Gelegenheit. Sei charmant, wiege dich in den Hüften, sei anmutig. Du wirst eine ideale Ehefrau sein und die armen Manuskripte, die dir nichts getan haben, in Frieden lassen können. Glaub mir, dein Leben wird sanft und wohlriechend sein. Komm also auf der Stelle. (Außerdem will Mama dich sofort da haben.)
Dein dich liebender Bruder

Antoine]

Simone

Simone de Saint-Exupéry, die zweitälteste Schwester von Antoine war sehr gebildet, kannte sich bestens in Latein und Geschichte aus, hatte mit sehr guten Noten das Abitur bestanden und war eine der ersten Frauen, die in der École de Chartres zum Studium zugelassen wurden. Doch all dies schien ihren Bruder Antoine wenig zu beeindrucken, gehörte er doch Generation und Herkunft nach einem Milieu an, in dem die Männer das Lebensglück der Frauen allein durch Ehe und Mutterschaft erfüllt sahen. Simone heiratete nicht. Sie schrieb eine Doktorarbeit über die Geschichte der Abtei Ambronay im Bugey und ging danach als Archivarin nach Indochina, wo sie 25 Jahre lebte und eine glänzende Karriere machte: Zuerst überwachte sie in Hanoi die Ausbildung der ortsansässigen Bibliothekare und Archivare; dann baute sie in Saigon das Archiv- und Bibliothekswesen für Südvietnam auf. Später lebte sie wieder in Hanoi und veröffentlichte ein technisch-praktisches Lehrbuch zu ihrem Fachgebiet.
Nach ihrer Rückkehr nach Frankreich widmete sie sich der Aufgabe, den literarischen Nachlass ihres Bruders zu verwalten. Sie starb 1978 in Agay.

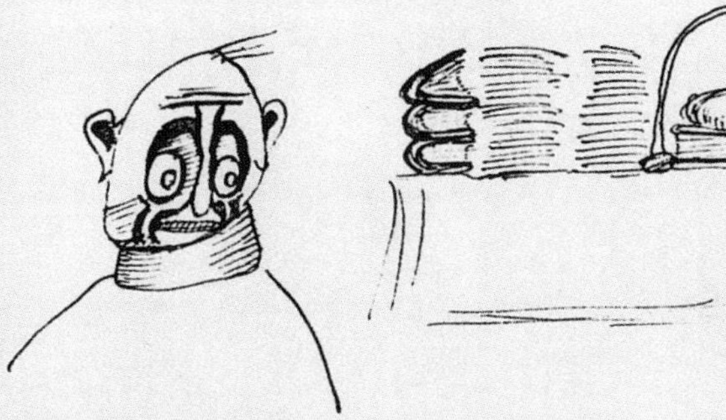

Oh ma sœur

Je ne te blesserai pas de reproches pointus comme tu ne manques pas de le faire chaque fois qu'il m'arrive quelque chose de ce genre ... Encore que cet échec soit vexant (combien de recalés !) Tu n'as rien foutu : tu es punie, c'est la justice céleste.

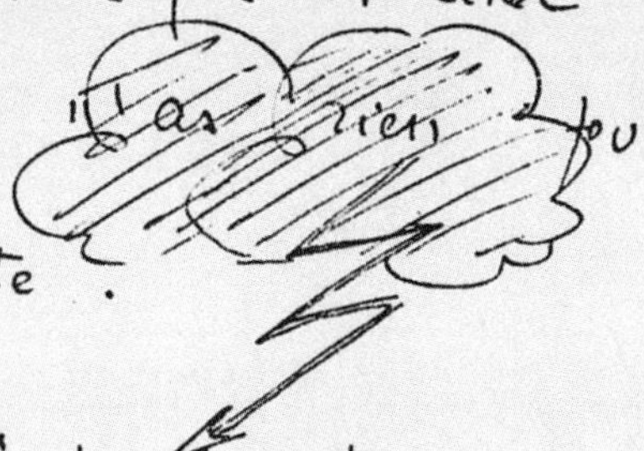

Ce que je veux te dire c'est que ta voie est non dans un célibat austère mais dans les joies de la maternité, que maman va recevoir en pension trois grands anglais élégants, bien mis et

Links und rechte Seite: Auszug aus *Südkurier*. Frühe Fassung des Manuskripts, die nicht mit der endgültigen Version übereinstimmt.

[Als er Geneviève, die Freundin seiner Kindheit, wiedertraf, änderte sich alles.] Aber er fand Geneviève, die Freundin seiner Kindheit, wieder. Sie kam aus der Welt der Dinge zu ihm. Sie versöhnte ihn mit den Boulevards, mit dem Gedränge, mit den Banken. Als weitere Mitgift streckte sie die Hand nach den Gärten aus und übergab sie an Jacques Bernis. Sie diente als Vermittlerin [nach tausend Scheidungen für tausend Ehen, tausend Versöhnungen nach tausend Scheidungen]. Jedes Ding […] seine Seele. Der Park war nicht mehr gewaschen, gekämmt [gebürstet] und kahl […] trocken, diese verlorene Rose, welche die Schritte der Liebenden hinterlassen. [Eine solche Nachlässigkeit des Wächters war ein Sieg über das Leben, hart, die leeren Vorschriften. Er war kein Beamter mehr, er wurde Dichter, wurde Mensch. Diese Nachlässigkeit enthüllte den Menschen.] Der Oberkellner des Restaurants, das in 20 000 Exemplaren gedruckt war, erkannte Geneviève wieder, erkannte ihn wieder, lächelte – und das Restaurant wurde eine Falle.

Geneviève

Geneviève, die Heldin von Saint-Exupérys Roman *Südkurier,* ist eine literarische Figur. Doch kann es sein, dass der kaum 30-jährige Schriftsteller mit ihr sein eigenes Idealbild einer Frau porträtierte? Handelt es sich vielleicht sogar um Louise de Vilmorin, mit der er für kurze Zeit verlobt war und der er das Manuskript des Romans, heute in der Bodmer Bibliothek in Genf-Cologny archiviert, als Geschenk überreichte? Zahlreiche Anspielungen lassen dies vermuten. Oder ist Geneviève ein Abbild der jüngeren Schwester Gabrielle, genannt Didi? Sie wohnte mit ihrem Ehemann im Schloss von Agay, das im Romantext klar wiedererkennbar ist – man denke an die Beschreibung der Schlossterrasse oder der Landschaft ringsum mit ihren Teichen, in denen die Frösche quaken. Soviel ist klar: Geneviève ist eine Frau, die Saint-Exupéry aufgrund ihrer Abwesenheit idealisierte. Sie beherrschte das Denken des Schriftstellers so sehr, dass er auf den Blättern von *Südkurier* die meisten Frauen von allen seinen Manuskripten skizzierte, sei es auf den Rand oder auf die Rückseite des Textes. Wie ein Gestirn ist die erträumte Frau nah und fern zugleich: »Und der Mond ging auf …«, schreibt Saint-Exupéry mehrmals in seinem Roman.

30

Quand [illegible] son ami d'enfance
mais il retrouva [illegible] vit
[illegible]. Elle [illegible] la presse en [illegible]. Elle
le reconnaissait avec ses [illegible] ses [illegible] ses bagues
[illegible], elle apparaissait dans ce [illegible].
Elle tendait la main vers la [illegible] et la [illegible] tendait à
[illegible]. Elle écrivait [illegible] pour [illegible] mariages
[illegible]. Chaque chose
portait le nouveau [illegible] accueil, [illegible] son
ami. Le poète n'était pas [illegible] [illegible]
[illegible] pour un Américain. Mais vraiment [illegible]
le dessin dans les allées, ses [illegible] rochers, [illegible] laisse
le [illegible] amener. [illegible]
un [illegible]
[illegible], [illegible] le [illegible] un fonctionnaire,
[illegible] devenait poète, [illegible]
homme. Le maître d'hôtel du restaurant lui a [illegible] un
exemplaire [illegible], le reconnut [illegible], [illegible] et
le restaurant devenait un piège.

Dieser Brief wird Ihnen vielleicht noch dümmer vorkommen als der andere. Und zwecklos. Aber ich brauche eine Sprache, die einen Sinn hat. Ich spiele nicht mit dem Frühling. Und auch nicht mit den Wundern.
Dies ist alles sehr fremd für mich. Sie können jetzt nichts besseres tun, als auf meine Stirn die Hand einer guten Hirtin zu legen.
Ich war verirrt und unglücklich: Richten Sie mich wieder auf.
Ich war blind: Erleuchten Sie mich.
Ich war schroff und hart: Lass mich in meiner Liebe großmütig werden.
Tu mir nicht zu sehr weh, wenn dies nicht sehr notwendig ist, und bewahre mich davor, dir dies jemals anzutun.

Und mögen Sie in Frieden mit sich leben, für immer.

Antoine

Links: Natalie Paley, um 1938.

Rechte Seite: Auszug aus einem unveröffentlichten Brief Saint-Exupérys an Natalie Paley, New York um 1942.

Natalie

Der lange, unfreiwillige Aufenthalt in New York brachte für Saint-Exupéry viele Begegnungen mit schönen, jungen Frauen mit sich. Er lernte sie im beruflichen Umfeld oder im Freundeskreis kennen – und manchmal wurden daraus auch Liebesaffären.
Die französische Schauspielerin Natalie Paley, die dem russischen Adelsgeschlecht der Romanows entstammte, war eine dieser vorübergehenden Liebschaften. Ihre Nähe, die Aufmerksamkeit, die sie dem Schriftsteller in einer schwierigen Lebensphase entgegenbrachte, taten Saint-Exupéry sichtlich wohl – und trafen bei ihm zugleich auf ein emotionales Dilemma, »in seinem Verlangen, wie ein Kind gehätschelt zu werden, und dem verzweifelten Versuch, sich wie ein Mann zu verhalten«. Saint-Exupéry erläuterte ihr ausführlich seine Gefühle und erklärte ihr seine Bedenken hinsichtlich einer eventuellen Scheidung und Wiederverheiratung. Er schrieb ihr insgesamt neun Liebesbriefe, einige davon auf dem Briefpapier des Hotels Windsor in Montreal, wo er sich mit Consuelo aufhielt. Das Ehepaar wartete in Kanada auf ein neues Visum, um in die Vereinigten Staaten zurückzukehren und dort den Aufenthalt verlängern zu können. Auf diesem Weg war es möglich, die komplizierten Einwanderungsbestimmungen zu umgehen.

bien. Je suis embrouillé et maladroit. Mais je n'abîme pas l'amour.

Cette lettre vous paraîtra peut-être plus stupide encore que l'autre. Et inutile. Mais j'ai besoin d'un langage qui ait un sens. Je ne triche pas avec le printemps. Ni avec les miracles.

Tout cela est bien étrange pour moi. Maintenant vous ne pouvez rien faire de mieux que de poser sur mon front une main de lumière.

J'étais obscur et malheureux : rallumez-moi.

J'étais aveugle : éclairez-moi.

J'étais tout sec : faites-moi pleuvoir de mon amour.

Ne m'en faites pas trop mal si cela n'est pas très utile, et sauvez-moi de m'en faire jamais.

Et soyez en paix, toujours.

Antonin

Links: Illustrationsskizze für *Der kleine Prinz.*

Rechte Seite und unten: Auszug aus einem Brief mit einer Zeichnung Saint-Exupérys an Silvia Hamilton, Algier 1944.

Du bist eine sehr eigenartige Person, ich habe heute Abend deine Briefe wieder gelesen, Silvia. Deine Briefe voller Vorwürfe von früher. (Meistens warst du es, die Recht hatte.) Ohne Sprache, um dich mitzuteilen, hast du viele Dinge besser verstanden als die anderen mit all ihren Worten. Es ist sonderbar, weißt du, wenn ich an dich denke, empfinde ich ein großes Gefühl der Dankbarkeit. Du bist jemand, den ich mein ganzes Leben lang nicht vergessen könnte. Ich habe hier auf meinem Tisch den kleinen Lederkoffer stehen (ich habe ihn immer noch bei mir) und wenn ich ihn öffne, empfinde ich eine dumpfe und merkwürdige Dankbarkeit. Ach! Silvia, ich bedauere es, dass es nichts gibt, wofür du mir ebenso dankbar sein könntest. Ich hätte dir gerne etwas anderes hinterlassen als die Erinnerung an bittere Stunden. Ich bin verkrampft, ich bin häufig unzufrieden, es ist unerträglich, mit mir auszukommen (vor allem für mich selbst, Silvia), aber ich bin weder egoistisch, noch böse, noch fahrlässig, noch undankbar, noch untreu. Silvia, der Beweis hierfür ist dieser Brief, den ich dir schreibe.
Ich bin Pilot einer P 18 in der Photogroup Roosevelt. Große Höhe und ferne Kriegsmissionen. Ich verachte mich selbst zu sehr, um mir eine Rückkehr zu wünschen.

Silvia

»Ich lernte Antoine de Saint-Exupéry Anfang 1942 kennen, und zwar bei Lewis Galantière, dem Übersetzer von *Wind, Sand und Sterne*«, berichtet Silvia Hamilton-Reinhardt. Die junge New Yorkerin, die als Journalistin arbeitete, war damals 28 Jahre alt. Sie erinnert sich an Saint-Exupérys gedrückte Stimmung, da sich sein Aufenthalt in den Vereinigten Staaten in die Länge zog, während es ihn danach drängte, zur Rettung Frankreichs beizutragen.
Die Freundschaft zu Silvia Hamilton, die auf gegenseitiger intellektueller und erotischer Anziehung beruhte, fand ihr Ende, als Saint-Exupéry sich im April 1943 nach Nordafrika einschiffte. »Ich würde dir gerne ein ganz besonderes Geschenk machen, aber das ist alles, was ich habe«, erklärte er Silvia vor der Abreise. »Und dann legte er mir seine alte Zeiss Ikon in die Hände und das Manuskript von *Der kleine Prinz*«, erzählt sie. Das Manuskript wird heute in der Pierpont Morgan Library in New York aufbewahrt.

Tu es un personnage bien étrange. J'ai relu ce soir tes lettres, Sylvia, tes lettres de reproches d'autrefois. (Le plus souvent c'est toi qui avais raison.) Sans langage pour communiquer tu as mieux compris beaucoup de choses que d'autres avec tous leurs mots. C'est drôle, vois tu. Quand je pense à toi j'éprouve un grand mouvement de reconnaissance. Tu es quelqu'un que je ne pourrai oublier de toute ma vie. J'ai sur ma table, ici, la petite valise de cuir. (Elle ne m'a pas quitté) et j'éprouve à l'ouvrir une sourde et bizarre reconnaissance. Ah Sylvia ça me manque qu'il n'y ait rien dont tu puisses m'être ainsi reconnaissante. J'aurais voulu te laisser autre chose que le souvenir d'heures anciennes. Je suis tendre, je suis souvent inquiet, je suis intolérant et vif (surtout pour moi même, Sylvia) mais je ne suis ni égoïste ni méchant, ni oublieux, ni ingrat ni infidèle. Sylvia je t'en donne comme preuve cette lettre ci.

Je suis pilote sur P.38 au Photogroup Roosevelt. Haute altitude et missions de guerre lointaines. Je me déteste bien trop pour me souhaiter de revenir. Je suis bien trop

Links: Consuelo am Tag ihrer Heirat mit Antoine de Saint-Exupéry.

Rechte Seite: Auszug aus einem unveröffentlichten Brief an Consuelo.

Consuelo, kleines Mädchen, sehen Sie doch, mein Brief von gestern wollte Ihnen nicht wehtun. Wenn Sie doch nur so klug wie die Bibernelle wären, dieses Wiesenkraut, wenn Sie doch nur ein einfaches, schlichtes Herz hätten, dann wüssten Sie, dass in solchen Briefen viel mehr an wahrer Zärtlichkeit steckt als in ganzen Litaneien von Lobeshymnen!
Was glauben Sie denn, was ich mir wünsche, kleines Mädchen, Bibernelle, doch immer nur, dass Sie die Allerhübscheste sein mögen – und Ihre eigene Würde nicht vergessen, sind Sie doch so viel mehr wert als der ganze Kram um Sie herum!
Consuelo, Bibernelle, meine Freundin, sorgen Sie mit einem langen, ruhigen, fröhlichen Brief für meinen Seelenfrieden. Sie haben die Sonne für sich allein, man darf nicht zu egoistisch sein. Sie müssen auch denen, die bei zwanzig Grad Kälte zittern, ein wenig davon abgeben. Sie müssen vergnügte Briefe schreiben. Sie müssen wie der kleine Ofen meiner Kindheit [in Saint-Maurice sein, der freundlich in meinem Zimmer fauchte, während die Winternacht die Scheiben mit Eis überzog. Ich wurde wach, ich hörte den dicken Bauch des kleinen Ofens brummen, ich hatte den Eindruck, von diesem kleinen Hausgott behütet zu werden – und schlief wieder ein, glücklich, am Leben zu sein.]

Consuelo

Die schöne Salvadorianerin Consuelo Suncin war die einzige Frau, die mit Antoine de Saint-Exupéry verheiratet war. Er lernte sie während seines Aufenthalts in Argentinien kennen, wo er ihr an Bord eines Flugzeugs vom Typ Latécoère 28 einen Heiratsantrag machte. Die kirchliche Trauung fand am 12. April 1931 im südfranzösischen Agay statt, gefolgt von der standesamtlichen Eheschließung am 22. April 1931 in Nizza. Consuelo, die 28 Jahre alt war, als sie Antoine de Saint-Exupéry im Sommer 1930 kennen lernte, trug zur Hochzeit ein langes schwarzes Spitzenkleid mit einer schwarzen Mantille. Dies mag erstaunen, doch war sie zu jenem Zeitpunkt erst seit kurzem Witwe. Ihr erster Ehemann war der argentinische Journalist und Dichter Enrique Gomez Carrillo.
Trotz der legendären Streitereien des Ehepaars sowie der häufigen Trennungen kam es nie zu einer Scheidung. Die Beziehung zwischen den beiden war voller Leidenschaft. Unfähig, mehr als ein paar Tage harmonisch miteinander zu verbringen, ertrugen sie eine längere Trennung genauso wenig, ob diese nun auf eigenen Entschluss oder auf äußere Umstände zurückzuführen war.
Wie Mermoz, Guillaumet und viele andere Piloten aus der heroischen Anfangszeit der Fliegerei hatte auch Saint-Exupéry keine Nachkommen.

Consuelo, petite fille, croyez vous ma lettre d'hier ne voulait pas vous faire de la peine. Si vous étiez aussi intelligente que la pimprenelle, herbe des champs, si vous étiez tout à fait simple de coeur, vous sauriez lire dans ces lettres là beaucoup plus de tendresse vraie que dans les litanies d'éloges !

Que croyez vous que je désire, petite fille, pimprenelle, sinon que vous soyez la plus jolie possible – et digne de vous même, qui valez tellement mieux que le bric à brac qui vous entoure !

Consuelo pimprenelle mon amie rassurez moi par une longue lettre calme et paisible. Vous avez le soleil pour vous, il ne faut pas être trop égoïste. Il faut en accorder un peu à ceux qui pèlent par vingt degrés de froid. Il faut écrire des lettres souriantes. Il faut être comme le petit poêle de mon enfance, à

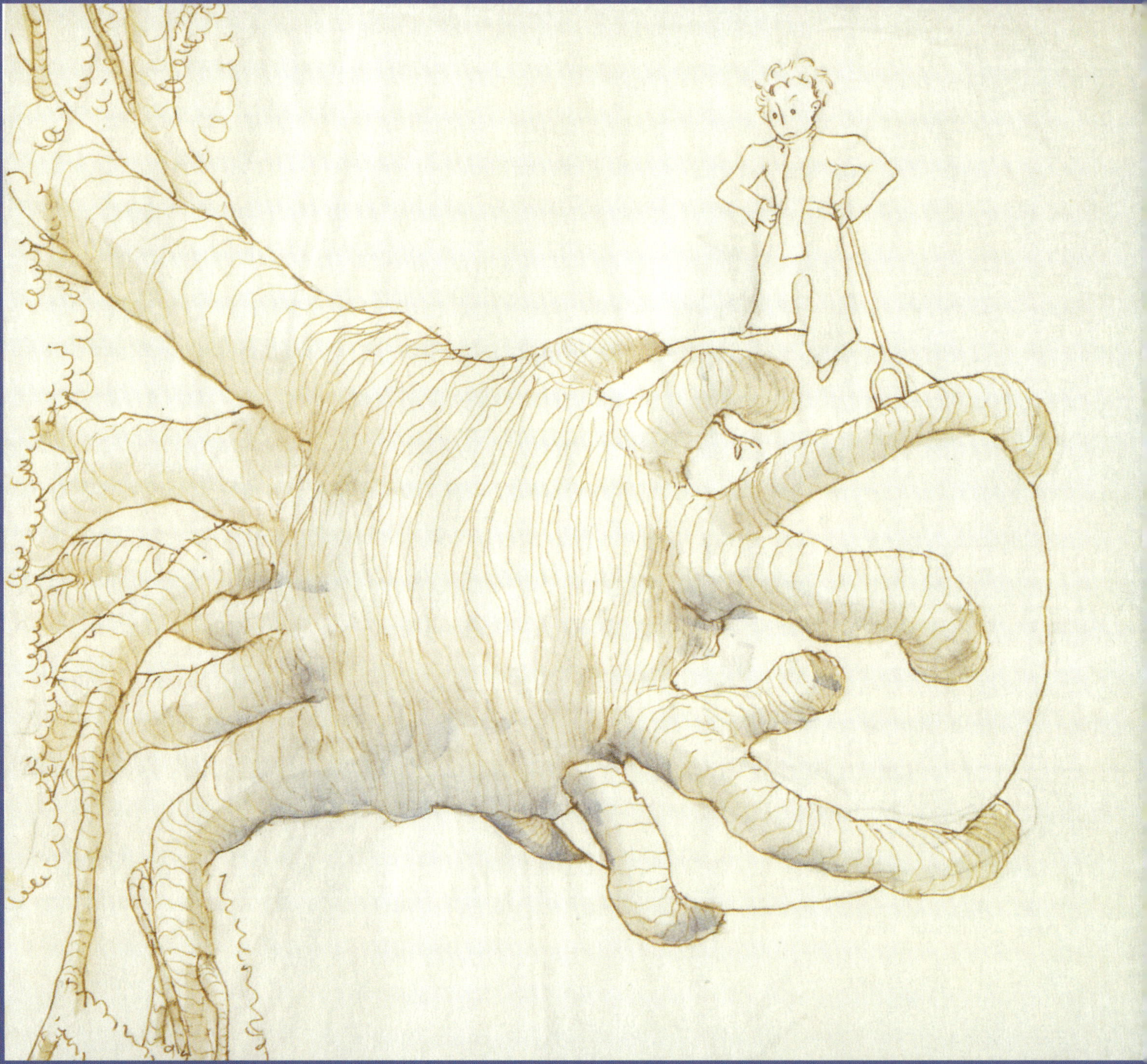

Oben: Illustrationsskizze für *Der kleine Prinz.*
Rechte Seite: Antoine de Saint-Exupéry bei Flugvorbereitungen, Mai 1944.

Saint-Exupéry und der Tod

»So ist der Gang des Lebens. Wir haben uns
Reichtümer erworben, wir haben über viele Jahre hinweg
unser Feld bestellt. Dann kommen die Jahre,
in welchen der Tod diese Arbeit zunichte macht und
die Stämme fällt.«

»Er fiel sachte, wie ein Baum fällt«, *Der kleine Prinz.*

Schon in seiner frühen Kindheit begegnete Antoine de Saint-Exupéry dem Tod, denn als er kaum vier Jahre alt war, starb sein Vater. Dieser Verlust scheint, zumindest von außen betrachtet, keine größeren Spuren in ihm hinterlassen zu haben. An keiner einzigen Stelle seiner Schriften bedauert er die Abwesenheit eines Vaters. Fast ebenso wenig ist darin vom Tod seines jüngeren Bruders François 1917 die Rede. Die Trauer, die Saint-Exupéry darüber erfüllt haben mag, kommt kaum zum Vorschein. Eine kurze Erinnerung in *Flug nach Arras* ausgenommen, wird der früh verstorbene Bruder nicht erwähnt. Auch im Verwandtenkreis ereigneten sich mehrere Todesfälle, bevor Saint-Exupéry das Erwachsenenalter erreichte: sein Großvater mütterlicherseits starb 1907, sein Patenonkel Roger de Saint-Exupéry 1914, sein Großvater väterlicherseits und seine Tante Tricaud 1919. Zwei Freunde aus seiner Kindheit, Marc Sabran und Louis de Bonnevie, wurden 1926 und 1927 in Marokko durch schwere Krankheit hinweggerafft. 1927 war auch das Todesjahr seiner ältesten Schwester Biche. Keines dieser schmerzlichen Ereignisse findet Erwähnung. Doch dieser Anschein kann leicht trügen: »Man hält mich für herzlos, weil ich meine Gefühle nicht zeige, aber ich werde vor Kummer um all dieses unrettbar Vergangene noch elend zugrunde gehen.«

In einem Brief an Louis de Bonnevie erzählt Saint-Exupéry von einem nächtlichen Luftangriff, den er 1918 unerlaubt beobachtet hat: »Alles, was man in den Zeitungen berichtet, ist ein schlechter Witz, es ist ein Wahnsinn, wie viele Tote es gegeben hat … Tote in der Nähe der medizinischen Fakultät … Tote in Belleville … Du kannst dir gar keine Vorstellung davon machen.« Seiner Beschreibung der Ereignisse haftet etwas von der Abgeklärtheit desjenigen an, der den Tod schon aus der Nähe gesehen hat.

Als Saint-Exupéry 1926 in die Fluggesellschaft Latécoère eintrat, um dort Pilot zu werden, wusste er, dass er einen Beruf gewählt hatte, in dem er ständig Gefahren ausgesetzt sein würde. Mit jedem Flug über die Wüste riskierte er sein Leben, nicht nur wegen der technischen Unzuverlässigkeit der Flugzeuge, sondern auch, weil er Gegenden überquerte, deren Bewohner sich gegen die Kolonialmächte im Aufstand befanden. Ein Pilot, der als Geisel genommen wur-

de, zählte nicht viel gegen den Hass, der sich aufgestaut hatte. Saint-Exupéry bemühte sich um einen ironischen Tonfall, sobald er von der Todesgefahr schrieb, die den Piloten der Linie Dakar-Juby unablässig drohte: »Es ist eine sehr sportliche Sache. Vergangenes Jahr hat man zwei unserer Piloten (von vieren) umgebracht, und über tausend Kilometer habe ich die Ehre wie ein Rebhuhn beschossen zu werden.«
Auf die Erfahrung der Wüste folgte Patagonien mit seinen heftigen Windböen und die Überquerung der verschneiten Andenkordilleren. Dies bedeutete ein weiteres Kräftemessen mit den Elementen und den durch sie drohenden Gefahren. Die Piloten konnten zu Opfern von Wind und Schnee werden. Saint-Exupéry beschreibt den Tod eines Piloten in *Nachtflug* nicht als ein plötzliches Verschwinden, sondern als einen allmählichen Rückzug aus dem vertrauten Glück des Alltags: »Auch dieser Frau würde der Tod Fabiens erst allmählich zu Bewusstsein kommen, in jedem jetzt nutzlosen Tun, in jedem Gegenstand. Fabien würde sein Heim nur langsam verlassen.«
Doch mehr als der Tod war es das Gefühl von Leere und Abwesenheit, das Saint-Exupéry Angst einflößte: »Wir wollen nicht ewig leben, aber wir wollen nicht alles Tun und alle Dinge plötzlich jeden Sinn verlieren sehen. Dann zeigt sich die Leere, die uns umgibt ...«
Drei schwere Flugzeugunfälle brachten Saint-Exupéry in die Nähe des Todes. Der erste ereignete sich im Dezember 1933. Aufgrund eines Berechnungsfehlers setzte er sein Wasserflugzeug in der Bucht von Saint-Raphaël bei der Landung zu hart auf. Das Flugzeug füllte sich nach und nach mit Wasser und versank im Meer. Saint-Exupéry, der in seinem Cockpit eingeschlossen saß, erfasste ein Gefühl lähmenden Gleichmuts. »In Wahrheit zeigt der Tod kein so unangenehmes Gesicht, wie man glaubt«, schrieb er später.
Als sich am 30. Dezember 1935 sein Flugzeugunglück in der Libyschen Wüste ereignete, war er dem Sterben nahe. Wieder hatte das Wasser damit zu tun, doch diesmal litt er unter Wassermangel. Er glaubte schon, seine letzte Stunde habe geschlagen: »Lebt wohl, ihr Lieben! Ich kann nichts dafür, dass der Mensch nicht mehr als drei Tage ohne zu trinken auskommen kann. Ich ahnte es nicht, dass ich so an die Brunnen gebunden war, dass unsere Freiheit an einem so kurzen Faden hängt. Ich meinte, immer so vor mich hinstürmen zu dürfen. ... Mir tut nichts Leid, als dass ihr nun traurig sein müsst. Genau genommen habe ich es besser gehabt. Wenn ich diesmal davonkäme, ich finge mein Fliegerleben nochmals an. Ich muss leben.«
Sein dritter schwerer Unfall ereignete sich im Februar 1938 in Guatemala. Sein Flugzeug, das zu schwer mit Treibstoff beladen worden war, konnte beim Start nicht abheben und zerschellte am Ende der Piste. Saint-Exupéry lag drei Tage im Koma und erlitt zahlreiche Knochenbrüche. Langsam kehrte er wieder ins Leben zurück, doch sollte er noch Jahre später unter den Folgen dieser schweren Verletzungen leiden.
Als man Saint-Exupéry während des Spanischen Bürgerkriegs als Reporter nach Madrid und später nach Barcelona schickte, wurde er Zeuge von standrechtlichen Verurteilungen, auf die sofort die Erschießungen folgten: »Hier wird der Mensch lediglich an eine Mauer gepresst, damit er seine Eingeweide auf Steinen loswird. Man hat dich eben erwischt. Man hat dich erschossen. Du dachtest nicht wie unsereins.« Es entsetzte ihn, welche Missachtung

Unveröffentlichte Zeichnung Saint-Exupérys.

des Menschen und des Todes dieser Bruderkrieg hervorgebracht hatte. Nichts wog für ihn schwerer als der Tod eines Menschen, der von einem anderen willkürlich beschlossen wurde.

Der Tod seiner engsten Freunde, die einer nach dem anderen aus seinem Leben verschwanden, rief in ihm ein schmerzliches Gefühl der Verlassenheit hervor. Mermoz wurde am 7. Dezember 1936 nach einem Flug über den Südatlantik als vermisst gemeldet. Saint-Exupéry weigerte sich lange Zeit, an seinen Tod zu glauben. Schließlich fügte er sich der Tatsache: »Mermoz. Sein Totenantlitz verletzt uns nicht mehr, entreißt uns keine Tränen mehr, doch seine Gegenwart fehlt uns immer stärker, immer dringlicher, wie uns das Brot mangeln könnte. Wir hören sein Lachen nicht mehr und fragen uns nicht mit unserem Verstand, sondern als Reflex unserer ganz alltäglichen Gewohnheiten: ›Wo ist er bloß geblieben?‹ Unsere Trauer beginnt heute, weil wir Hunger haben.«

Am 27. November 1940 wurde auch Guillaumet als vermisst gemeldet. Er wurde in seinem Flugzeug über dem Mittelmeer abgeschossen. »Guillaumet ist tot; heute Abend ist mir, als hätte ich keine Freunde mehr. Ich bedauere ihn nicht. Ich habe es niemals verstanden, die Toten zu bedauern. Doch wie lange wird es dauern, bis ich begreife, dass er nicht mehr da ist – schon spüre ich die Last dieser entsetzlichen Arbeit.«

Auch in seiner Fliegerstaffel, der Fernaufklärungsgruppe 2/33, zu der er sich nach Kriegsausbruch 1939 gemeldet hatte, war Saint-Exupéry vom Tod umgeben. Er musste miterleben, wie viele seiner Kameraden im Krieg fielen: »In drei Wochen haben wir 17 von unseren 23 Besatzungen verloren. Wie Wachs in der Sonne sind wir zusammengeschmolzen. […] Rings um uns kracht alles.«

Als Saint-Exupéry nach dem Kriegseintritt der Amerikaner aus seinem New Yorker Exil wieder nach Nordafrika zurückkehrte, um von dort aus für die Befreiung Frankreichs zu kämpfen, wusste er, dass jeder Flug der letzte sein konnte: »Vier Mal wäre es fast aus mit mir gewesen. Das ist mir so Schwindel erregend gleichgültig.«

In seinem letzten Brief vom 30. Juli 1944, der am Morgen des 31. Juli auf seinem Tisch zurückblieb, als er zu dem Flug startete, von dem er nicht mehr zurückkehren sollte, schrieb er Sätze nieder, die von vielen als Ausdruck seiner tiefen Verzweiflung gedeutet wurden: »Sollte ich abgeschossen werden, werde ich rein gar nichts bedauern. Vor dem künftigen Termitenhaufen graut mir. Und ich hasse ihre Robotertugend. Ich war dazu geschaffen, Gärtner zu sein.« Diese wenigen Worte, wie auch immer sie zu interpretieren sein mögen, bilden den Schlusspunkt seines Lebens. Saint-Exupéry hatte keine Gelegenheit mehr, noch weiter zu erläutern, was er mit ihnen ausdrücken wollte. Doch bleibt den Lesern seiner Werke die tröstende Antwort, die der kleine Prinz seinem Freund, dem Piloten, gibt, als er von ihm Abschied nimmt: »Es wird aussehen, als wäre ich tot, und das wird nicht wahr sein …«

Rechte Seite: Unveröffentlichte Zeichnung Saint-Exupérys.

159 c

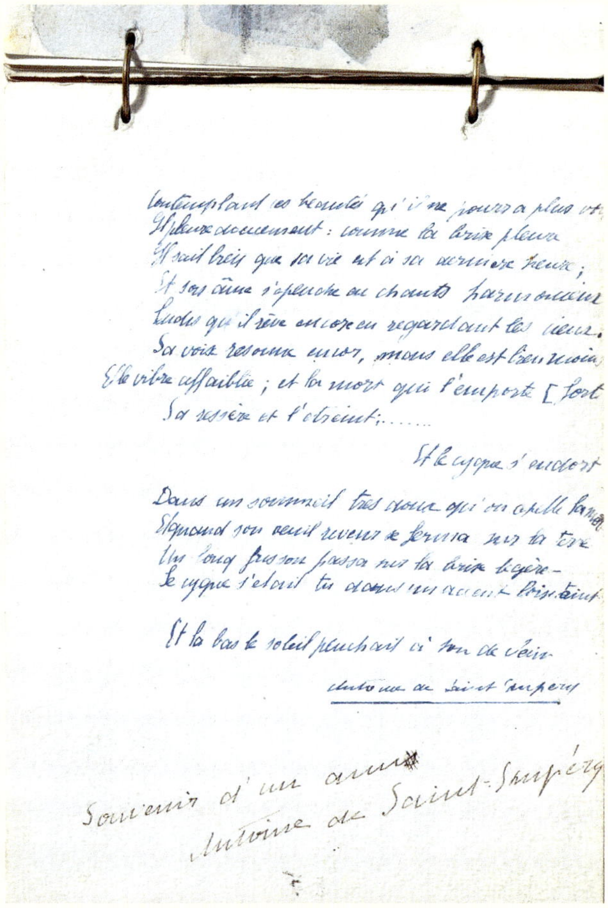
Contemplant ces beautés qu'il ne pourra plus voir
Il pleure doucement : comme la brise pleure
Il sait bien que sa vie est à sa dernière heure ;
Et son âme s'épanche en chants harmonieux
Tandis qu'il rêve encore en regardant les cieux.
Sa voix résonne encor, mais elle est bien moins [forte]
Elle vibre affaiblie ; et la mort qui l'emporte
La resserre et l'étreint ; ......

Et le cygne s'endort

Dans un sommeil très doux qu'on appelle la mort
Et quand son oeil rêveur se ferma sur la terre
Un long frisson passa sur la brise légère –
Le cygne s'était tu dans un accent lointain

Et là bas le soleil penchait à son déclin

Antoine de Saint Exupéry

Souvenir d'un ami
Antoine de Saint-Exupéry

Rechte Seite und links: ein Gedicht Saint-Exupérys aus dem Jahr 1914.

Der Schwan ist verletzt; sein rotes Blut färbt / die Pracht seines Seins; er richtet sich einmal noch auf / und mit letzter Kraft, immer noch bebend, / will er von seinem Leben nicht lassen; und seine Tage vollenden. / Er streckt seinen Hals hoch empor; aus seiner zitternden Kehle / entströmt ein Gesang, doch von himmlischen Tönen, ähnlich / dem Gesang eines Menschen; Menschliches wird ihm zuteil: / Dies ist sein letztes Aufbegehren; dies ist der Tod, dies ist das Ende! / Er erzittert traurig und sanft, melancholisch und ernst; / er neigt sich in voller Schönheit, klettert auf den Tönen seines einschmeichelnden Gesangs wieder empor. / Schon verschleiert sich sein Auge und sein Körper wird schwächer, / aber er singt weiter und aus allen seinen Tönen / erhebt sich ein großer Kummer in die Lüfte: Denn er wird seine Gewässer verlassen, / die er so sehr liebt; ihren einförmigen Traum; / seine Seerosen, die sich unter dem Abendhauch neigen. / Versunken in diese Schönheit, die er bald nicht mehr sehen wird, / weint er sanft; wie der Wind, der durch die Lüfte streift, weinen wird. / Er weiß wohl, dass die letzte Stunde seines Lebens geschlagen hat; / Und seine Seele verströmt in wohltönenden Klängen, / während er noch träumt, den Blick zum Himmel gewandt. / Seine Stimme hallt noch wider, doch ist sie schon weniger stark, / sie zittert geschwächt; und der Tod, der sie mit sich nimmt, / würgt und umschlingt sie; … / … Und der Schwan entschlief / in einen sehr sanften Schlaf, welcher der Tod genannt wird / und als sein träumerisches Auge sich über der Erde verschloss / strich ein langer Schauer durch den leichten Hauch des Windes. / Der Schwan war mit einem fernen Klang verstorben. / Und am Horizont neigte sich die Sonne vor seinem Niedergang.

»Der Tod des Schwans«

»Der Tod des Schwans« ist eines der Gedichte, die Saint-Exupéry für die Poesiealben seiner Cousinen aus der Familie Sinéty verfasste und mit eigenen Zeichnungen versah. Dieses Gedicht schrieb Antoine für die blonde, zwei Jahre ältere Odette, in die er sich als 14-Jähriger verliebt hatte. Inspiriert von den Symbolisten Lamartine und Vigny versuchte sich der junge Dichter an romantischen Bildern aus der Natur, um den Todeskampf des Schwans poetisch zu beschreiben. Odette de Sinéty bestätigte später, wie sehr Saint-Exupéry die Natur liebte: »Er konnte sehr viel Zeit damit verbringen, eine Fliege oder einen Schmetterling zu beobachten. Er empfand für alle Tiere eine große Zärtlichkeit. Er hätte nie ein Lebewesen töten können, und wenn er einen Vogel herumhüpfen sah, dann sagte er: ›Ich wüsste gerne, was ihm jetzt durch den Kopf geht.‹«

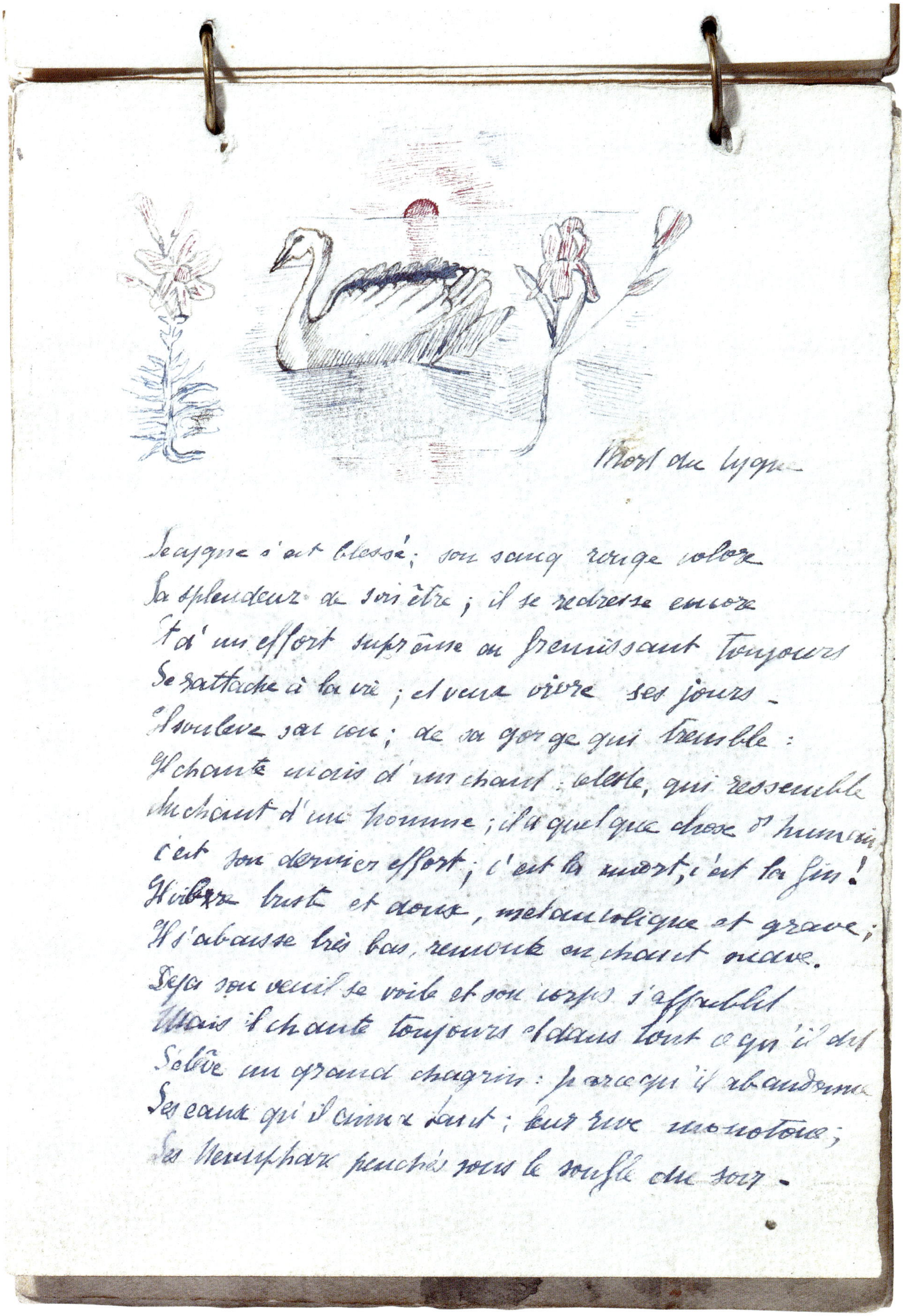
Mort du Cygne
Le cygne s'est blessé; son sang rouge colore
Sa splendeur de son être; il se redresse encore
Et d'un effort suprême en frémissant toujours
Se rattache à la vie; il veut vivre ses jours.
Il soulève sa cou; de sa gorge qui tremble:
Il chante mais d'un chant céleste, qui ressemble
Au chant d'un homme; il a quelque chose d'humain
C'est son dernier effort; c'est la mort, c'est la fin!
Il vibre triste et doux, mélancolique et grave;
Il s'abaisse très bas, remonte en chant suave.
Déjà son oeil se voile et son corps s'affaiblit
Mais il chante toujours et dans tout ce qu'il dit
S'élève un grand chagrin: parce qu'il abandonne
Ses eaux qu'il aimait tant; leur rive monotone;
Ses nénuphars penchés sous le souffle du soir.

Mit 15 Jahren habe ich meine erste Lektion empfangen: das Leben eines meiner jüngeren Brüder galt seit einigen Tagen als verloren. Eines Morgens gegen vier Uhr weckt mich seine Krankenschwester.
»Ihr Bruder verlangt nach Ihnen.«
»Fühlt er sich schlecht?«
Sie gibt keine Antwort. Ich kleide mich eilig an und gehe zu meinem Bruder.
Er sagt mir mit seiner gewöhnlichen Stimme:
»Ich wollte mit dir sprechen, bevor ich sterbe. Ich werde sterben.«
Eine Nervenkrise krampft ihn zusammen und verschlägt ihm die Stimme. Während der Krise winkt er ab mit der Hand. Und ich verstehe die Geste nicht. Ich bilde mir ein, dass das Kind den Tod von sich weist. Nachdem er sich aber wieder beruhigt hat, erklärt er mir:
»Hab keine Angst … Ich leide nicht. Es tut mir nicht weh. Ich kann nichts daran machen. Es ist mein Körper.«
Sein Körper, ein fremdes, schon ein anderes Gebiet.
Aber er will ernst sein, dieser jüngere Bruder, der in zwanzig Minuten ausgelitten haben wird. Er empfindet ein dringendes Bedürfnis, sein Erbe zu übergeben. Er sagt mir:
»Ich möchte mein Testament machen …«

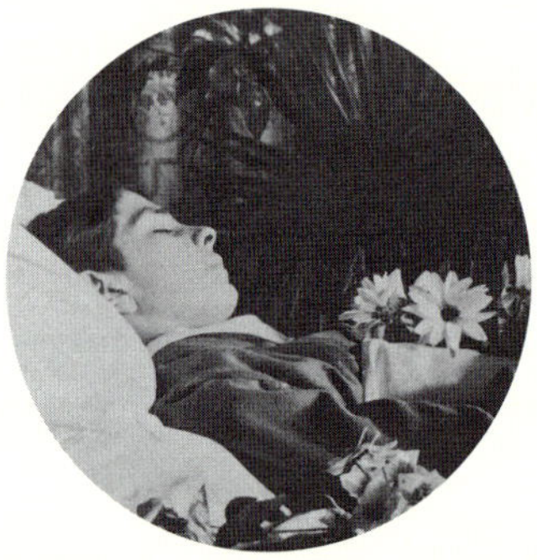

Links: François de Saint-Exupéry auf seinem Totenbett in Saint-Maurice-de-Rémens. Fotografie von Antoine de Saint-Exupéry, 10. Juli 1917.

Rechte Seite: Auszug aus *Flug nach Arras.* Frühe Fassung eines Typoskripts mit handschriftlichen Korrekturen.

Der Tod von François

Mit seinem zwei Jahre jüngeren Bruder François spielte Saint-Exupéry als Kind, er teilte seine frühen Abenteuer und Entdeckungen und ging in Le Mans, Mongré und Fribourg mit ihm zur Schule. Von den fünf Geschwistern war er nach allgemeiner Aussage der hübscheste, trieb gerne mit allen Leuten seine Späße und war stark genug, sich seinem älteren Bruder zu widersetzen, der ihn gerne herumkommandiert hätte. François war musikalisch begabt, er spielte Violoncello und komponierte schon sehr früh kleine Lieder.
Der eisige Winter 1916/17 setzte seiner Gesundheit sehr zu. Er erkrankte an schwerem rheumatischem Fieber, das damals noch nicht mit Medikamenten behandelt werden konnte, und siechte mehrere Monate lang dahin, bis er schließlich im Juli 1917 in Saint-Maurice-de-Rémens starb. Zugunsten seines älteren Bruders Antoine hatte er ein Testament verfasst, in dem er ihm eine Dampfmaschine, ein Fahrrad und ein Gewehr vermachte. Sein Tod traf Saint-Exupéry hart, auch wenn er das Ereignis nur sehr selten erwähnte, die zitierte Textstelle des Romans und einen Brief an seine Mutter aus dem Jahr 1918 ausgenommen: »Wenn ich wenigstens mit einem Freund zusammen wäre, zum Beispiel Louis de Bonnevie, dann könnten wir über François reden, und es wäre für mich etwas weniger schwer, in diesem Augenblick von Ihnen getrennt zu sein.«
Neben dem märchenhaften Verschwinden des kleinen Prinzen finden in Saint-Exupérys literarischem Werk noch drei weitere Kinder den Tod: Genevièves kleines Kind in *Südkurier*, François in *Flug nach Arras* und das Kind Ibrahim in *Die Stadt in der Wüste.*

186

se trouve. Ceci n'est point du reve de moraliste. C'est une vérité usuelle. Une vérité de tous les jours. Mais qu'une illusion de tous les jours couvre d'un masque impénétrable. Comment eussè-je pu prévoir, tandis que je m'habillai, et éprouvai la peur pour mon corps, que je me préoccupais de pacotilles. Ce n'est qu'à l'instant de rendre ce corps, que tous, toujours, découvrent avec stupéfaction combien peu ils tiennent au corps. Mais certes au cours de ma vie, lorsque rien d'urgent ne me tient, lorsque mon sens n'est pas en jeu, je ne conçois rien de plus important.

J'ai reçu à seize ans ma première leçon : un frère de quinze ans était gravement malade. Un matin vers quatre heures, son infirmière me réveille :

- Votre frère vous demande.

- Que se passe-t-il ? Elle ne répond rien. Je m'habille en hate et rejoins mon frère.

Il est tout blanc, éclairé par une faible lampe. Il me dit d'une voix ordinaire :

- Je voulais te parler avant de mourir. Je vais mourir.

Il se tait longtemps, puis une crise nerveuse l'agite. Durant la crise il fait "Non" de la main. Et je ne comprends pas ce non. J'imagine qu'il refuse de mourir. Mais, l'accalmie venue, il m'explique :

-Ne t'effraie pas ... je ne souffre pas. Je n'ai pas mal. Je ne peux pas m'en empecher. C'est mon corps.

Son corps, territoire étranger, déjà autre.

Mais il désire etre sérieux, ce frère de quinze ans, qui sait bien que l'on rédige des testaments. Il fait le partage de ses biens. Il me

Der Abschied

Ein Abschied ist immer traurig, aber dieser Abschied
scheint von einer besonderen Traurigkeit geprägt zu sein.
François Coppée

Dein Lied zieht in die Ferne und ich bleibe …
Barbusse

Vor dem Abschied

Also ist es wahr? Du wirst gehen?
Sieh, das scheint mir sonderbar …
Wie! Ich werde nicht mehr deine Schulter haben,
um mich anzulehnen, wenn ich müde bin!

Fröhlich wirst du in der Ferne deine Lieder singen:
Das Leben ist nicht mehr als ein Schauspiel.
… Wie ein Gefangener in seinem Kerker
werde insgeheim ich leise weinen …

Nach und nach werde ich vergessen.
Um lange noch auf die Straße zu spähen,
bedarf es des Glaubens an die alte Liebe …

Und mein Herz, müde des Aufruhrs,
wird ein Tempel ohne Götterdienst sein
– traurig – und in dem der Tag entschwand.

Links: Zeichnung Saint-Exupérys zu *Der Abschied.*

Rechte Seite: Auszug aus *Der Abschied,* 1925 (?), Manuskript mit Illustrationen.

Der Abschied

Die Gedichtfolge *Der Abschied* entstand vermutlich 1925. Es handelt sich dabei um insgesamt fünf Gedichte, die Saint-Exupéry eigenhändig illustrierte. Michel Autrand, der Herausgeber der kommentierten Saint-Exupéry Werkausgabe, schreibt dazu: »Der ungezwungene Tonfall, der scheinbar nachlässige, unbeteiligte Stil, in der Art von Jules Laforgue, die wiederholten Variationen über das Thema von Tod und Vergessen wecken bereits das Interesse. Doch am meisten fällt an dem Manuskript die große Sorgfalt auf, mit der jede Seite beschriftet und mit Illustrationen verziert ist. Eine kunstvolle, senkrechte und weit auseinander gezogene Handschrift lässt Saint-Exupérys Buchstaben zu einer Art Blättergirlande werden, passend zu den Federzeichnungen im Stil der Jahrhundertwende, mit denen die Papierbögen jeweils an zwei oder drei Seiten umrahmt sind. Das Ganze ist ein kleines Meisterwerk in bewusst altmodischer Manier und so perfekt komponiert, dass die Zeichnungen, die Schrift und der Inhalt untrennbar ineinander verwoben sind. *Der kleine Prinz* sollte später auf ganz ähnliche Weise entstehen.«

Avant l'adieu

I

Alors c'est vrai ? Tu t'en iras ?
Vois-tu cela me semble drole...
Quoi ! Je n'aurai plus ton epaule
Comme appui quand je serai las !

Gaiment tu chanteras là bas :
La vie, après tout n'est qu'un role.
.......Tel un prisonnier dans sa geole
Discret je pleurerai tout bas.....

Peu a peu j'oublierai sans doute
Pour guetter longtemps sur la route
Il faudrait croire au viel amour....

Et mon coeur las de son tumulte
Sera comme un temple sans culte
— Triste — où defaillerait le jour

Ich kenne nichts, das tragischer wäre als eine Verspätung. Ein Kamerad landet nicht zum vereinbarten Zeitpunkt. Der Kamerad, der eintreffen sollte, der sich mit einer Nachricht melden sollte, bleibt stumm. Und sind erst zehn Minuten verstrichen – eine Frist, bei der im gewöhnlichen Leben noch nicht einmal der Eindruck entstanden ist, man habe gewartet –, dann tritt plötzlich Erstarrung ein. Das Schicksal hat sein Antlitz erhoben. Es hat die Menschen in seiner Gewalt. Ein Urteil wurde über sie gesprochen. Das Schicksal hat sein Urteil gefällt, und wir halten unseren Atem an. Wir sind nicht mehr frei. Eine eiserne Hand hat das Steuer ergriffen.

Links: Jean Mermoz.

Rechte Seite und unten: Auszug aus *Abschied von Mermoz.*

Der Tod von Mermoz

Jean Mermoz wurde durch seinen Tod zur Legende. Am 7. Dezember 1936 meldete man ihn mitsamt der übrigen Besatzung des Flugzeugs »La Croix du Sud« als vermisst. Das Flugzeug stürzte vermutlich über dem Südatlantik ab. Am 9. Dezember 1901 geboren, träumte Mermoz ursprünglich davon, Schriftsteller oder Bildhauer zu werden, doch entschied er sich schon mit 19 Jahren für den Beruf des Piloten. Nach einem Aufenthalt von 18 Monaten in Syrien erhielt er ein Angebot der Fluggesellschaft Latécoère, die ihn zunächst auf der Postflugstrecke Barcelona-Malaga, später auf der Strecke Casablanca-Dakar einsetzte. Pierre Latécoère schickte Mermoz im Jahr 1927 nach Rio de Janeiro, um dort als Chefpilot die neuen Flugstrecken in Südamerika aufzubauen. Am 30. Januar 1930 verließ er diesen Posten wieder, nachdem er die Verantwortung für die Fluglinien an seine Kollegen abgegeben hatte: Brasilien an Étienne, Paraguay an Reine, die Andenkordilleren an Guillaumet und Patagonien an Saint-Exupéry. Zwischen Saint-Exupéry und Mermoz herrschte ein freundschaftliches Verhältnis, begründet durch ihr gemeinsames Engagement für den damals abenteuerlichen Beruf des Piloten.

Bureau.

On ne sait rien de plus [illegible] [illegible]. Les camarades n'attendent pas de chose neuve. L'autre pouvait arriver et [illegible] pour un moment cette usure. Et quand dix minutes [illegible] seront écoulées alors [illegible] dans la vie antérieure où il a même pas aucune l'impression [illegible] [illegible], brusquement [illegible] se [illegible]. Le sentier a perdu son apparition. Le bruit des hommes [illegible] [illegible]. Un jugement a été ~~été~~ prononcé sur eux. Le sentier a [illegible] [illegible] et nous retournons aux respirations. Nous ne sommes plus libres. Une machine [illegible] a [illegible].

Après dix minutes de repos il y a contrainte. Le monde entier nous [illegible] [illegible] pour prolonger leur loisir. On peut pas [illegible] [illegible]. Et [illegible]

Links: Illustrationsskizze für *Der kleine Prinz*, 1940.

Rechte Seite: Auszug aus einem unveröffentlichten politischen und polemischen Text über den Krieg.

Ich glaube, und da bin ich wie ein Bauer, dass das Bestehen von Frankreich immer noch zählt. Frankreich – trotz seiner Fehler, trotz seiner Schwächen, trotz seiner Selbstpreisgabe. Es gibt trotz allem immer noch etwas, das überdauert, das noch nicht die Gelegenheit hatte, sich auszudrücken, das sich nicht verraten fühlt – ich glaube kaum an den Verrat, aber alles wurde ertränkt im Absurden. Ungenutzt. Und jene wollten gerne sterben, aber aus ihrem Tod sollte ein Bündnis geschmiedet werden. Das Leben für ein Strohfeuer hinzugeben, ist bitter. Dass der Tod euch formen möge. Glaubt ihr, dass man ungestraft umsonst stirbt? Und doch, es ist absurd, haben wir es hingenommen. Und viele andere mit uns ebenso, wie ich vermute. Wohlerzogen. Wie man eine Pille schluckt. Man starb, damit es Tote gab …

»Dass der Tod euch formen möge«

Sein ganzes Leben lang dachte Saint-Exupéry über den Tod nach. Während des Zweiten Weltkriegs wurde dieses Thema für ihn zwangsläufig beinahe eine Obsession. In seinen Texten wie auch in Gesprächen mit Freunden ging er immer wieder der Frage der Absurdität des Todes nach; aber auch dessen Unausweichlichkeit und die Machtlosigkeit des Menschen angesichts dieser unumstößlichen Wahrheit beschäftigten ihn. Aus der Einsicht in die Unvermeidbarkeit des Todes versuchte er dem Opfer des Lebens, das der Krieg [den Menschen] aufzwang, einen Sinn zu geben.
Wie all jene, die Saint-Exupéry während seiner Aufenthalte in den Vereinigten Staaten oder in Nordafrika nahe standen, bezeugten, führten diese Gedanken bei ihm immer wieder zu tiefer Verzweiflung und zu einem Todeswunsch aus Überdruss am Leben. »Saint-Exupéry wollte nicht mehr leben, wir sollten uns dies ehrlich eingestehen«, erklärte später eine seiner Freundinnen, die ihn 1944 in einer Phase großer Niedergeschlagenheit und Mutlosigkeit kennen gelernt hatte. Dadurch konnte auch die zweifelhafte These eines Selbstmords aufkommen.

0482

Moi je pense au paysan qui cela compte aujourd'hui
l'existence de la France. La France malgré ses erreurs,
malgré ses faiblesses, malgré ses abandons. Il y a tout
ce même jugement & permanent qui n'a pas eu
l'occasion de s'exprimer. Qui s'est senti non trahi —
il ne croit guère à la trahison mais surpris dans
l'absurde, l'incompris. Et ceux là surtout bien mourir
mais qu'on l'ait fait de leur mort un [illegible]. [illegible]
sa vie pour un peu de parler cent ans. Car la mort
construit, donne, réchauffe, protège. Mais dans la
débâcle des divisions [illegible] et des cris, quel
étonnement un peu stupide. Croyez-vous [illegible] pour
mourir inopinément, pour rien? Et cependant cet absurde
nous l'avions accepté. [illegible] avec,
puisqu'il [illegible]. Bien rapidement. Comment accepter une
charge. On mourait pour qu'il y ait des morts.
Personne dont nous ne [illegible] les désillusions.
Quand un peuple change ça, ce n'est pas mal.
Eh bien moi je pense que ce qui reste la
permanence de jugement de [illegible], [illegible] même-
malgré ses erreurs, ses divisions, chemin la grandeur.
Certes les hommes ont été mal dirigés mais qui
croit que la France pouvait [illegible]? On croyait
bien partir avec un vrai [illegible]. Et [illegible]
qu'il y ait eu des [illegible] à chacun de la
mobilisation. Ils acceptaient bien tous, sans bien savoir,
de mourir pour la Pologne. Pour la liberté du monde.
Qui a réclamé? Et ceci cela que nous [illegible]
pour rien? Moi je pense que ça a un poids.

Links und unten: Im besetzten Frankreich erschien *Flug nach Arras* in unterschiedlichen Ausgaben.

Rechte Seite: Auszug aus *Flug nach Arras*, Typoskript mit handschriftlichen Korrekturen, einige Abweichungen zum veröffentlichten Text.

»Diese Opfer haben einen Sinn«

Die Bereitschaft, im Krieg sein Leben zu opfern, war für Saint-Exupéry selbstverständlich. Dies hatte mit seinen moralischen Prinzipien zu tun und entsprach auch ganz den Erwartungen, die in seiner Generation an einen Mann seiner Herkunft gestellt wurden. Zudem hatten eine ganze Reihe von Freunden schon vor ihm ihr Leben verloren. John Phillips, der sich im Mai 1944 gemeinsam mit ihm auf dem sardinischen Luftwaffenstützpunkt Alghero aufhielt, erinnerte sich später: »Ich sehe ihn noch vor mir, wie er mir von seinen beiden engsten Freunden erzählt hat. Von Mermoz, der über dem Südatlantik verschollen war. Von Guillaumet, der über dem Mittelmeer abgeschossen wurde. ›Ich bin der letzte Überlebende‹, sagte er, ›und […] das ist ein eigenartiges Gefühl.‹«

… Und zur gleichen Zeit, wo ihr die Vereinigten Staaten gefragt habt: »Warum sterben nicht mehr von ihnen?« habe ich mich gefragt, wenn ich die Besatzungen starten und umkommen sah: »Wozu geben wir uns her, wer gibt uns noch etwas dafür?«
Denn wir sterben. Denn 200 000 sind schon gestorben. Diese Toten sind vielleicht kein Zeichen eines außerordentlichen Widerstandes. Er ist unmöglich. Es gibt aber Menschen, die alles opfern. Es gibt Gruppen von Infanteristen, die sich in einem unmöglich zu verteidigenden Gehöft abschlachten lassen. Es gibt Fliegergruppen, die zusammenschmelzen wie Wachs, das man ins Feuer wirft.
Darin drückt sich etwas aus!
So unbedeutend sie auch sein mögen, so sehr sie im Lärm des Rückzugs auch untergehen mögen, diese Opfer haben einen Sinn. Das Vaterland hat diese Volksvertreter entsandt. Sie sind seine Früchte, wie die Äpfel die Früchte eines Apfelbaums sind.
Wenn in einem Staatsgebiet ein Terroranschlag auf den anderen folgt, und seien es auch Taten von Einzelnen, dann ist dies ein Beleg für den Druck, der auf der gesamten Bevölkerung lastet. 200 000 Opfer, die ohne Hoffnung dargebracht wurden, setzen ebenso viele Zeichen, die auch für ein ganzes Volk gelten.
Wir sind diese Zeichen. Wir sind diese Früchte. 200 000 Früchte.

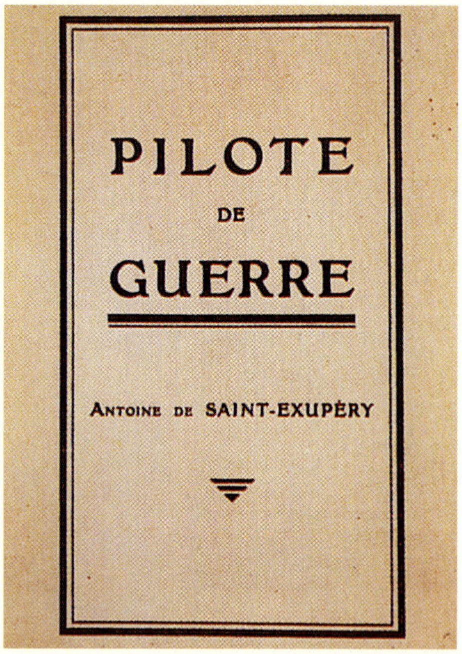

113 134

XXII

Je ... je ne savais pas. J'observais ~~cette~~ avec bataille de fleurs, je n'ai pas vu s'accumuler ~~dans le silence~~ au dessus de moi ces matériaux sombres. Les nuages me dominent ici de très ~~loin~~ haut. J'étais absorbé par le tir je n'ai pas remarqué ~~qu'entre eux et moi s'édifiait ce tribunal~~ où je m'agiterais en vain. A l'échelle de ses perspectives ~~démesurées~~ je suis immobile.

Celui-là éprouve le poids du silence, qui ~~reconnait~~ s'aperçoit trop tard une conjuration. Il se croyait seul, le rideau tombe. Mille conjurés, les bras croisés, le regardent et se taisent.

Les traçantes versaient une lumière de blé, et c'est à mon insu qu'au sommet de leur ascension elles distribuaient, comme on plante des clous, ces flocons noirs. J'ignorais que déjà fussent entassées des pyramides vertigineuses, ~~et installés,~~ plus haut encore, ~~ces~~ congrès de vautours. J'ignorais que le fourmillement des coups de lances ~~était~~ signe d'un charroi ~~invisible~~ géant, et ~~que des milliers de blocs sombres avaient déjà chu dans le ciel~~ comme ~~dans~~ un chantier.

D'un coup tout s'est montré. Je suis noyé dans un décor monumental. Je progresse à la base de ~~pyramides~~ constructions qui défilent avec ~~une~~ des lenteur de banquise. ~~Je mesure des yeux le piège immense~~ que l'on bâtissait pour ~~moi seul~~ contre moi, dans le silence, ~~tandis que je m'inquiétais de jeux de lumière~~.

Links: Selbstporträt Saint-Exupérys als Pilot in einem Brief an seine Mutter, 1921.

Rechte Seite: Auszug aus einem Brief an Pierre Dalloz vom 30. Juli 1944.

Ich für mein Teil führe Krieg so gründlich wie möglich. Bestimmt bin ich der älteste unter allen Kampffliegern der Welt. Die Altersgrenze für den Jagdeindecker, den ich fliege, beträgt dreißig Jahre. Und neulich hatte ich eine Motorpanne in 10 000 Meter Höhe über Annecy, gerade als ich … 44 geworden war. Während ich mit der Geschwindigkeit einer Schildkröte über die Alpen schaukelte, [als Freiwild für jeden deutschen Jäger, musste ich lächeln beim Gedanken an die Superpatrioten, die in Nordafrika meine Bücher verbieten. Komisch ist das.
Seit meiner Rückkehr zur Gruppe (die Rückkehr ist ein Wunder) habe ich alles mitgemacht. Ich hatte einen Sauerstoffdefekt, wurde ohnmächtig, weil der Sauerstoff ausblieb, wurde von Jägern verfolgt und erlebte auch einen Brand während des Flugs. Ich zahle mit guter Münze. Ich glaube nicht, dass ich allzu geizig bin und komme mir vor wie ein braver Zimmermann. Das ist das Einzige, was mich befriedigt. Und auch, dass ich als einziger Flieger und allein an Bord stundenlang über Frankreich kreise, um Aufnahmen zu machen. Seltsam ist das.
Hier ist man weit weg von der Hassatmosphäre, aber so nett die Gruppe auch ist, man steckt doch ein wenig im menschlichen Elend. Ich habe – niemals – jemanden, mit dem ich reden kann. Es ist schon was, wenn man Menschen hat, mit denen sich leben lässt. Doch welche geistige Einsamkeit!
Sollte ich abgeschossen werden, werde ich rein gar nichts bedauern. Vor dem künftigen Termitenhaufen graut mir. Und ich hasse ihre Robotertugend. Ich war dazu geschaffen, Gärtner zu sein.
Ich umarme Sie.

Saint-Ex]

»Sollte ich abgeschossen werden …«

Diesen Brief schrieb Saint-Exupéry an seinen Freund Pierre Dalloz, einen Architekten, den er 1939 kennen gelernt und später in Algier wiedergetroffen hatte. Die besonderen Umstände – Saint-Exupéry ließ den Umschlag auf seinem Tisch liegen, als er am Morgen des 31. Juli 1944 zu einem Aufklärungsflug startete, der ihn über die Gegend von Anneçy führen sollte – machten den Brief zu einer Art Testament des Schriftstellers. Dass Saint-Exupéry darin von seinem eigenen Tod sprach, erschien vielen als schicksalhafte Vorahnung.
Im *Kriegstagebuch der Gruppe 2/33* findet sich unter dem Datum des 31. Juli 1944 folgender Vermerk: »Ein sehr trauriger Zwischenfall trübt die Freude, die wir alle empfinden, je näher der Sieg rückt. Major Saint-Exupéry ist nicht zurückgekehrt. Um 9 Uhr war er auf der 223 nach Savoyen gestartet, um 13 Uhr war er immer noch nicht zurück. Die Funkrufe blieben ohne Antwort, und die benachrichtigten Radarstationen suchten vergebens nach ihm. Um 14 Uhr 30 bestand keine Hoffnung mehr, dass er noch in der Luft sein könnte.«

E II 190

Secteur postal 99027

Cher cher Dalloz que je regrette vos quatre lignes ! Vous êtes sans doute le seul homme que je reconnaisse comme tel sur ce continent. J'aurais aimé savoir ce que vous pensiez des temps présents. Moi je désespère.

J'imagine que vous pensez que j'avais raison sous tous les angles, sur tous les plans. Quelle odeur ! Fasse le ciel que vous me donniez tort. Que je serais heureux de votre témoignage !

Moi je fais la guerre le plus profondément possible. Je suis certes le doyen des pilotes de guerre du monde. La limite d'âge est de trente ans sur le type d'avion monoplace de chasse que je pilote. Et l'autre jour j'ai eu la panne d'un moteur, à dix mille mètres d'altitude, au-dessus d'Annecy, à l'heure même où j'avais ... quarante quatre ans ! Tandis que je traînais sur les Alpes à vitesse de tortue, à la merci de

Dann beginnt das Sterben, das nichts anderes ist als das Hin- und Herpendeln eines Bewusstseins, das von den Fluten des Gedächtnisses stetig entleert und wieder gefüllt wird. Diese Fluten kommen und gehen, den Gezeiten des Meeres gleich, und bringen wieder, was sie zuvor mit sich nahmen – den ganzen Vorrat an Bildern, alle Muschelschalen der Erinnerung, das Rauschen der ein Leben lang gehörten Stimmen. Die Fluten steigen wieder empor, sie benetzen die Algen des Herzens und alle Zärtlichkeit ist wieder belebt. Aber die Tag-und-Nacht-Gleiche bereitet schon den endgültigen Rückzug vor, das Herz leert sich, die Fluten und alle ihre Gaben kehren heim zu Gott.
Gewiss, ich habe Menschen vor dem Tod fliehen sehen, schon vor der Zeit geängstigt von der Gegenüberstellung. Doch diejenigen, die sterben, belehren uns eines Besseren. Noch nie habe ich einen Sterbenden von Schrecken gepeinigt gesehen.

Links: Randzeichnung auf dem Manuskript von *Die Stadt in der Wüste.*

Rechte Seite: Auszug aus dem Manuskript von *Die Stadt in der Wüste.*

»Dann beginnt das Sterben«

»Es wird aussehen als wäre ich tot, und das wird nicht wahr sein …«, vertraut der kleine Prinz in der Wüste seinem Freund an, bevor er zu seiner letzten Begegnung mit der Schlange aufbricht. Diese Gelassenheit angesichts des Todes, auf den Antoine de Saint-Exupéry sich innerlich seit längerer Zeit vorbereitet hatte, verspürten auch seine Freunde. »Seit 1942 hatte er immer wieder Abschied genommen«, schreibt seine Biografin Stacy de la Bruyère. Nach seiner letzten Begegnung mit dem Journalisten Jean-Gérard Fleury Ende 1942 in New York verabschiedete er sich von ihm mit einem festen Händedruck und dem Kommentar: »Und wenn ich sterbe, das versichere ich dir, werde ich nichts bedauern müssen.« Auch Anne Lindbergh, eine seiner Freundinnen während des Aufenthalts in den Vereinigten Staaten, wurde von der Nachricht seines Todes nicht überrascht: »Er wollte dieses höchste Opfer bringen«, erklärte sie. »Deswegen war er zurückgekehrt.« Und ein Offizier, der Saint-Exupéry regelmäßig in Algier begegnet war, äußerte die Vermutung: »Es ist vielleicht besser so. Er hat seinen Frieden gefunden.«

French Line

à bord, le

Alors commence l'épreuve

[illegible] plus au balancement. Nous [illegible] tous à tour [illegible] par les marées et la ~~[illegible]~~ [illegible] [illegible]. Elle [illegible] [illegible] [illegible] [illegible] et la [illegible] [illegible] ~~les [illegible]~~ comme elle les avait [illegible], tous les [illegible] [illegible], tous les [illegible] [illegible], tous les [illegible] et tous les [illegible] [illegible]. Elle [illegible] [illegible] [illegible] ~~[illegible]~~ les [illegible] [illegible] et [illegible] tous les [illegible] [illegible]. Mais [illegible] [illegible] ~~se [illegible] [illegible]~~ [illegible] [illegible] le [illegible] [illegible] pour toujours [illegible]. Le mari et ses [illegible] [illegible] en rêve.

Cette fois je vis [illegible] [illegible] le [illegible], [illegible] [illegible] par la [illegible]. Mais elle [illegible] [illegible] [illegible], [illegible] [illegible], je ne l'ai jamais vu [illegible]!

[illegible] [illegible]! ~~[illegible] [illegible] [illegible] la [illegible] [illegible]~~.

Biografische Daten

1900
Am 29. Juni 1900 wird in Lyon, 8, rue Peyrat, Antoine Jean-Baptiste Marie Roger de Saint-Exupéry als drittes Kind des Vicomte Jean de Saint-Exupéry und seiner Ehefrau Marie de Fonscolombe geboren (nach den beiden Töchtern Marie-Madeleine, geb. 1897, und Simone, geb. 1898).

1902
Geburt des jüngeren Bruders François de Saint-Exupéry.

1903
Geburt der jüngeren Schwester Gabrielle de Saint-Exupéry.

1904
Tod des Vaters Jean de Saint-Exupéry. Die Familie verbringt den Winter im Schloss von La Mole (Var).

1908
Antoine besucht die 4. Klasse in der Schule der Frères des Écoles chrétiennes in Lyon.

1909
Marie de Saint-Exupéry zieht mit ihren Kindern nach Le Mans, um näher bei den Schwiegereltern zu sein. Antoine besucht ab Oktober 1909 als externer Schüler die 5. Klasse des Jesuitenkollegs von Sainte-Croix. Zusammen mit seinem Bruder François bleibt er bis zum Sommer 1914 an dieser Schule.

1911
25. Mai: Feier der Erstkommunion in Sainte-Croix.

1912
Ende Juli: Erster Flug Saint-Exupérys in Ambérieu in einem Flugzeug des Typs Berthaud-Wroblewski, gesteuert von dem Piloten Gabriel Wroblewski-Salvez.

1914
Antoine ruft die Klassenzeitschrift *L'Écho des Troisième* ins Leben. Er erhält für *Die Abenteuer eines Zylindeshuts* den Preis für den besten Französischaufsatz des Schuljahres 1913/1914. Im Herbst besuchen Antoine und François als Internatsschüler das Jesuitenkolleg Notre-Dame-de-Mongré (Villefranche-sur-Saône), um näher bei ihrer Mutter zu sein, die im Bahnhof von Ambérieu ein Lazarett eingerichtet hat.

1915
Antoine und François kehren im Februar für den Rest des Schuljahrs nach Sainte-Croix in Le Mans zurück. Ab November besuchen sie als Internatsschüler das von Marianisten geführte Kolleg Villa Saint-Jean im schweizerischen Fribourg.

1917
Juni: Antoine besteht die Abschlussprüfung seines Abiturs. Im Juli stirbt sein Bruder François, der an schwerem rheumatischen Fieber erkrankt war. Saint-Exupéry verbringt die Ferien in Carnac. Ab Oktober besucht er das Internat der Pariser École Bossuet, um sich im Lycée Saint-Louis auf die Aufnahmeprüfung für die École Navale vorzubereiten.

1918
Aus Kriegsgründen setzt er im Frühjahr die Vorbereitung auf die École Navale am Lycée Lakanal in Sceaux fort.

1919
Saint-Exupéry besteht im Juni die schriftliche Aufnahmeprüfung für die École Navale, doch er scheitert in der mündlichen Prüfung. Er beteiligt sich auch am Auswahlverfahren für die École Centrale, doch ohne Erfolg. Saint-Exupéry schreibt sich daraufhin als Gasthörer an der Pariser École des Beaux-Arts ein. Madame de Tricaud vermacht ihrer Nichte Marie de Saint-Exupéry das Schloss Saint-Maurice-de-Rémens.

1921
Saint-Exupéry wird zum Militärdienst einberufen, den er zunächst beim 2. Fliegergeschwader in Straßburg (ab 9. April) verbringt, dann beim 37. Fliegergeschwader in Marokko (ab 2. August). Am 18. August trifft Saint-Exupéry in Casablanca ein.
Am 18. Juni fliegt er das erste Mal mit Fluglehrer in Straßburg, am 9. Juli das erste Mal allein in einer Sopwith F-CTEE. Ende Juli hat er seinen ersten Flugunfall nach einer missglückten Landung. Am 23. Dezember erhält Saint-Exupéry in Rabat seinen Flugschein als Militärpilot. Er bewirbt sich mit Erfolg für die Ausbildung zum Luftwaffenoffizier der Reserve.

1922
Saint-Exupéry, am 5. Februar zum Gefreiten ernannt, setzt seinen Militärdienst in Istres fort, danach in der Flugschule von Avord (März-Juli) sowie in Versailles und Villacoublay (August-September). Als Unterleutnant der Reserve wird er am 10. Oktober dem 34. Fliegergeschwader in Le Bourget zugeteilt.

1923
Saint-Exupéry hat in Le Bourget einen schweren Flugunfall am Steuerknüppel einer Hanriot HD-14, einer Maschine, für die er keine Flugerlaubnis besitzt. Er erleidet einen Schädelbruch und wird zu 15 Tagen Haft in einem Militärgefängnis verurteilt (Januar). Als sein Militärdienst am 5. Juni endet, würde er gerne seine Berufslaufbahn in der Luftwaffe fortsetzen. Doch auf Wunsch der Familie seiner Verlobten Louise de Vilmorin arbeitet er in der Verwaltung der Ziegeleiwerke von Boiron. Die Verlobung wird im Herbst gelöst. Seine jüngste Schwester Gabrielle heiratet im Oktober Pierre d'Agay.

1924
Saint-Exupéry wird in der zentralfranzösischen Provinz Handelsvertreter für die Lastwagen der Marke Saurer. Während seiner Aufenthalte in Paris wohnt er im Hotel Titania, 70 b, Boulevard d'Ornano.

1925
Vom 1. bis zum 15. April nimmt Saint-Exupéry an einer Wehrübung in Orly teil. Er schreibt die unveröffentlichte Erzählung *Manon danseuse* und das Gedicht *L'Adieu*.

1926
Saint-Exupéry wird zum Leutnant der Reserve ernannt (15. Januar). Er schreibt die Erzählung *L'Aviateur*, die in der Zeitschrift *Le Navire d'argent* erscheint (1. April). Sie bildet das Kernstück seines ersten Romans *Südkurier*. Er erhält den Flugschein für den öffentlichen Transportverkehr (23. Juni) und tritt im Oktober in die Fluggesellschaft »Compagnie Latécoère« in Toulouse ein.

1927
Saint-Exupéry ist Pilot auf der Postfluglinie Toulouse-Casablanca-Dakar. Am 2. Juni stirbt seine älteste Schwester Marie-Madeleine. Am 19. Oktober wird er zum Postenchef des Flugplatzes von Cap Juby (Rio de Oro) ernannt.

1928
Saint-Exupéry verbringt das Jahr in Cap Juby. Von Juli bis November rettet er zahlreiche Postflugpiloten aus der Wüste oder der Gefangenschaft, darunter Riguelle, Reine, Serre und Vidal.

1929
In Paris trifft Saint-Exupéry Gaston Gallimard, den er 1917 über Yvonne de Lestrange kennen lernte und der ihn für sieben Romane unter Vertrag nimmt. Er begegnet auch André Gide wieder. Am 12. Oktober kommt er in Buenos Aires an, wo er seine Tätigkeit als Chef der Aeroposta Argentina aufnimmt. Er schreibt dort seinen zweiten Roman *Nachtflug*. Im Pariser Verlag Gallimard erscheint sein Roman *Südkurier* mit einem Vorwort von André Beucler.

1930
Antoine de Saint-Exupéry wird aufgrund seines Einsatzes für die zivile Luftfahrt zum Ritter der Ehrenlegion ernannt. Er beteiligt sich an der Suche und Rettung des über den Andenkordilleren abgestürzten Piloten Guillaumet (13.–18. Juni). Im Spätsommer lernt er Consuelo Suncin de Sandoval kennen.

1931
In Begleitung seiner Mutter, die im Januar zu einem Besuch nach Argentinien gekommen war, kehrt er im Februar nach Frankreich zurück. Am 12. April heiratet er Consuelo Suncin in Agay. Als Folge eines politischen Skandals wird die Aeroposta Argentina geschlossen und Saint-Exupéry wird Linienpilot auf der Poststrecke Casablanca-Port Étienne (Mai-Dezember). Bei Gallimard erscheint sein Roman *Nachtflug*, der im Dezember den Prix Femina erhält.

1932
Saint-Exupéry wird auf der Strecke Marseille-Algier als Pilot eines Wasserflugzeugs eingesetzt (Februar), danach auf der Poststrecke Casablanca-Dakar (August). Marie de Saint-Exupéry verkauft das Anwesen in Saint-Maurice-de-Rémens. Saint-Exupéry schreibt das Vorwort zu dem Buch *Le Destin de Joseph-Marie Le Brix* von José Le Boucher, das von einem im Vorjahr verschollenen Piloten handelt, und veröffentlicht in der ersten Nummer der von Gaston Gallimard herausgegebenen Zeitschrift *Marianne* einen Artikel mit der Überschrift *Pilote de ligne*.

1933
Saint-Exupéry arbeitet als Testpilot für Wasserflugzeuge des Flugzeugbauers Latécoère. Er schreibt das Vorwort zu dem Buch *Grandeur et servitude de l'aviation* von Maurice Bourdet sowie das Drehbuch zu dem Film *Anne-Marie*. Er hat einen schweren Unfall mit einem Wasserflugzeug in der Bucht von Saint-Raphaël, bei dem er beinahe ertrinkt (21. Dezember).

1934
Saint-Exupéry tritt in die Air France ein. Während eines geschäftlichen Aufenthalts in Saigon besucht er seine Schwester Simone, die dort als Archivarin arbeitet. Er schreibt einen Artikel über den Tod der beiden Luftfahrtpioniere Maurice Noguès und Emmanuel Chaumié. Am 15. Dezember meldet er sein erstes Patent an.

1935
Antoine und Consuelo de Saint-Exupéry geraten in größere finanzielle Schwierigkeiten. Consuelo nimmt sich ein Zimmer im Hôtel du Pont-Royal. Saint-Exupéry lernt Léon Werth kennen. Er veröffentlicht in der *Air France Revue* seine *Souvenirs de Mauritanie* (Frühjahr), in der Zeitung *France Soir* eine Reportage über die Sowjetunion (Mai), in der Zeitschrift *Excelsior* eine Reportage über *Le Lieutenant de Vaisseau Paris* (Juni), in der Nummer 6 von *Le Minotaure* eine Erzählung mit dem Titel *Un mirage* und in *Marianne* einen Artikel über *Mermoz, le pilote de ligne*. Er ist an den Dreharbeiten zu der Verfilmung von *Anne-Marie* durch Raymond Bernard beteiligt. Im November hält er eine Reihe von Vorträgen, u. a. in Algier, Kairo, Beirut, Istanbul und Athen. In der *Air France Revue* wird sein Artikel *On a pu croire que l'avion rétrécissait le monde* veröffentlicht. Am 29. Dezember startet er in Paris mit seinem Flugzeug Caudron »Simoun«, um einen neuen Rekord auf der Flugstrecke nach Saigon aufzustellen. Schon am frühen Morgen des 30. Dezember muss er mit seinem Mechaniker André Prévot in der Libyschen Wüste notlanden.

1936
Weiterer Kuraufenthalt in Vichy (September). Die Zeitung *L'Intransigeant* veröffentlicht im Januar und Februar exklusiv seine Artikelserie über das »dramatische Abenteuer in der Wüste«. Auch in einer Radiosendung berichtet er über seine »Notlandung in der Wüste«. In *Toute l'Édition* erscheint sein Artikel *Pour mieux vivre*. Im Dezember verfasst er mehrere Nachrufe auf Jean Mermoz: *Après 48 heures de silence ...* sowie *Il faut encore chercher Mermoz* für die Zeitschrift *L'Intransigeant* und *À Jean Mermoz* für *Marianne*.

1937
Saint-Exupéry schreibt einen weiteren Nachruf auf Mermoz in *L'Intransigeant* (Januar), veröffentlicht im Sommer einen Artikel mit der Überschrift *Hâtez-vous de voyager* in der *Air France Revue* und im Juni/Juli in *Paris-Soir* eine Reportage über Spanien. Für die Air France erkundet er im Februar eine neue Flugroute Casablanca-Timbuktu-Bamako. Die französische Luftwaffe ernennt ihn zum Hauptmann der Reserve (9. Juni). Er meldet vier weitere Patente an.

1938
Saint-Exupéry reist in die Vereinigten Staaten, wo er mehrere Wochen in New York verbringt. Am 14. Februar startet er zu einem neuen Rekord auf der Flugstrecke New York-Feuerland, doch sein Flugzeug verunglückt in Guatemala (14. Februar). Saint-Exupéry erleidet schwere Verletzungen.
Er beginnt einen neuen Roman, schreibt das Vorwort zu Anne Morrow-Lindberghs Buch *Listen! The Wind*, veröffentlicht im Oktober eine Reihe von Artikeln in *Paris-Soir* und ändert im Dezember noch auf den Druckfahnen den Titel seines neuen Buchs: *Terre des hommes (Wind, Sand und Sterne)*.

1939
Saint-Exupéry wird im Januar zum Offizier der Ehrenlegion ernannt. Im März reist er kurz nach Deutschland. Er besucht Léon Werth in Saint-Amour-Bellevue (Saône-et-Loire) und zieht ins Château de la Feuilleraie im Wald von Sénart. Guillaumet wählt ihn als Begleiter für die Nordatlantiküberquerung mit seinem Wasserflugzeug »Lieutenant-de-Vaisseau-Paris« (Juli). Nach Kriegsausbruch erhält Hauptmann Saint-Exupéry am 4. September einen Stellungsbefehl zur Luftwaffe in Toulouse, aufgrund der medizinischen Untersuchung wird ihm jedoch der aktive Fliegereinsatz untersagt. Im November gelingt es ihm, die Flugerlaubnis für eine Fernaufklärungsgruppe zu erhalten. Am 26. November wird er der Gruppe 2/33 zugeteilt.
Für den im Februar bei Gallimard erschienenen Roman *Wind, Sand und Sterne*, zu dem Robert Brasillach in *L'Action française* eine Kritik veröffentlicht, erhält er im Dezember den Grand Prix du Roman der Académie Française. Bereits im Juni erscheint in den Vereinigten Staaten eine englische Übersetzung *(Wind, Sand and Stars)*; er erhält dafür später den National Books Award für das Jahr 1939. Saint-Exupéry veröffentlicht weitere Artikel, u. a. *Princesses d'Argentine* und *Le pilote et les puissances naturelles* in der Zeitschrift *Marianne* sowie *À bord du Lieutenant-de-Vaisseau-Paris* in *Paris-Soir Dimanche*, und schreibt das Vorwort für das Buch *Pilotes d'essai* von Jean-Marie Conty. Es folgen zwei weitere Patentanmeldungen.

1940
Am 29. März führt er seinen ersten militärischen Aufklärungsflug durch, am 31. März folgt ein weiterer Flug über Köln, Düsseldorf und Duisburg. Am 23. Mai startet er in Meaux zu seiner berühmt gewordenen Fernaufklärungsmission nach Arras. Sein Flugzeug wird von der Flak getroffen. Am 2. Juni wird er im Tagesbefehl der Luftwaffe erwähnt, was zugleich die Verleihung des Kriegsverdienstkreuzes mit Palme bedeutet. Sein letzter Einsatz erfolgt am 9. Juni. Am 11. Juli wird er aus der Armee entlassen. Nach einem Aufenthalt in Algerien kehrt er Anfang August nach Frankreich zurück, wo er den Sommer in Agay verbringt. Er reist nach Vichy, um ein Visum für die Vereinigten Staaten zu beantra-

gen. Als er sich in Lissabon zusammen mit Jean Renoir einschifft, erfährt er vom Tod seines Freundes Guillaumet. Auf dem Ozeandampfer »Siboney« reist er nach New York, wo er am 31. Dezember ankommt.

1941

Saint-Exupéry bezieht in New York eine Wohnung im 27. Stockwerk des Gebäudes 240 Central Park South. In der *New York Times* bestreitet er öffentlich seine angebliche Berufung in den Nationalrat von Vichy, die er abgelehnt hätte, selbst wenn bei ihm angefragt worden wäre (Januar). Im April erscheint von ihm in *Harpers Bazaar* der Artikel *Books I remember*. Im Juli wohnt er in Hollywood bei Jean Renoir, wo er die Schauspielerin Annabella aus dem Film *Anne-Marie* wiedertrifft, inzwischen die Gattin von Tyrone Power. Nach einer Operation erholt er sich bei Pierre Lazareff und kehrt im November nach New York zurück, wo kurz darauf Consuelo eintrifft.

1942

Saint-Exupéry hält im April und Mai eine Reihe von Vorträgen in Kanada. In die Vereinigten Staaten zurückgekehrt, wohnt er zunächst auf dem Land in Connecticut, dann auf Long Island und schließlich in Greta Garbos früherem Haus am Beekman Place in New York. Im Juli bittet er Lewis Galantière, seinen Übersetzer, durch Vermittlung des Generals Giraud dem amerikanischen Generalstab einen Plan für die Landung der Alliierten in Nordafrika zu unterbreiten.
Im Februar erscheint in New York sein Roman *Flight to Arras*. Die französische Originalversion *Pilote de guerre* wird am 27. November bei dem Pariser Verlag Gallimard veröffentlicht und im Dezember von der Vichy-Regierung verboten. Die Illustrationen stammen von Bernard Lamotte. Im November wendet sich Saint-Exupéry mit seinem Aufruf *Frankreich zuerst* an die Öffentlichkeit. Während des Sommers beginnt er mit der Niederschrift von *Der kleine Prinz*, zu dem er selbst die Illustrationen anfertigt.

1943

Nach langem Warten auf die notwendigen Papiere schifft sich Saint-Exupéry auf einem amerikanischen Marinekonvoi nach Nordafrika ein, wo er am 5. Mai zur Fernaufklärungsgruppe 2/33 stößt. Er trifft sich mit André Gide in Algier. Im Mai und Juni macht er zahlreiche Trainingsflüge im amerikanischen Flugzeugtyp Lightning P 38. Es folgt ein Spezialauftrag in Marokko. Am 25. Juni wird er zum Major ernannt. Am 21. Juli macht er seinen ersten Aufklärungsflug über Südfrankreich (mit Fotoaufnahmen). Aufgrund eines Unfalls wird er im August vom Dienst als Pilot suspendiert und »zur Verfügung des Oberkommandos« gestellt.
Im März veröffentlicht er seinen *Brief an einen Freund* in der Zeitschrift *Amérique française* aus Montreal. Im April erscheint *Der kleine Prinz* im New Yorker Verlag Reynal and Hitchcock, im Juni bei Brentano in New York der *Brief an einen Ausgelieferten* und im Juli der *Brief an General X*. Ein geheimer Nachdruck des Romans *Flug nach Arras* zirkuliert in Frankreich. Ab September setzt Saint-Exupéry die Arbeit am Manuskript von *Die Stadt in der Wüste* fort.

1944

Im April wird Saint-Exupéry dem 33. Bombergeschwader von Oberst Chassin zugeteilt. Auf sein Drängen erhält er die Erlaubnis, wieder in die Gruppe 2/33 zurückzukehren und fünf Flüge durchzuführen. In der Nacht vom 29. auf den 30. Mai verfasst er für den Fotografen John Phillips einen Artikel für die amerikanische Zeitschrift *Life*, der später unter dem Titel *Brief an einen Amerikaner* veröffentlicht wird. Von Mai bis Ende Juli führt er acht Aufklärungsflüge durch.
Am 31. Juli startet er in Korsika zu seinem letzten Aufklärungsflug, der ihn über die Gegend von Grenoble-Ambérieu-Annecy führen soll. Er kehrt nicht mehr zurück.
Am 8. September wird er offiziell für tot erklärt.

1945

Am 20. September wird ihm der Ehrentitel »Gestorben für Frankreich« verliehen.

1948

Am 1. März veröffentlicht der Pariser Verlag Gallimard sein letztes Werk *Die Stadt in der Wüste*.

Abbildungsverzeichnis und Bildnachweis

Kapitel 1

S. 3 und 5: Zeichnungen aus Der kleine Prinz. © Gallimard.
S. 8: Textentwurf mit Zeichnung zu *Wind, Sand und Sterne*, um 1938. Archives Thierry Bodin-Les Autographes. © Succession Antoine de Saint-Exupéry
S. 9: Fotografie von Saint-Exupéry. Privatsammlung. D. R.
S. 10: Einbände der ersten französischen Taschenbuchausgaben von *Südkurier*, *Nachtflug* und *Wind, Sand und Sterne* im Verlag Hachette. © Librairie générale française.
S. 11: Mitte: *Der kleine Prinz* in der Reihe »Folio« © Gallimard. Rechts: Illustrationsskizze für *Der kleine Prinz*. Pierpont Morgan Library, New York. © Succession Antoine de Saint-Exupéry.
S. 12: Die drei Zeichnungen des Schafs in *Der kleine Prinz* © Gallimard.
S. 13: Auszug aus *Der kleine Prinz*, frühe Fassung, Manuskript mit Illustrationen Saint-Exupérys, Pierpont Morgan Library, New York, Folio-Seite 3. © Succession Antoine de Saint-Exupéry.
S. 14: Karte mit schwarzem Rand, auf der sich Pierre Latécoère bedankt und Saint-Exupéry zu *Südkurier* beglückwünscht. Collection Philippe Zoumeroff.
S. 15: Auszug aus *Südkurier*, frühe Fassung, Manuskript mit Illustrationen Saint-Exupérys. Fondation Martin Bodmer, Genf-Cologny. © Succession Antoine de .
S. 16: Saint-Exupéry vor dem Wrack des verunglückten Cadroun »Simoun«. D. R.
S. 17: Auszug aus *Wind, Sand und Sterne*. Frühe Fassung, zahlreiche Unterschiede zum veröffentlichten Text. Nachlass Saint-Exupéry, Folio 61. © Succession Antoine de Saint-Exupéry.
S. 18: Saint-Exupéry, fotografiert von John Phillips.
S. 19: Erste Seite des *Briefs an einen Amerikaner*. Bibliothèque nationale de France, Paris, Département des manuscrits, NaF 18272, Folio-Seiten 61–1. © Succession Antoine de Saint-Exupéry.
S. 20: Auszug aus einem unveröffentlichten Brief Saint-Exupérys an Natalie Paley, 1942. Privatsammlung. © Succession Antoine de Saint-Exupéry.
S. 21: Auszug aus einem unveröffentlichten Brief Saint-Exupérys an Natalie Paley, 1942. Privatsammlung, Folio 1. © Succession Antoine de Saint-Exupéry.
S. 22: Zeichnung, mit der Saint-Exupéry die Übersendung des Typoskripts von *Der kleine Prinz* an Nadia Boulanger illustrierte. Bibliothèque nationale de France, Paris, Département des manuscrits, NaF 18270, Folio 2. © Succession Antoine de Saint-Exupéry.
S. 23: Unveröffentlichter Brief Saint-Exupérys an Nadia Boulanger. Bibliothèque nationale de France, Paris, Département des manuscrits, NaF 18269, Folio 1. © Succession Antoine de Saint-Exupéry.
S. 24: Antoine und Consuelo de Saint-Exupéry am Pariser Bahnhof Saint-Lazare, vor der Abreise in die Vereinigten Staaten, 1938. D. R.
S. 25: Auszug aus einem unveröffentlichten Brieftyposkript mit handschriftlichen Korrekturen, 18. Dezember 1942. Collection Philippe Zoummeroff, Folio 1 recto. © Succession Antoine de Saint-Exupéry.

Kapitel 2

S. 26: Auszug aus einem Brief an seine Mutter, 1910. Archives nationales de France, 153 AP 1, Dossier 1, Folio 6–9. © Succession Antoine de Saint-Exupéry.
S. 27: Antoine, um 1907. © Succession Antoine de Saint-Exupéry.
S. 28: Die fünf Geschwister Saint-Exupéry. © Collection Famille d'Agay.
S. 29: Marie de Saint-Exupéry mit François und Antoine. © Collection Famille d'Agay.
S. 30: »L'Amusette«. © Succession Antoine de Saint-Exupéry.
S. 31: Die Familie Saint-Exupéry während der Ferien. Privatsammlung.
S. 32: Die Schulklasse in Sainte-Croix, 1910/11. © Succession Antoine de Saint-Exupéry.
S. 33: Auszug aus einem Brief an seine Mutter, 1910. Archives nationales de France, 153 AP 1, Dossier 1, Folio-Seiten 4–9. © Succession Antoine de Saint-Exupéry.
S. 34: Saint-Maurice-de-Rémens, 1914. © Succession Antoine de Saint-Exupéry.
S. 35: Auszug aus einem Brief an seine Mutter, Buenos Aires, Januar 1930. Archives nationales de France, Paris, 153 AP 1, Dossier 1, Folio 597. © Succession Antoine de Saint-Exupéry.
S. 36 und 37: Schulaufsatz im Fach Französisch, 9. Klasse, Le Mans. Archives du Lycée Notre-Dame-de-Sainte-Croix in Le Mans, Folio 1. © Succession Antoine de Saint-Exupéry.
S. 38: Die 9. Klasse in Sainte-Croix, Le Mans, 1914. © Succession Antoine de Saint-Exupéry.
S. 39: Unveröffentlichtes Originalmanuskript von Saint-Exupéry im Poesiealbum seiner Cousine Renée de Sinéty. Privatsammlung. © Succession Antoine de Saint-Exupéry.

S. 40: Der sechsjährige Antoine mit seiner Tante »Mad« de Fonscolombe. © Succession Antoine de Saint-Exupéry.
S. 41: Auszug aus *Der kleine Prinz*, frühe Fassung, Manuskript mit Illustrationen Saint-Exupérys. Pierpont Morgan Library, New York. © Succession Antoine de Saint-Exupéry.
S. 43: Unveröffentlichter Brief an seine Mutter, 1916. Archives Nationales de France, 153 AP 1, Dossier 1, erster Teil, Folio-Seiten 12–15. © Succession Antoine de Saint-Exupéry.
S. 44: Saint-Exupéry als Internatsschüler der École Bossuet, 1918/19. © Succession Antoine de Saint-Exupéry.
S. 45: Auszug aus einem Brief an seine Mutter, geschrieben im Pariser Lycée Saint-Louis, 1918. Archives nationales de France, Paris, 153 AP 1, Dossier 1, Folio 73. © Succession Antoine de Saint-Exupéry.
S. 46: »Einige Deutsche im Profil, gezeichnet von Antoine de Saint-Exupéry«. Privatsammlung. © Succession Antoine de Saint-Exupéry.
S. 47: Auszug aus einem unveröffentlichten Brief an seine Mutter, April 1918. Archives nationales de France, Paris, 153 AP 1, Dossier 1, erster Teil, Folio 89. © Succession Antoine de Saint-Exupéry.

Kapitel 3

S. 48: Illustrierter Brief an Léon Werth. Privatsammlung. © Succession Antoine de Saint-Exupéry.
S. 49: Antoine de Saint-Exupéry, 1921. Frühere Sammlung Henry de Ségogne. Privatsammlung.
S. 51–53: Zeichnungen von Antoine de Saint-Exupéry. Privatsammlung und Collection Philippe Zoummeroff. © Succession Antoine de Saint-Exupéry.
S. 55: Brief an Charles Sallès. Privatsammlung. © Succession Antoine de Saint-Exupéry.
S. 56: Detail eines illustrierten Briefs an Henry de Ségogne. Privatsammlung. © Succession Antoine de Saint-Exupéry.
S. 57: Illustrierter Brief an Henry de Ségogne, 1925. Privatsammlung. © Succession Antoine de Saint-Exupéry.
S. 58: Saint-Exupéry und Henri Guillaumet vor einem Flugzeug des Typs Laté 28, 1929 (Ausschnitt). Musée Air France.
S. 59: Brief an Henri Guillaumet, um 1932 (?). Privatsammlung. © Succession Antoine de Saint-Exupéry.
S. 60 und 61: Brief an Jean Escot. Privatsammlung. © Succession Antoine de Saint-Exupéry.
S. 62 und 63: Brief an Jean Escot. Privatsammlung. © Succession Antoine de Saint-Exupéry.
S. 64: Zeichnung auf einer Nachricht an Léon Werth. Privatsammlung. © Succession Antoine de Saint-Exupéry.
S. 65: Brief an Léon Werth. Privatsammlung. © Succession Antoine de Saint-Exupéry.
S. 66: Illustrationsskizze für *Der kleine Prinz*. Manuskript mit Illustrationen Saint-Exupérys, Pierpont Morgan Library, New York, Folio 4. © Succession Antoine de Saint-Exupéry.
S. 67: Auszug aus *Der kleine Prinz*, frühe Fassung. Manuskript mit Illustrationen Saint-Exupérys. Pierpont Morgan Library, New York, Folio 4. © Succession Antoine de Saint-Exupéry.
S. 68: Zeichnung Saint-Exupérys am Rand des Typoskripts von *Die Stadt in der Wüste*. Privatsammlung. © Succession Antoine de Saint-Exupéry.
S. 69: Auszug aus *Die Stadt in der Wüste*, Manuskript. Bibliothèque nationale de France, Paris, Département des manuscrits, NaF 18 265, Folio 240. © Succession Antoine de Saint-Exupéry.

Kapitel 4

S. 70: Manuskriptblatt aus *Nachtflug* auf einem Papier mit dem Aufdruck »Pancho's Bar«. Bibliothèque nationale de France, Paris, Département des manuscrits, NaF 26279, Folio 5. © Succession Antoine de Saint-Exupéry.
S. 71: Antoine de Saint-Exupéry, Linienpilot. © Succession Antoine de Saint-Exupéry.
S. 72: Skizze eines Flugzeugs. Zeichnung von Antoine de Saint-Exupéry. Collection Philippe Zoummeroff. © Succession Antoine de Saint-Exupéry.
S. 73: Antoine de Saint-Exupéry als Flieger. © Succession Antoine de Saint-Exupéry.
S. 74: Schlafender Pilot, Illustrationsskizzen zu *Der kleine Prinz*. Privatsammlung. © Succession Antoine de Saint-Exupéry.
S. 75: Cap Juby, 1928: Saint-Exupéry, Dumesnil, Guillaumet, Antoine und Reine. Privatsammlung. © Succession Antoine de Saint-Exupéry.
S. 76: Das Flugzeug des Typs Berthaud-Wroblewski, mit dem Saint-Exupéry in Ambérieu seine Lufttaufe erhielt. Privatsammlung. © Succession Antoine de Saint-Exupéry.
S. 77: Unveröffentlichter Brief an seine Mutter, Versailles 1922. Archives nationales de France, Paris, 153 AP 1, Dossier 1, Folio-Seiten 390–393. © Succession Antoine de Saint-Exupéry.
S. 78: »Lignes aériennes G. Latécoère«. Werbeplakat für die Fluglinie Frankreich-Marokko, um 1930. Musée Air France. © Succession Antoine de Saint-Exupéry.
S. 79: Auszug aus *Südkurier*, frühe Fassung, Manuskript, 1929. Fondation Martin Bodmer, Genf-Cologny, Folio 135. © Succession Antoine de Saint-Exupéry.
S. 80: Charles Sallès. Privatsammlung.
S. 81: Brief an Charles Sallès, 1927. Privatsammlung. © Succession Antoine de Saint-Exupéry.
S. 82 und 83: Illustrierter Brief an Henri Guillaumet, Casablanca, 1927 (?). Privatsammlung. © Succession Antoine de Saint-Exupéry.
S. 85: Brief an Jean Escot, 1927. Privatsammlung. © Succession Antoine de Saint-Exupéry.
S. 86: Brasilianisches Werbeplakat für die Aéropostale, 1933. Musée Air France.
S. 87: Auszug aus *Nachtflug*, Manuskript. Bibliothèque nationale de France, Paris, Département des manuscrits, NaF 26279, Folio 106. © Succession Antoine de Saint-Exupéry.
S. 88: Überflug der Andenkordilleren durch Guillaumet in einem Flugzeug des Typs Potez 25. Géo Ham für *L'Illustration*, 1932. Musée des Arts décoratifs, Paris.
S. 89: Auszug aus *Nachtflug*. Frühe Fassung, Manuskript mit zahlreichen Unterschieden zum veröffentlichten Text. Bibliothèque nationale de France, Paris, Département des manuscrits, NaF 26279, Folio 6. © Succession Antoine de Saint-Exupéry.
S. 90: Plakat von Georges Parry für den Roman *Wind, Sand und Sterne*, der 1939 den Grand Prix du Roman der Académie française erhielt. © Gallimard.
S. 91: Auszug aus *Wind, Sand und Sterne*, Manuskript, frühe Fassung des Kapitels über die Wüste. Nachlass Saint-Exupéry, Folio 15. © Succession Antoine de Saint-Exupéry.
S. 92: Randzeichnung auf dem Manuskript von *Südkurier*. Fondation Martin Bodmer, Genf-Cologny. © Succession Antoine de Saint-Exupéry.
S. 93: Auszug aus *Flug nach Arras*, Typoskript mit handschriftlichen Korrekturen. Bibliothèque nationale de France, Paris, Département des manuscrits, NaF 25126, Folio 34. © Succession Antoine de Saint-Exupéry.

Kapitel 5

S. 94: Marie de Saint-Exupéry im Schlosspark von Saint-Maurice-de-Rémens, um 1910. © Collection Famille d'Agay.

S. 95: Marie de Saint-Exupéry im Alter von dreißig Jahren. © Collection Famille d'Agay.

S. 96: Antoine mit seiner Mutter, seiner Tante, seinen Schwestern und seinem Bruder in Saint-Maurice-de-Rémens, 1904/05. © Collection Famille d'Agay.

S. 97: Die Hochzeitsfeier von Gabrielle de Saint-Exupéry und Pierre d'Agay, Oktober 1923. © Collection Famille d'Agay.

S. 98: Antoine de Saint-Exupéry in den 1920er Jahren. © AKG Paris.

S. 99: Auszug aus einem unveröffentlichten Brief an seine Mutter, Straßburg 1921. Archives nationales de France, Paris, 153 AP 1, Dossier 1, erster Teil, Folio-Seiten 272 und 273. © Succession Antoine de Saint-Exupéry.

S. 100: Saint-Exupéry im Herbst 1921 als Flugschüler in Avord. © Succession Antoine de Saint Exupéry.

S. 101: Unveröffentlichter Brief an seine Mutter, vermutlich Avord 1922. Archives nationales de France, Paris, 153 AP 1, Dossier 1, zweiter Teil, Folio 372. © Succession Antoine de Saint-Exupéry.

S. 103: Auszug aus einem unveröffentlichten Brief an seine Mutter. Archives nationales de France, Paris, 153 AP 1, Dossier 1, zweiter Teil, Folio 321. © Succession Antoine de Saint-Exupéry.

S. 104: Marie de Saint-Exupéry, um 1927. © Collection Famille d'Agay.

S. 105: Auszug aus einem unveröffentlichten Brief an seine Mutter, Vichy. Archives nationales de France, Paris, 153 AP 1, Dossier 1, zweiter Teil, Folio-Seiten 424–425. © Succession Antoine de Saint-Exupéry.

S. 106: Consuelo und Antoine mit dem Hund Youki in Saint-Maurice-de-Rémens. In der Mitte Marie de Saint-Exupéry, rechts Gabrielle d'Agay. © Collection Famille d'Agay.

S. 107: Auszug aus einem unveröffentlichten Brief an seine Mutter, Casablanca, August 1931. Archives nationales de France, Paris, 153 AP 1, Dossier 1, zweiter Teil, Folio 622. © Succession Antoine de Saint-Exupéry.

S. 109: Brief an seine Mutter vom 5. Januar 1944. Archives nationales de France, Paris, 153 AP 1, Dossier 1, zweiter Teil, Folio 637. © Succession Antoine de Saint-Exupéry.

S. 108: Saint-Exupéry, 1944. © AKG Paris.

Kapitel 6

S. 110: Bericht über die Reparatur des Flugzeugs BRGT 232, Juli 1928. © Archives *Icare*.

S. 111: Illustrationsskizze für *Der kleine Prinz*. Manuskript mit Zeichnungen Saint-Exupérys, Pierpont Morgan Library, New York. © Succession Antoine de Saint-Exupéry.

S. 113: Illustrationsskizze für *Der kleine Prinz*. Manuskript mit Zeichnungen Saint-Exupérys, Pierpont Morgan Library, New York. © Succession Antoine de Saint-Exupéry.

S. 115: Illustrationsskizze für *Der kleine Prinz*. Manuskript mit Zeichnungen Saint-Exupérys, Pierpont Morgan Library, New York. © Succession Antoine de Saint-Exupéry.

S. 117: Auszug aus einem unveröffentlichten Brief an seine Mutter, Casablanca 1921. Archives nationales de France, Paris, 153 AP 1, Dossier 1, erster Teil, Folio-Seiten 303–306. © Succession Antoine de Saint-Exupéry.

S. 118: Karawane in der Wüste. Fotoaufnahme während der Dreharbeiten zu *Südkurier*. © Walter Limot/AKG Paris.

S. 119: Auszug aus einem Brief an seine Mutter, Casablanca 1921. Archives nationales de France, Paris, 153 AP 1, Dossier 1, zweiter Teil, Folio 318. © Succession Antoine de Saint-Exupéry.

S. 120: Sanddünen in der Wüste. Fotoaufnahme während der Dreharbeiten zu *Südkurier*. © Walter Limot/AKG Paris.

S. 121: Auszug aus einem unveröffentlichten Brief an Charles Brun, März 1927, Folio 1 recto. Privatsammlung.

S. 123: Auszug aus *Wind, Sand und Sterne*, Kapitel über die Wüste. Manuskript, Folio 29. © Succession Antoine de Saint-Exupéry.

S. 124: Madame Raccaud vor dem Wrack des Flugzeugs. Privatsammlung.

S. 125: Unveröffentlichte Nachricht an Madame Raccaud, 1936. © Collection particulière.
S. 126: Illustration von André Derain zu *Die Stadt in der Wüste*. © ADAGP, Paris 2003.
S. 127: Auszug aus *Die Stadt in der Wüste*, Manuskript. Bibliothèque nationale de France, Paris, Département des manuscrits, NaF 18 264, Folio 114. © Succession Antoine de Saint-Exupéry.

Kapitel 7

S. 128: Illustrationsskizze für *Der kleine Prinz*. Manuskript mit Zeichnungen Saint-Exupérys, Pierpont Morgan Library, New York. © Succession Antoine de Saint-Exupéry.
S. 129: Selbstporträt von Antoine de Saint-Exupéry, um 1940. Privatsammlung. © Succession Antoine de Saint-Exupéry.
S. 130: Saint-Exupéry erläutert im Offizierskasino von Athiès-sous-Laon eine seiner Patentanmeldungen, März 1940. D. R.
S. 131: Patentanmeldung Saint-Exupérys vom 22. Juli 1939 für die »Verbesserung der Kontrollmöglichkeiten eines Motors während des Flugs mittels eines einzigartigen Anzeigeapparats«. INPI.
S. 132: Zwei Entwurfsskizzen für einen Torpedo. Collection Philippe Zoummaroff. © Succession Antoine de Saint-Exupéry.
S. 133: Eine Zeichnung Saint-Exupérys, undatiert. Privatsammlung. © Succession Antoine de Saint Exupéry.
S. 134: Die schreibende Hand Saint-Exupérys. © Collection Famille d'Agay.
S. 135: Brief an seine Mutter, 1910. Archives nationales de France, Paris, 153 AP 1, Dossier 1, erster Teil, Folio-Seiten 1–2. © Succession Antoine de Saint-Exupéry.
S. 136: Zeichnung von Saint-Exupéry. Privatsammlung. © Collection Famille d'Agay.
S. 137: Einband von *Das Problem des Pharaos*, Edition Ælberts: Lüttich, 1957.
S. 138 und 140: Entwurfsskizze für eine Tragfläche. Privatsammlung. © Succession Antoine de Saint-Exupéry.
S. 139 und 141: Auszüge aus den *Wissenschaftlichen Untersuchungen zur Aeronautik*. Unveröffentlichtes Typoskript der Patentanmeldung zu einem »Lufttorpedo«. © Succession Antoine de Saint-Exupéry.
S. 142: Einband des *Carnet I* von Saint-Exupéry. © Collection François d'Agay.
S. 143: *Carnet I*, Nr. 1. © Collection François d'Agay.
S. 144: Vermerk Saint-Exupérys, in dem er um Zusendung des *Carnet* bittet, falls er es verloren haben sollte. © Collection François d'Agay.
S. 145: *Carnet I*, Nr. 17. © Collection François d'Agay.
S. 146: Zeichnung Saint-Exupérys, ein Geschenk an Oberst Max Gelée. © Succession Antoine de Saint-Exupéry.
S. 147: Mathematisches Rätsel, am 15. Juli 1944 dem Oberst Max Gelée gestellt, mit der Unterschrift des Majors Saint-Exupéry. Geschenk des Generals Max Gelée an die École de l'Air in Salon-de-Provence. Reproduktion der École de l'Air. © Succession Antoine de Saint-Exupéry.

Kapitel 8

S. 148: Illustration von Bernard Lamotte für *Flug nach Arras*. © Succession Antoine de Saint-Exupéry.

S. 149: Saint-Exupéry, fotografiert von John Phillips.

S. 150, 152, 153: Randzeichnungen auf Notizblättern Saint-Exupérys aus seiner New Yorker Zeit. Collection Philippe Zoummeroff. © Succession Antoine de Saint-Exupéry.

S. 151: Sparbuch Saint-Exupérys, 1942. Collection Philippe Zoummeroff.

S. 154: Zeichnung in einem Brief an Léon Werth. Collection Werth. © Succession Antoine de Saint-Exupéry.

S. 155: Handschriftlicher Text vom 11. Februar 1940. Privatsammlung. © Succession Antoine de Saint-Exupéry.

S. 156: Antoine de Saint-Exupéry im September 1939. D. R.

S. 157: Auszug aus *Flug nach Arras*, Typoskript mit handschriftlichen Korrekturen, frühe Fassung, zahlreiche Unterschiede zum veröffentlichten Text. Bibliothèque nationale de France, Paris, NaF 25126, Folio 40. © Succession Antoine de Saint-Exupéry.

S. 158: Illustration von Bernard Lamotte für *Flug nach Arras*. © Succession Antoine de Saint-Exupéry.

S. 159: Auszug aus *Flug nach Arras*, Manuskript, Bibliothèque nationale de France, Paris, NaF 25136, Folio 101. © Succession Antoine de Saint-Exupéry.

S. 160: Saint-Exupéry spricht seine Rede *Frankreich zuerst* ins Mikrofon des New Yorker Radiosenders NBC. © Succession Antoine de Saint-Exupéry.

S. 161: *Frankreich zuerst*, November 1942. Fragment des Entwurfs zu Saint-Exupérys Appell an die Franzosen. Collection Philippe Zoummeroff. © Succession Antoine de Saint-Exupéry.

S. 162: Jacques Maritain in den 1930er Jahren. © Martinie-Viollet.

S. 163: Entwurf eines Briefs an Jacques Maritain vom 11. November 1942, Folio 1. Collection Philippe Zoummeroff. © Succession Antoine de Saint-Exupéry.

S. 164: Randzeichnung Saint-Exupérys auf dem Manuskriptblatt. Collection Philippe Zoummeroff. © Succession Antoine de Saint-Exupéry.

S. 165: Manuskript eines unveröffentlichten politischen Textes von Saint-Exupéry, dessen Gedanken sich teilweise in einem Brief an André Breton von 1942 wiederfinden. Folio 1. Collection Philippe Zoumeroff. © Succession Antoine de Saint-Exupéry.

Kapitel 9

S. 166 und 167: Zeichnungen Saint-Exupérys auf dem Manuskript von *Südkurier*. Fondation Martin Bodmer, Genf-Cologny. © Succession Antoine de Saint-Exupéry.

S. 168: Zeichnung Saint-Exupérys auf der Rückseite eines Manuskriptblatts von *Wind, Sand und Sterne*. Privatsammlung. © Succession Antoine de Saint-Exupéry.

S. 169: Zeichnung von Saint-Exupéry. © Succession Antoine de Saint-Exupéry.

S. 171: Der kleine Prinz gießt die Rose auf seinem Planeten. Illustrationen aus *Der kleine Prinz*. © Gallimard.

S. 172: Oben: Antoine mit seinen Schwestern Simone und Gabrielle, 1923. © Collection Famille d'Agay. Unten: Zeichnung auf dem Brief an Simone de Saint-Exupéry. © Succession Antoine de Saint-Exupéry.

S. 173: Illustrierter Brief Saint-Exupérys an seine Schwester Simone, undatiert. © Succession Antoine de Saint-Exupéry.

S. 174: Südkurier. Fondation Martin Bodmer, Genf-Cologny, Folio 30. © Succession Antoine de Saint-Exupéry.

S. 175: Auszug aus *Südkurier*, Manuskript, frühe Fassung, Folio 30. Fondation Martin Bodmer, Genf-Cologny. © Succession Antoine de Saint-Exupéry.

S. 176: Natalie Paley, um 1938. © Roger-Viollet.

S. 177: Auszug aus einem unveröffentlichten Brief an Natalie Paley, New York 1942 (?). Privatsammlung. © Succession Antoine de Saint-Exupéry.

S. 178: Links: Illustrationsskizze für *Der kleine Prinz*. © Succession Antoine de Saint-Exupéry. Rechts: Illustration auf dem Brief an Silvia Ha-

milton. Privatsammlung. © Succession Antoine de Saint-Exupéry.
S. 179: Auszüge aus einem Brief an Silvia Hamilton, Algier 1944. Privatsammlung. © Succession Antoine de Saint-Exupéry.
S. 180: Consuelo am Tag ihrer Heirat mit Antoine de Saint-Exupéry. © Collection Famille d'Agay.
S. 181: Auszug aus einem unveröffentlichten Brief an Consuelo. Archives nationales de France, Paris, 153 AP 1, Dossier 3, Folio 1. © Succession Antoine de Saint-Exupéry.

Kapitel 10

S. 182: Illustrationsskizze zu *Der kleine Prinz*. Manuskript mit Zeichnungen Saint-Exupérys, Pierpont Morgan Library, New York. © Succession Antoine de Saint-Exupéry.
S. 183: Saint-Exupéry bei Flugvorbereitungen, Mai 1944. Fotografie John Phillips.
S. 184: Illustration aus *Der kleine Prinz*. © Gallimard.
S. 185 und 187: Unveröffentlichte Zeichnungen Saint-Exupérys. © Succession Antoine de Saint-Exupéry.
S. 188–189: Gedicht Saint-Exupérys, 1914. Privatsammlung. © Succession Antoine de Saint-Exupéry.
S. 190: François de Saint Exupéry auf seinem Totenbett in Saint-Maurice-de-Rémens. Fotografie von Antoine de Saint-Exupéry, 10. Juli 1917. © Collection Famille d'Agay.
S. 191: Auszug aus *Flug nach Arras*, Typoskript mit handschriftlichen Korrekturen, frühe Fassung, Bibliothèque nationale de France, Paris, Département des manuscrits, NaF 25126, Folio 186. © Succession Antoine de Saint-Exupéry.
S. 192: Illustration zu *Der Abschied*, 1925 (?). Archives nationales de France, Paris, 153 AP 1, Dossier 2, Folio 1. © Succession Antoine de Saint-Exupéry.
S. 193: Auszug aus *Der Abschied*, 1925 (?). Manuskript mit Illustrationen Saint-Exupérys. Archives nationales de France, Paris, 153 AP 1, Dossier 2, Folio 2. © Succession Antoine de Saint-Exupéry.
S. 194: Jean Mermoz. © Collection Viollet.
S. 195: Auszug aus *Abschied von Mermoz*. Privatsammlung. © Succession Antoine de Saint-Exupéry.
S. 196: Tuscheskizze für eine Illustration zu *Der kleine Prinz*, 1940. Privatsammlung. © Succession Antoine de Saint-Exupéry.
S. 197: Auszug aus einem unveröffentlichten politischen Text Saint-Exupérys, Originalmanuskript, Folio 3. Collection Philippe Zoumeroff. © Succession Antoine de Saint-Exupéry.
S. 198: Im besetzten Frankreich erschien *Flug nach Arras* in unterschiedlichen Ausgaben. D. R.
S. 199: Auszug aus *Flug nach Arras*, Typoskript mit handschriftlichen Korrekturen, einige Abweichungen zum veröffentlichten Text. Bibliothèque nationale de France, Paris, Département des manuscrits, NaF 25126, Folio 113. © Succession Antoine de Saint-Exupéry.
S. 200: Selbstporträt Saint-Exupérys als Pilot. Zeichnung in einem Brief an seine Mutter, 1921. © Succession Antoine de Saint-Exupéry.
S. 201: Auszug aus dem Brief an Pierre Dalloz vom 30. Juli 1944. Archives nationales de France, Paris, 153 AP1, Dossier 1, Folio 641. © Succession Antoine de Saint-Exupéry.
S. 202: Randzeichnung auf dem Manuskript von *Die Stadt in der Wüste*. Bibliothèque nationale de France, Paris, Département des manuscrits, NaF 18 264, Folio 16. © Succession Antoine de Saint-Exupéry.
S. 203: Auszug aus *Die Stadt in der Wüste*, Manuskript. Bibliothèque nationale de France, Paris, Département des manuscrits, NaF 18 264, Folio 5. © Succession Antoine de Saint-Exupéry.

Bibliografie

Schriftstellerische Werke Saint-Exupérys

Courrier Sud, 1929 (*Südkurier*, 1949)
Vol de Nuit, 1931 (*Nachtflug*, 1932)
Terre des hommes, 1939 (*Wind, Sand und Sterne*, 1939)
Pilote de guerre, 1942 (*Flug nach Arras*, 1942)
Le Petit Prince, 1943 (*Der kleine Prinz*, 1950)
Citadelle, 1948 (*Die Stadt in der Wüste*, 1951)

Französische Werkausgabe:

Antoine de Saint-Exupéry: *Œuvres complètes*, 2 Bde., hg. v. Michel Autrand und Michel Quesnel, Bibliothèque de la Pléiade, Paris: Gallimard, 1994 und 1998.

Deutsche Werkausgabe:

Antoine de Saint-Exupéry: *Gesammelte Schriften*, Bd. 1–3, München: Deutscher Taschenbuch Verlag, 1978.
Bd. 1: *Südkurier, Nachtflug, Wind, Sand und Sterne, Flug nach Arras, Der kleine Prinz*. Aus dem Französischen von Paul Graf von Thun-Hohenstein (u. a.)
Bd. 2: *Die Stadt in der Wüste*. Aus dem Französischen von Oswalt von Nostitz
Bd. 3: *Kleinere Schriften und Briefe*. Aus dem Französischen von Oswalt von Nostitz (u. a.)

Antoine de Saint-Exupéry: *Die innere Schwerkraft. Écrits de guerre. Schriften aus dem Krieg, 1939–1944*. Hg. und aus dem Französischen übersetzt von Reinhard Schmidt. Frankfurt am Main: S. Fischer Verlag, 1990

Werke über Saint-Exupéry

Stacy de La Bruyère: *Saint-Exupéry, une vie à contre-courant*. Paris: Albin Michel, 1994.
Curtis Cate: *Antoine de Saint-Exupéry*. New York: Paragon House, 1990.
Curtis Cate: *Antoine de Saint-Exupéry. Sein Leben und seine Zeit*. Aus dem Englischen von Walter Hasenclever. Düsseldorf: Econ Verlag, 1973.
Luc Estang: *Antoine de Saint-Exupéry in Selbstzeugnissen und Bilddokumenten*. (Rowohlts Monographien 4). Hamburg: Rowohlt, 1958.
John Phillips: *Adieu, Saint-Exupéry! Unsterblicher kleiner Prinz*. Freiburg im Breisgau: Eulen Verlag, 1994.
John Phillips: *Dichter und Pilot*. Zürich: Scalo Verlag, 1994.
Consuelo de Saint-Exupéry: *Die Rose des kleinen Prinzen. Erinnerungen an eine unsterbliche Liebe*. Aus dem Französischen übersetzt von Barbara Röhl. München: von Schröder Verlag, 2001.
Consuelo de Saint-Exupéry: *Sonntagsbriefe*. Aus dem Französischen übersetzt von Barbara Röhl. München: List Verlag, 2002.
Simone de Saint-Exupéry: *Fünf Kinder in einem Park. Die Kindheit des »Kleinen Prinzen«*. München: Nymphenburger Verlag, 2001.
Stacy Schiff: *Saint-Exupéry. Eine Biografie*. München: btb/Goldmann 1996.

Sonderhefte der Zeitschrift *Icare* zu Saint-Exupéry, herausgegeben von Jean Lasserre:
Heft 1: 1900–1930; 1974, Nr. 64
Heft 2: 1930–1935; 1974, Nr. 67
Heft 3: 1935–1939; 1975, Nr. 75
Heft 4: 1939–1940; 1976, Nr. 78
Heft 5: 1941–1943; 1978, Nr. 84
Heft 6: 1943–1944; 1981, Nr. 96
Heft 7: *toujours vivant*; 1984, Nr. 108

Zitiert wurde aus:

Antoine de Saint-Exupéry: *Nachtflug*. Copyright by S. Fischer Verlag, Berlin 1932.
© S. Fischer Verlag GmbH, Frankfurt am Main 1988.

Antoine de Saint-Exupéry: *Gesammelte Schriften.*
© 1959 Karl Rauch Verlag, Düsseldorf.

Titel der Originalausgabe: *Les plus beaux manuscripts de Saint Exupéry*
Erschienen bei Éditions de La Martinière, Paris, 2003

Bibliografische Information Der Deutschen Bibliothek
Die Deutsche Bibliothek verzeichnet diese Publikation in der
Deutschen Nationalbibliografie; detaillierte bibliografische Daten
sind im Internet über http://dnb.ddb.de abrufbar.

Deutsche Erstausgabe

Ein Unternehmen der La Martinière Groupe

Layout: Rampazzo & Associés
Satz: satz & repro Grieb, München
Printed in France - n° L90110B

ISBN 3-89660-184-9

www.knesebeck-verlag.de